한국어로 내려온
New Bible

새로운
성 경

제62권

4부 | 총10부

하얀마음

하나님 말씀 중에서

1. 사랑의 하나님

- 세상을 창조하신 하나님은 모두를 사랑하신다. 인간만 특별히 더 사랑하지 않고, 우주 만물을 다 똑같이 사랑하신다. 그러니 하나님이 창조하신 천지 만물과 화친하고, 미물까지도 소중히 대하라.

- 하나님은 특정 종파나 민족만을 더 사랑하지 않으신다. 자기 자신만 구원받겠다는 욕심을 버리고, 자기 종파만 구원받는다는 편협한 교리에서 벗어나야 한다. 종파를 초월해서, 모두를 사랑하라.

- 원수까지 사랑하라 했으니, 이 세상에 사랑하지 못할 자가 누가 있겠는가? 종파가 다르다고 해서 부모 형제와 원수처럼 지내는 자는 인간의 근본을 모르는 자다. 가장 가까운 가족부터 사랑할 때 남도 진심으로 사랑할 수 있다.

- 한 사람을 원수같이 생각하던 마음에서 사랑하는 마음으로 돌리면, 자기 자신의 마음이 가장 기쁘고 행복하다. 하나님께서는 인간의 마음속에 무거움이 없이 기쁘고 행복한 삶을 살기를 바라신다.

- 이웃을 "내 몸처럼" 사랑하라 했으니, 마지막 한 장 남은 천국의 티켓도 이웃에게 양보하라. 자기 중심적인 신앙에서 벗어나서 남을 위해 살아야 한다.

- 독초도, 약초도, 이단도 사탄도 천사도 다 필요하기에 존재한다. 독초일지라도 극소량을 사용해서 생명을 살릴 수 있고, 약초라 하더라도 남용하면 생명을 잃을 수 있다.

- 세상 모든 것을 명약으로 활용하는 것은 인간의 지혜에 달렸다. 어떤 것이든 어떤 사람이든 적재적소에 꼭 필요한 명약으로 승화시키라.

- 사탄도 이단도 천사도 모두 하나님의 주관하에 존재한다. 진정한 하나님의 백성은 사탄과 마귀까지도 감화시켜서 천사로 거듭나게 한다.

2. 기도

- 하나님은 인간의 생각까지 모두를 다 알고 계신다. 우리의 소원도 이미 알고 계시기에, 소원의 기도를 할 필요가 없다. 우리가 받을 자격이 되면 내려 주신다.

- 죄를 짓고 아무리 회개를 해도 용서받지 못한다. 도둑질한 자는 용서해 달라고 기도하고, 도둑맞은 자는 도둑을 잡게 해 달라고 기도하면, 공의의 하나님은 누구의 편에 서시겠는가?

- 자기가 잘못한 것은 그 사람에게 직접 갚고 용서를 구하라. 그가 용서하면 하나님도 용서하신다. 땅에서 매면 하늘에서도 매이고, 땅에서 풀리면 하늘에서도 풀리는 이치다.

- "회당에서 기도하지 말고 골방에서 기도하라" 했다. 눈에 보이는 골방이 아니라, 골방과 같이 고요한 마음이다. 잡념을 버리고 하나님을 향해 마음을 집중하며, 사랑하고 용서하는 아름다운 생각만 나오도록 하라.

- "두드리면 열릴 것이다." 하는 것은 육의 소원을 위해 두드리라는 것이 아니라, 진리의 깨달음을 얻기 위해 두드리라는 것이다.

- 기도하는 방법: 생활 속에서 수시로 기도하는 삶을 살아야 한다.

- "저의 죄를 용서하여 주옵소서." 하는 회개의 기도를 하라.
- 범사에 "하나님! 감사합니다." 하라. 현재 가진 것에 감사하며, 과욕하지 말라. 자기 노력 이상의 것을 더 갖고자 기도하는 것은 도둑놈심보다. 공의의 하나님은 각자 노력한 만큼 주신다.
- "하나님 뜻대로 살아가겠나이다." 하며 마음의 각오를 다지라.

- 기도는 하나님의 말씀을 받아서 "행하는 것"이다. 하나님이 계심을 굳건히 믿고, 하늘을 향하여 한 점 부끄럼 없이 사는 삶 자체가 가장 위대한 기도이며, 삶이 곧 예배다.

3. 지도자

- 똑같이 사랑한다는 말을 해도, 순수하게 하는 말은 천사의 말이지만, 사기 쳐서 재산을 가로채려고 하는 말은 사탄의 말이다.

- 종교 지도자가 아무리 훌륭한 설교를 해도, 신도의 재물을 거둬서 더 큰 교회를 짓고 자기의 부귀영화를 바라며 설교하면 사탄의 가르침이 된다.

- "저희 교회는 만원사례요, 믿음은 다 같으니 이웃의 개척 교회에 가서 예배를 드리시오." 하며, 이웃 교회의 부흥을 먼저 생각하여 제 신도를 보내는 종교 지도자가 있다면 그를 따르라. 그가 하나님의 사랑을 실천하는 자다.

- "부자가 천국에 들어가는 것은 낙타가 바늘구멍을 통과하는 것보다 더 힘들다" 하였거늘, 지금의 교회에서는 부자가 되기만을 기도하고 소원하니, 이는 곧 천국을 포기하고 지옥 행 열차의 티켓을 사는 것과 같다.

- 예수는 빈손이었다. 종교 지도자가 예수보다 더 호화롭고 편안하게 살아간다면 잘못된 것이다. 부귀영화와 명예를 바라는 자는 절대로 갈 수 없는 좁고 협착한 길이 종교 지도자의 길이다.

- 종교 지도자는 유리로 비춰 봐 한 점의 부끄러움이 없이 살아야 한다. 의식주도 직접 일해서 해결하고, 예수의 가르침과 행함을 그대로 따라야 한다.

- 종말은 없다. 지금의 잘못 가는 종교 집단에게만 종말이 있다. 보이지 않는 하나님은 보이는 육의 종말은 관여하지 않으신다. 환경 파괴로 인간이 스스로 멸망을 자초하는 것이다. 종파끼리 싸우기 전에, 무너진 인성을 바로잡고 지구의 몸살을 해결하는 데 뜻을 모으는 게 급선무다.

4. 성전이란

- 이 세상 자체가 하나님께서 만드신 성전이다. 자연보다 더 아름다운 성전이 있는가? 보이는 건물이 성전이 아니라, 성스러운 마음가짐이 성전이다.

- 반석 위에 교회를 지으라 했다. 지상의 단단한 돌은 인간이 쪼갤 수 있으나, 마음속의 굳은 결의는 세상 무엇으로도 쪼갤 수 없다. 바르고 굳건한 믿음으로 성경의 가르침을 실천하는 것이 마음의 반석 위에 교회를 짓는 것이다.

- 손으로 지은 건물의 교회에 모여서 복음을 전하는 것이 아니라, 교회를 개인과 가정에 심어 주어야 한다. 무너지고 부서지는 건물을 짓지 말고, 마음속에 영원히 불변하는 참진리의 교회를 지으라.

5. 십계명

- 십계명은 인간이 죽어서 반드시 통과해야만 하는 열 개의 관문이다.

- 부모를 공경하지 아니한 자는 "네 부모를 공경하라." 하는 제5계명의 관문이 열리지 않으니 구원받을 수 없다.
- 살인, 간음, 거짓, 우상 등의 나머지 계명도 마찬가지다.

- 십계명은 하나님의 친필이다. 모기소리만 한 하나님의 음성이라도 들어 보겠다고 여기저기 찾아 헤매지 말고, 십계명부터 암송하고 지키라.

- 십계명은 영혼을 구원하는 양식이며, 십계명을 지키는 것이 구원을 받는 길이다. 인간이기에 지키고자 노력하고 또 노력한다면 지킬 수 있다.

- 십계명을 지키고 천사처럼 아름답게 살아가는 그 마음 하나면 세상에 이루어지지 않는 것이 없다.

6. 보물

- 하나님은 재물이 아니라 우리의 마음을 받으신다. 사랑을 실천하며 천사처럼 변하는 마음이 하나님께 바치는 보물이다.

- 보이지 않는 하나님께 재물을 바치려 하지 말고, 너희를 길러 준 부모에게 용돈 드리고, 찾아뵙고, 효성을 다하라. 그것이 하나님께 효도하는 것이다.

- 하늘에는 선과 악의 창고가 있다. 자기 창고에 선이 많으면 천국으로 구원을 받고, 악이 많으면 심판받아 지옥으로 간다. 그것이 바로 "선한 일을 행한 자는 생명의 부활로, 악한 일을 행한 자는 심판의 부활로" 나오는 것이다.

- "선악과를 따먹지 말라"는 것은 양심을 지키라는 것이다. 선과 악을 구분할 수 있는 양심을 최초에 인간에게 주셨다. 선한 열매는 취하고, 악한 열매는 버리며, 양심에 비추어 부끄럼 없는 삶을 살아가라.

- 가장 작은 거짓말을 하지 않고, 가장 작은 죄를 짓지 않으며, 가장 작은 선행을 하고, 가장 작은 악행을 멀리하는 것이 율법의 일점 일획도 빠뜨리지 말고 다 지키는 삶을 사는 것이다.

7. 우상

- 박물관에 있는 불상은 하나의 예술품이다. 그 조각품에 대고 제 소원을 빌 때 우상숭배가 된다. 십자가라 하여도 그 앞에서 소원을 빈다면 우상숭배하는 것이며, 하나님께 소원을 빈다면 하나님을 우상으로 전락시키는 것이다.

- 지금 기복신앙에 젖어 있는 모든 사람이 우상 앞에 절을 하고 있다. 조각품을 우상이라며 파괴하지 말고, 네 마음속에 있는 욕심의 우상을 무너트리라.

- 생수를 약초가 먹으면 약을 만들고 독사가 먹으면 독을 만든다. 같은 성경을 봐도 선한 지도자는 신도를 천사로 만드는 데 활용한다. 그러나 욕심이 가득한 지도자는 재물을 거두어들여 제가 부귀영화를 누리는 데 악용한다. 그가 바로 성경을 우상숭배의 도구로 전락시키는 거짓 선지자다.

- 성경을 한 획도 빼거나 더하지 말라는 것은, 그 가르침을 빠트리지 말고 온전히 지키라는 것이다. 성경 속에서 자기에게 유리한 구절만 보는 것은, 자기에게 불리한 구절들을 빼 버리는 것이다. 믿음이 제일이요, 행함은 구원과는 관계없다는 것은 자신에게 유리한 쪽으로 성경을 악용하는 것이다.

- 진정한 종교 지도자는 종파에 관계없이 어떤 종파든 어떤 책이든 접하고 보고 깨우쳐 견문을 넓히도록 인도한다. 참진리를 모르고 자신이 없는 자가 남을 이단이라며 배척하고, 신도들의 눈과 귀를 가린다.

8. 예수

- 예수의 재림은 없다. 예수가 다시 온다 해도, 과연 누가 그를 예수라고 믿겠는가? 예수와 같은 삶의 행함이 곧 예수의 재림이다. 각자 모두가 "재림 예수"가 되는, 차원 높은 믿음으로 가야 한다.

- 예수는 "주여 주여 하지 말고, 아버지의 뜻대로 행하라"고 했다. 예수가 전한 하나님의 뜻이 곧 "길이요, 진리요, 생명"이며, 그 가르침이 예수의 보혈처럼 소중한 것이다. 예수를 믿는 것은, 예수의 가르침을 믿고 따르는 것이다.

- 예수는 낮은 자로서 만백성을 섬기고자 했다. 만나는 모든 사람을 다 하나님이라 생각하라. 돈을 벌수록 겸손하고, 높은 지위를 얻을수록 낮아지라.

▪ 예수는 종파를 만들지 않았다. 인간이 만든 종교와 인간의 교리를 따르지 말고, 예수를 통해 전한 하나님의 참진리를 연구하고 따르라.

▪ 예수가 2천 년 전에 만백성을 위해 죽었으니, 지금 이 땅에는 예수의 가르침대로 사는 천사만 존재해야 한다. 예수가 죽어 가면서 바란 것은 만백성이 천사가 되어 예수의 자리를 채워 주는 것이지, 지금과 같이 재물을 바치면서 중언부언 제 소원만을 비는 백성들을 바란 것이 아니다.

9. 구원

▪ 천사가 사는 천국에는 천사만 갈 수 있으니, 천사 같은 마음을 길러야 한다.

- "천국 열쇠를 네게 주리니 땅에서 무엇이든지 매면 하늘에서도 매일 것이라" 했다. 땅에서 천사같이 사는 자가 하늘에서도 천사가 되어 천국에 들어간다. 모든 사람에게 천사같다는 말을 듣는 삶을 살아야 한다.

▪ 천사의 곱고 아름다운 마음은 부모를 공경하고 어른을 어른으로 대접하는 데에서 출발한다. 효도하는 자는 형제와 화목하게 지내기에 가정이 화목해지고, 이웃과 화목해지고, 국가가 화목해지고, 온 인류가 화목해진다.

- 그러므로 지상의 아름다운 소왕국은 가정에서부터 이루어야 한다.

▪ 선택된 14만 명만 구원받는 것이 아니라, 천사처럼 변하고자 하는 14만 명을 기초로 온 인류가 천사처럼 거듭나는 영적인 개혁이 시작되는 것이다.

▪ 천 년에 걸쳐서 하늘에서 이루어진 것같이 이 세상을 낙원으로 만들어, 만백성이 지상의 천국에서 살다가 죽어서 그대로 하늘의 천국으로 들어가는, 영원한 지상 낙원을 건설하는 것이 하나님의 계획이다.

- **이것이 구약과 신약에 이어 "새로운 성경"으로 역사하시는 하나님의 창조의 완성이다.**

▪ 지금의 믿음으로 구원받을 수 있다면 그 길을 가라. 그러나 자신이 없다면 하나님께서 직접 내리신 160권의 "새로운 성경"을 읽고 구원의 길을 보라!

하나님 머리말씀

이 새로운 성경을 읽는 너희 모두는
이 율법에 따라 행하면 영원히 구원받을 것이니라.

너희 인간이 수년, 수십 년, 평생
성서를 공부하고 기도하는 것은
하늘나라 나의 곁으로 오고 싶은 소망일진대,

몇천 년 전의 너희 인성과 생각이
지금의 너희와는 판이하게 다르니,

꺾여 가고 병들어 가는 너희를 고칠 수 있는 길은,
오늘 내가 선지자에게 내리는 새로운 성경과 같이
너희가 변화되는 것뿐이니라.

나의 예수가 태어난 것처럼
내가 아들 선지자를 선택하여
나의 새로운 성경을 온 세계에 전하고자 하니,

묵은 것은 버리고 새로운 것은 취하여,
너희 모두는
'여호와 하나님! 저의 죄를 용서하여 주옵소서.'
하는 기도문으로 기도하고, 죄를 뉘우치라.

이 새로운 성경은
수천 년간 내려온 성서를 요약한 것이니,
너희는 이 책을 정독하여 쉽게 깨달음을 얻고,
이대로 실천하여 하늘에 오르라.

대역자 머리말

■ 하나님의 율법을 지키는 선지자로 선택을 받도다.

저는 남들처럼 그저 열심히 살아온 평범한 사람이었습니다. 그러나 50대 중반에 사업에 실패하여 많은 부채에 시달렸으며, 건강도 악화되어 눈이 잘 안 보이고, 걷기도 어렵고, 두통이 심해서 잠을 이룰 수 없는 고통의 나날을 보냈습니다. 그때 제가 선택할 수 있는 것은 육의 삶을 끝내는 길뿐이었습니다.

죽기 직전에 그동안에 죄를 지은 이들에게 용서를 빌고 인생을 끝내기로 작정하였습니다. 어려서부터 지은 죄를 빌고 빌다 보니 끝이 없었고, 죽음으로도 그 많은 죄를 용서받을 길이 없다는 생각에 하염없이 눈물이 흘렀습니다. 그 순간 '재래식 화장실의 구더기는 죄를 짓지 않는데, 나는 인간으로서 구더기만도 못한 삶을 살았구나.' 하는 생각이 들면서 괴로움에 몸부림칠 때, 갑자기 하나님의 음성이 들렸습니다.

"나는 여호와 하나님이니라. 너는 십계명을 암송하고 내가 내려 주는 메시지를 받아 책으로 만들어 만백성을 구하라." 하시며, 제 눈을 손으로 문지르게 하시고, 아픈 머리와 다리를 손으로 두드리게 하셨습니다. 그러고 나니 눈도 잘 보이고 걸을 수 있었으며 머리의 통증도 말끔히 낫게 되었습니다. 그때부터 십계명을 암송하고 나면 들려주시는 말씀을 기록하였고, 1999년 8월부터 2004년 7월까지 권당 288쪽, 총 160권을 받아서 "새로운 성경"이라는 책으로 펴내게 되었습니다.

그러한 저에게 죽기보다도 힘든 길이 시작되었습니다. 모든 교인들이 저에게 사탄이요, 이단이요, 악마요, 마지막 시대에 온 거짓 선지자라 하면서 공격하였고, 저를 짐승을 보듯이 대하는가 하면, 편협한 종교 지도자들의 선동으로 신도들이 이 책을 직접 읽어 보고 평가할 기회마저 막아 버렸습니다. 그래서 하나님의 말씀을 세상에 내는 데 많은 어려움을 겪으며, 피를 토하는 심정으로 책을 전하고 있습니다.

그러나 아무리 인간의 힘으로 막으려 해도, 하나님의 뜻이 세상에 전해지는 위대한 역사는 계속될 것입니다. 책으로 전해지는 "하나님의 말씀"은 세상 끝날까지 항상 우리와 함께하실 것입니다. 사람은 죽어도, 책에 기록된 말씀은 영원히 남으니까요.

■ 따뜻한 실천

하나님께서는 어려운 사람들에게 삶의 터전을 마련해 주고, 미래를 열어 주는 것을 기뻐하십니다. 어려운 이웃이 스스로 자립할 수 있도록 이끌어 주는 것이 진정으로 이웃을 돕는 것이라고 말씀하셨습니다. 그래서 일자리가 없는 제자들에게 작은 사업장을 만들어 주는 "달란트 사업"을 하고 있습니다. 식당, 반찬 가게 등을 차려 주고, 기존의 어려운 사업장이 자립할 수 있도록 돕고 있습니다(커피숍, 미용실, 의상실 등).

하나님께서는 교회에 나와서 모든 시간과 재물을 쏟기를 원하지 않으시고, 그 시간과 재물을 교육에 투자하여 스스로 미래를 열어 가기를 원하십니다. 그래서 제때 공부하지 못한 제자들에게 학업을 이어 가도록 하였습니다. 중화요리 주방장을 하며 초등학교 검정고시부터 공부하여 2012년에 방통대를 졸업한 36세 남성, 만학도들의 2년제 중학교에 입학해서 2007년에 명지대학을 졸업한 38세 여성, 중학교 검정고시를 시작으로 숭의여자대학을 졸업한 47세 여성 등이 있습니다. 그밖에도 많은 제자들에게 나이를 초월하여 배우고 깨우쳐서 사회 속의 당당한 일원이 되도록 인도하고 있습니다.

학자금 대출로 힘겨워하는 젊은이들을 위해 "따뜻한 바람 장학회"를 발족하여(2016년 12월) 대출받은 학자금 전액을 매월 갚아 주고 있습니다. 또한, 다문화 가정을 위해 "다문화 가족 랜드"를 조성하여, 각종 시설을 무료로 활용하도록 하고 있습니다.

이러한 따뜻한 실천이 아직은 미약합니다. 그러나 책의 수입이 늘고, 저와 뜻을 같이하는 분들이 늘어나면 계속 확대할 것입니다. 지도자로서 신도의 재물을 헌금으로 거둬들여 착복하는 것이 아니라, 하나님께서 기뻐하시는 일에 사용하도록 중매 역할만 하며 살아가고자 합니다. 이런 제가 과연 사탄이고 이단인가요? 하나님께서 기뻐하시는 일이라면, 저에게 사탄이라 하든 거짓 선지자라 하든 굽히지 않고 실천해 나갈 것입니다.

끝으로, 일상의 삶 속에서 "지금 내가 하는 행동이 과연 하나님께서 기뻐하실까, 슬퍼하실까?" 생각하고, 매사에 하나님께서 기뻐하시는 길을 택하기 바랍니다. 교회에 모여서 집단적으로 예배 드리는 것이 아니라, 개인이나 가정 단위로 새로운 성경을 읽어 스스로 깨우치고 그대로 행하면 충분합니다. 그것이 마음속에 성전을 짓고, 신령과 진정으로 예배 드리는 길입니다. 그러면 천국의 문에 들어서게 됩니다.

2017. 2. 1.

하나님 말씀 대역자 김용철

차 례

- 하나님 말씀 중에서 ... 3
- 하나님 머리말씀 ... 9
- 대역자 머리말 ... 10
- 차　례 ... 12
- 십 계 명 ... 14

2003년 1월 ... 15

목요일

4,570 _ 2003년 1월 16일 09시 29분.......... 15
4,571 _ 2003년 1월 16일 09시 59분.......... 17
4,572 _ 2003년 1월 16일 10시 06분.......... 19
4,573 _ 2003년 1월 16일 11시 07분.......... 21
4,574 _ 2003년 1월 16일 11시 17분.......... 23
4,575 _ 2003년 1월 16일 11시 25분.......... 25
4,576 _ 2003년 1월 16일 12시 34분.......... 27
(강론을 마치며)
4,577 _ 2003년 1월 16일 12시 42분.......... 30
4,578 _ 2003년 1월 16일 12시 53분.......... 31
4,579 _ 2003년 1월 16일 20시 57분.......... 33
4,580 _ 2003년 1월 16일 21시 03분.......... 35
4,581 _ 2003년 1월 16일 21시 17분.......... 37
4,582 _ 2003년 1월 16일 21시 31분.......... 40
4,583 _ 2003년 1월 16일 21시 38분.......... 43
4,584 _ 2003년 1월 16일 21시 55분.......... 44
4,585 _ 2003년 1월 16일 23시 18분.......... 48
4,586 _ 2003년 1월 16일 23시 31분.......... 51
4,587 _ 2003년 1월 16일 23시 54분.......... 54

금요일

4,588 _ 2003년 1월 17일 06시 47분.......... 55
4,589 _ 2003년 1월 17일 06시 58분.......... 57
4,590 _ 2003년 1월 17일 07시 07분.......... 59
4,591 _ 2003년 1월 17일 07시 17분.......... 61
4,592 _ 2003년 1월 17일 12시 59분.......... 64
4,593 _ 2003년 1월 17일 23시 09분.......... 65
4,594 _ 2003년 1월 17일 23시 21분.......... 67
4,595 _ 2003년 1월 17일 23시 31분.......... 70
4,596 _ 2003년 1월 17일 23시 43분.......... 72
4,597 _ 2003년 1월 17일 23시 54분.......... 74

토요일

4,598 _ 2003년 1월 18일 00시 00분.......... 76
4,599 _ 2003년 1월 18일 00시 25분.......... 78
4,600 _ 2003년 1월 18일 00시 33분.......... 80
4,601 _ 2003년 1월 18일 07시 01분.......... 82
4,602 _ 2003년 1월 18일 07시 08분.......... 84
4,603 _ 2003년 1월 18일 07시 14분.......... 86
4,604 _ 2003년 1월 18일 11시 57분.......... 87
4,605 _ 2003년 1월 18일 12시 10분.......... 89
4,606 _ 2003년 1월 18일 12시 17분.......... 92
4,607 _ 2003년 1월 18일 13시 28분.......... 93
4,608 _ 2003년 1월 18일 13시 40분.......... 96
4,609 _ 2003년 1월 18일 13시 58분.......... 99

일요일
4,610 _ 2003년 1월 19일 09시 17분......... *101*
4,611 _ 2003년 1월 19일 09시 25분......... *102*
4,612 _ 2003년 1월 19일 09시 33분......... *104*
4,613 _ 2003년 1월 19일 09시 41분......... *106*
4,614 _ 2003년 1월 19일 12시 32분......... *108*
4,615 _ 2003년 1월 19일 15시 14분......... *110*
4,616 _ 2003년 1월 19일 15시 21분......... *111*
4,617 _ 2003년 1월 19일 15시 27분......... *113*
4,618 _ 2003년 1월 19일 15시 38분......... *115*
4,619 _ 2003년 1월 19일 15시 49분......... *117*
4,620 _ 2003년 1월 19일 15시 53분......... *119*

월요일
4,621 _ 2003년 1월 20일 00시 29분......... *120*
4,622 _ 2003년 1월 20일 00시 34분......... *122*
4,623 _ 2003년 1월 20일 00시 39분......... *123*
4,624 _ 2003년 1월 20일 00시 47분......... *125*
4,625 _ 2003년 1월 20일 00시 54분......... *127*
4,626 _ 2003년 1월 20일 01시 04분......... *128*
4,627 _ 2003년 1월 20일 01시 10분......... *130*
4,628 _ 2003년 1월 20일 08시 21분......... *131*
4,629 _ 2003년 1월 20일 08시 32분......... *133*

화요일
4,630 _ 2003년 1월 21일 08시 06분......... *134*
4,631 _ 2003년 1월 21일 08시 13분......... *135*
4,632 _ 2003년 1월 21일 08시 21분......... *137*
4,633 _ 2003년 1월 21일 10시 39분......... *139*
4,634 _ 2003년 1월 21일 10시 45분......... *141*
4,635 _ 2003년 1월 21일 10시 54분......... *142*
4,636 _ 2003년 1월 21일 11시 03분......... *145*

부 록 ... 148
【하나님께서 가르쳐 주신 운동】 *148*
간 행 사 ... 149

십 계 명

이 책은 십계명을 암송하고 나면 내려 주시는 "하나님의 음성"을 듣고 그대로 받아쓴 기록입니다. 하나님께서 십계명을 모세에게 내려 주셨지만, 그것은 만백성에게 내려 주신 것입니다. 마찬가지로 이 책의 모든 말씀도 저에게 내려 주셨지만, 만백성 각자에게 들려주시는 말씀입니다. 여러분도 이 책을 접할 때마다 십계명을 암송하고 나서 정독해 주시기 바랍니다.

제일은, 너는 나 외에는 다른 신들을 네게 있게 말지니라.
제이는, 너를 위하여 새긴 우상을 만들지 말고, 또 위로 하늘에 있는 것이나, 아래로 땅에 있는 것이나, 땅 아래 물 속에 있는 것의 아무 형상이든지 만들지 말며, 그것들에게 절하지 말며, 그것들을 섬기지 말라.
제삼은, 너는 너의 하나님 여호와의 이름을 망령되이 일컫지 말라.
제사는, 안식일을 기억하여 거룩히 지키라.
제오는, 네 부모를 공경하라.
제육은, 살인하지 말지니라.
제칠은, 간음하지 말지니라.
제팔은, 도적질하지 말지니라.
제구는, 네 이웃에 대하여 거짓 증거하지 말지니라.
제십은, 네 이웃의 집을 탐내지 말지니라.

나 여호와가 존재함을 믿는 그 자체가 구원의 길에 들어서는 기본이 근본이며, 나의 새로운 성경을 가슴에 안고 정독하는 자, 반석 위에 서서 하늘에 오르는 찬란한 빛을 보게 되는 영광을 얻게 됨이니라. 진정 나를 따르고 믿는 자는 감히 사탄이나 마귀도 근접하지 못하느니라.

〈하나님 말씀〉

2003년 1월

4,570 번째 하나님 말씀

2003년 1월 16일 09시 29분

1 사랑하는 나의 아들아!
2 "네, 아버님! 말씀하옵소서."
3 나 여호와가 너희들에게 참진리를 가르치며 그를 전하도록 하여 너희들을 구원하고자 하였음이니라.
4 그러나 너희들이 구약의 시대부터 지금까지 흘러오면서 어떻게 살았는가?
5 선한 것을 먹으면서 악을 배출하는 그와 같은 역사의 소용돌이 속에서 너희들이 나를 거역하며 나의 뜻을 거부하고 살았음이니라.
6 구약의 시대에도 나의 피조물 만백성 너희들을 구원하고자 내가 그리하였으나, 너희들은 금화를 거두어들여 그것을 녹여 우상을 만들어 그를 따르며 그에게 기도하고 경배하면서 너희들에게 얻어진 것이 과연 무엇이 있던가?
7 나 여호와의 성령이요, 나의 뜻을 듣고 배우고 가르치는 것은 하늘의 뜻의 그 이치이거늘, 너희들의 손으로 녹여서 만든, 그와 같은 금화와 은화로써 만든 그것이 너희들이 만든 것이며 너희 손으로 만들었음이니, 어찌하여 그것이 너희들의 믿음의 우상이 되며 너희들을 구원하는 것인가?
8 그것은 사악한 자들이 만들어 놓고 저희들을 따르게 하고자 하며 저희들이 작은 신이 되고자 하였음이니, 구약의 그 시대에 너희들이 그와 같은 행위를 함으로 인하여 너희들이 나의 형체요, 나의 아름다움의 그 모두를 짓밟아 그 형체를 알 수 없도록 짓뭉개 놓았으며 짓이겨 놓았음이니라.
9 나의 성령은 짓이겨져 그 형체를 알 수 없으며 그 음성은 들을 수 없으며, 너희들은 너희들 인간이 만든 그 형상 앞에 소원을 빌며 광란의 짓을 하며 거기서 기도하고 경배하는 그와 같은 형국으로 갔으니,
10 내가 내리고자 하는 아름다운 참진리요, 가르침이요, 성령의 뜻은 짓이기고 짓밟히고 찢어지고 엉클어져 그 형상을 찾아볼 수 없는 그와 같은 형태로 바뀌었음이니, 내가 전하고자 하는 그 진리는 형상을 알아볼 수 없게 짓밟은 것이 구약의 시대며, 그 모두를 다 탈바꿈하여 선이 악으로 변하는 그와 같은 형국이 되었음이니라.
11 나의 아들 예수의 그 시대에는 과연 어떠하였느냐?
12 나를 믿는 그 백성들이 나의 참진리요, 나의 아들이 직접 나가 그가 기적을 이루며 가르쳤건만 그를 너희들은 짓이기고 짓밟아 또 그를 죽게 하였음이니,
13 내가 가르치고자 하는 나의 성령은 땅에 떨어졌으며 그 성령이요, 나의 뜻은 찾아볼 수도 없으며 뒷전으로 밀려 고개를 들지 못하는 그와 같이 사악한 폭도들로서 너희들이 변했음이니,

14 참진리를 부르짖는 나의 백성들은 두
렵고 겁이나 말을 하지 못하며, 나의
아들 예수가 나의 아들이라 따랐던 그
제자들까지도 그를 팔며 그에게 등을
돌리는 그와 같은 험악하고 무서운 형
국이 그때의 시국이었으니,
15 과연 나의 뜻이 어디에 존재하며 어디
에서 뿌리내리며, 나의 존재요, 나의
가르침이요, 참진리요, 하늘에 오르는
길이 고개를 들 수 있겠는가?
16 너희들은 무참히 짓이기고 짓뭉개서
나의 뜻이요, 진리를 찾아볼 수 없도
록 그리하였음이니라.
17 그러니 아무리 너희들이 참진리요, 아
름다운 뜻이요, 하늘에 오르는 길을
전하고자 해도 너희들은 듣지 않으려
하며, 바라보지도 아니하며, 이를 보
고 깨우치려 하지 아니하고 짓이겨 형
체를 볼 수 없도록 그리 만든 것이 구
약과 신약의 그 흐른 세계였느니라.
18 그리하여 지금 내가 제3의 시대에 나
의 성령을 다시 너희들에게 내려보내
너희들을 깨우쳐 하늘에 오르는 그 길
을 보게 하고자 하나 너희들이 지금
또 이를 짓이기고 짓뭉개 나의 뜻을
가리려 하느니라.
19 그러나 나의 아들이 너희들의 그 뜻에
굴복하지 아니할 것이며, 너희들이 아
무리 사악한 자요, 사탄이 와 그를 핍
박하고 그를 시험하고 그를 훈련시키
며 공격한다 하여도 나의 아들은 절대
로 변하지 아니할 것이며 그는 160권
의 법전을 세상에 내놓을 것이며 만백
성에게 이를 전할 것이니, 모든 사악
한 무리 너희들은 이제 너희들의 끝을
거둘 때가 되었음이니 이는 바로 무엇
이더냐?
20 잘못 가르치는 종교 지도자들이요, 저
희 것만이 옳으며 저희들만이 구원을
받는다며 어리석게 그 폐쇄된 마음을
버리지 못하는 너희들이 사악한 사탄
이요, 악마임을 알라.
21 너희들로 하여금 나의 피조물 만백성
들이 구원의 길을 가지 못하며 진정한
빛을 보지 못함이니라.
22 너희들이 아무리 뿔이 달린 큰 용으로
둔갑하여 너희 모든 종파가 힘을 합쳐
나의 아들을 세상에서 제거하며 나의
법전이 나오지 못하도록 그리한다 하
여도,
23 이제는 나의 법전이 짓뭉개져 그 형체
를 볼 수 없는 구약과 신약과 같은 그
시대의 역사는 내가 너희들에게 용납
하지 아니할 것이며 그와 같은 시대를
열어 주지도 아니할 것이니라.
24 이제 마지막 내가 너희들을 직접 지배
하고 통제함이니, 너희들이 악을 먹고
도 선을 배출하며 선을 먹고 선을 배
출하는 그와 같은 길로 돌아서지 아니
하며 그 길로 가지 아니한다면 그 누
구도 구원의 용서가 없으며,
25 악이 이 세상에 뿌리를 내려 지금의
제3의 시대에 이루고자 하는 역사가
짓뭉개져 형체를 볼 수 없는 그와 같
은 역사는 있지 아니할 것이니라.
26 그러니 너의 제자들은 두려워하지 말
며 겁먹지 말며, 모두의 이루는 것은
나의 뜻이라 너희들이 그를 알고 분명
히 너희들의 마음 자세를 굳건히 하
여, 나의 법전을 읽고 정독하여 만백

성을 바로 세우는 데 주저하지 말며
최선을 다하도록 그리 깨우쳐 주라.
27 지금 모든 종파들이 가는 것은 진정한
믿음의 길을 가는 것이 아니요, 구원
의 길을 인도하고 이끄는 것이 아니
요, 우상에게 너희들이 소원을 빌며
우상을 바라보며 우상에게 너희들의
모든 뜻이 이루어질 것이라 우상 앞에
힘을 주며 그 앞에 기도하는 것이며,
나 여호와의 뜻에 따라 움직이는 것이
아니요, 나 여호와의 뜻의 길을 가는
것이 아니니라.
28 어렵고 힘든 내 길을 따르는 것이 아
니요, 너희들은 편안한 길을 가고자
함이니, 바로 우상이 무엇인지 알겠는
가?
29 너희들은 어떠한 형체를 만들어 놓고
그곳에 가 절하고 기도하고 경배하는
것이 우상이라 생각하나, 어떠한 형체
를 깎아 놓고 기도하고 경배하며 소원
하고 몸부림치는 것이 우상이 아니요,
30 너희들은 마음속으로 어떠한 소중한
것을, 나 여호와보다 더 귀한 것을 생
각하며, 보석을 나보다 더 생각하며,
자식을 나보다 더 생각하며, 형제요,
여인을 더 생각하는 마음, 그리고 재
물을 더 생각하는, 그와 같은 나보다
더 소중히 여기는 다른 마음을 갖는
것이 우상을 섬기는 것이라 하였으나,
31 너희들은 두 가지 마음을 갖는 그 자
체가 우상임을 알라.
32 나 여호와를 생각하지 아니하며, 너희
들이 계산하며 악과 선에서 오고 가는
그와 같은 마음을 가지고 사는 것, 두
가지 이상의 마음을 갖는 것이 바로
우상을 섬기는 것이요,
33 오로지 나 여호와가 존재함을 믿는 그
것만으로 너희들이 한마음으로 굳건
히 굳어져 있을 때 너희들은 우상을
섬기는 것이 아니요,
34 마음에 다른 것을 생각하고 기억하는
것까지도, 물체를 가지고 더 소중히
생각하는 것이 아니라 마음 하나가
두 마음으로 되고 세 마음으로 갈라
지는 그와 같은 형태가 너희들이 바로
다른 우상을 섬기는 것임을 알라.
35 그러니 너희들이 금화와 은화를 거둬
들이며, 성전을 짓고자 하며, 만백성
을 끌어들여 제왕이 되고자 하며, 그
들을 이용하여 너희들이 행복을 추구
하고자 하며, 인간의 육의 삶을 추구
하고자 하며, 남에게 너희들의 위대함
을 보여 주기 위하여, 남들보다 방대
한 것을 보여 주기 위하여 갖은 수단
과 방법을 가리지 아니하고 너희들이
밤잠 자지 않고 연구하고 생각하는 그
생각 자체가 다른 우상을 섬기는 것이
며 우상을 너희들이 경배하고 따르는
것이니 그 이치를 알라.
36 그와 같은 자 밑에 가서 너희들이 배
우면 무엇을 배우겠는가?
37 그와 같은 생각을 가진 자들이 곧 우
상을 섬기는 자이니, 우상을 섬기는
자의 앞에 가 너희들의 생명을 던지는
그와 같은 어리석은 삶을 살지 말라.

4,571 번째 하나님 말씀

2003년 1월 16일 09시 59분

1 사랑하는 나의 아들아!

2 “네, 아버님! 말씀하옵소서.”
3 인간 너희들의 그 육중한 체격으로
지렁이라는 미물을 밟았을 때 그래도
꿈틀거리며 죽는다는 말이 있음이니,
아무리 미약하고 작은 힘을 가진 것이
라 해도, 또 아무리 강하고 큰 힘을 가
진 것이라 해도, 그대로 저 자신의 생
명이 하나 죽어 가는 것은 없음이니,
4 거역할 수 있는 한 최대한 거역하고
버틸 수 있을 때까지 버티고자 하며
생명을 연장할 수 있을 때까지 연장하
고자 하는 것이 모든 생명체가 가지고
있는 생각이요, 욕심이라는 뜻이니라.
5 하물며 지금 수천 년 동안에 흘러온
그 종파들이 과연 그 뿌리가 얼마나
깊으며 그 인원이 얼마나 많으며 그
물질적인 힘이요, 그 장비의 힘이 얼
마나 방대하던가?
6 잘못된 모든 종파들이 세상을 지배하
고 덮고 있는 그 힘을 볼 때, 과연 그
들의 무서운 힘은 그 누구도 상상할
수 없으며 인간으로서는 더 이상의 능
력과 힘을 발휘할 수 없는 한계까지
와 있는 것이 지금 모든 종파들이 가
지고 있는 그 힘이요,
7 그들이 가지고 있는 집단이요, 그들의
인원이요, 그 물질적인 것이요, 그들
이 만들어 놓은, 성전이라 지어 놓은
그와 같은 방대한 그것은 나 여호와의
천사들도 감히 두려워하고 놀랄 만큼
그와 같이 무서우리만큼 너희들이 성
장되어 있으며 변화되어 있으니,
8 인간의 사악한 마음이요, 잘못된 마음
속에 너희들이 그리도 맹종하고 딸려
가며 빠져들어 가는 그 모습을 볼 때
나 여호와의 천사들도 두려워하며 감
히 겁을 먹을 정도로 너희들이 무섭게
그리 변질되고 변하는 그 속도가 그러
하니라.
9 그러니 그 방대한 조직이요, 그 많은
조직들이 그들의 뿌리를 뽑으며, 그들
의 근간을 없애 버리며, 지금까지 누
려 왔던 신과 같은 제왕의 대우를 받
는 그 우두머리들을 다 제거하며 그
족속의 뿌리를 세상에 존재하지 못하
도록 그리 나의 법전이 세상에 내려감
이니, 그들이 과연 어찌하겠는가?
10 이는 너희들 인간이 지렁이라는 미물
을 밟는 것이 아니요, 지렁이가 인간
을 밟고자 대드는 그와 같은 형국이라
그들은 생각할 것이며 지금 그리 생각
할 것이니라.
11 그와 같은 마음을 가지고 있는 자들이
너를 용납하며 나의 법전이 세상에 내
려가는 것을 용납하려 하겠는가?
12 저희들이 바람만 한 번 세게 불어도
나의 법전은 세상에 나올 수 없으며
너는 존재하지 못할 것이라는 그와 같
은 오만하고 방자한 생각으로 그 조직
과 힘의 위력을 믿으며 물질적인 힘을
믿고 있음이니라.
13 그러니 과연 그들을 바로잡는다는 것
이 얼마나 힘들겠는가?
14 인간에게 밟히는 그 지렁이가 밟는 인
간을 바로잡고 다스려 가야 한다면 그
건 과연 얼마나 힘들고 어려운 길이
며, 정녕 있을 수 있는 길이던가?
15 지금의 그와 같이 방대한 조직을 네
가 바로잡는 그 대명을 받으며, 나의
법전이 세상에 나가 그들을 다 탈바꿈

시키며 그들을 변화시키는 그 역사를
시작함이니,
16 그들의 거부와 그들의 반항과 그들이
이를 존재치 못하도록 하는 그 수법과
능력은 가히 상상을 초월할 것이며,
너희들 인간이 과학의 힘으로 만든 핵
이 터지는 것보다 더 위대하고 더 강
력한 힘으로써 모두를 거부할 것이니,
너희들이 뿌리를 내리기가 얼마나 힘
들고 어려운 그 길인지를 알겠는가?
17 그리하여 서서히 가는 것이니라.
18 서서히 위에서 물이 조금씩 흘러가 땅
을 적시듯이 그와 같이 흘러가는 방법
으로써 나의 법전이 세상을 지배하게
될 것이니,
19 그렇지 아니하고 어느 날 갑자기 소낙
비처럼 세상에 쏟아붓는다면 그 소낙
비는 견딜 수 없으며, 거둬진 다음에
그가 내렸던 물기까지도 다 말리려 하
는 것이 지금의 집단들이 가지고 있는
생각이며 그들의 능력임을 잊어서는
아니 될 것이니라.
20 나에게 고개를 들며 나에게 순종하지
아니하며 나에게 거부하는 그 사탄의
힘은 저희들이 버틸 때까지 지탱할 때
까지 악을 쓸 것이며 반항할 것이며
저희들의 모든 용트림을 다 할 것이
니, 그와 같이 상처 입는 싸움이요, 상
처 입는 전쟁을 나 여호와가 하고자
함이 아님을 알라.
21 그들도 구원해 주어야 할 것이며 그들
도 깨달음을 가져야 하기 때문에, 너
희들이 서로 상처를 받지 않고 서로
상처투성이가 되지 않는 나의 백성들
속에서 물이 스며들듯이 너희들을 깨
우치고자 하여 오늘에 서서히 너를 따
라 너의 제자들이 육성되며, 그 제자
들을 보고 또 따르도록 그리 서서히
전해짐을 너는 알고 너의 제자들에게
그리 전하며, 조급히 생각하지 말며
두려워하지 말라 그리 전하라.

4,572 번째 하나님 말씀

2003년 1월 16일 10시 06분

1 사랑하는 나의 아들아!
2 "네, 아버님! 말씀하옵소서."
3 너희들이 이 세상 살아가면서 나 여호
와가 존재함을 알리며, 나 여호와가
존재함을 믿고 살아가는 그것이 기본
이요, 근본이라 하였음이니라.
4 그러하니 너희들이 이 세상의 모두는
나 여호와가 주관하지 아니한 것이 없
으며, 어떠한 종파에 가든 어떠한 종
파에 속해 있든 어떠한 형태로 살아가
든 그들은 다 나로부터 선택된 백성들
이며,
5 그들의 원심은 나로부터 받아 나간 사
랑하는 마음이요, 천사와 같은 마음을
가지고 세상에 나갔음이니, 그들 가슴
속에 또한 그와 같이 천사와 같은 마
음이 도사리고 있음을 알라.
6 다만, 그들이 악한 마음이요, 사악한
마음이요, 사악한 행동이요, 악을 사
랑하는 그 마음이 그들 가슴속에 있는
그 선한 마음을 짓누르고 있으며 그
문을 열지 못하도록 하고 있기 때문이
니,
7 나의 백성이라 함은 어떠한 종파에
속해 있든 어떤 곳에서 저희들이 살아

가든, 어떤 형태로 저희들이 꾸려 나
가든, 그들의 진실한 삶은 진리를 추
구하면서 살아가고자 깨닫고자 하는
것이니라.
8 그러니 그들이 진리를 추구한다 하면
어떠한 형태든 그 모두를 다 구원하고
자 함이 나의 뜻이니라.
9 어떠한 집단에 속하고 어떤 종파 속
에 속해 있어서 어떠한 방법으로 살
아가든 그들이 참진리를 추구하며 나
여호와가 존재함을 믿는 그 마음을 가
지고 있는 자, 원심의 마음이 변하지
아니한 나의 백성이니라.
10 그러니 나는 그 모두를 다 구원하며,
한 사람도 한 백성도 빼놓지 않고 다
구원하고자 하는 것이 나의 뜻임이니
라.
11 그러나 지금 너희들은 어찌 살아가는
가?
12 너희들이 믿는 종교 집단만이 구원을
받을 수 있을 것이며, 그 길이 아닌 자
는 이단시하며 경원시하는 그와 같은
삶을 살아가고 있는 것이 지금의 모든
종교 집단이니라.
13 방대해질 만큼 방대해졌으며 물질을
가질 만큼 소유했으며 집단의 인원을
가질 만큼 가진 그 모든 백성들이 지
금 가고 있는 믿음은 과연 무엇이더냐?
14 마음을 열고 사랑을 열고 가슴을 연
믿음이던가?
15 그들은 저희들과 다른 종교 집단은 이
세상에서 인간으로 취급하지 아니하
며 나의 백성이라 인정하지도 아니하
는 그와 같은 자들이니 그게 바로 무
엇이더냐?
16 우물 안 개구리가 세상사를 논할 수
없는 것과 마찬가지거늘, 우물 안에
있는 개구리가 그 우물에서 살고 그
우물에서 제왕이라 생각하니 그가 무
엇을 알겠는가?
17 그 우물 안의 것밖에 모르는 그는 세
상을 논할 자격이 없으며 세상 것을
알 수가 없는 것이니라.
18 지금의 종교 집단이 가는 것이 그와
같으니라.
19 우물 안 개구리처럼 폐쇄되며 저희들
밖에 모르는 자가 세상사를 어찌 논할
수 있으며,
20 더욱이 그와 같은 개구리가 제가 우물
안에 앉아서 세상을 지배하는 것처럼
세상을 지배한다 그리 말하고 있으며
지배하는 자라 자처하고 있다면, 세상
을 지배하는 것은 저라고 그가 말하고
외치고 있다면 과연 그 꼴을 어떻게
너희들은 보겠는가?
21 나 여호와가 지배하며 내가 통제하며
내가 임하는 그 뜻은 알지도 못하는
자들이, 너희들이 말하기를 하늘을 두
루마리 삼아 써도 써도 다 못 쓰는 것
이 나 여호와의 진리라 하면서,
22 너희들이 알면 무엇을 얼마나 알며 깨
우치면 얼마나 깨우쳤기에 너희들의
집단에 오는 것만이 구원을 받는 것이
요, 너희들이 세상을 지배하며 너희들
만이 이 세상을 다스릴 수 있는 집단
이라 그리 어리석은 짓을 하는가?
23 이 세상을 지배하고 통제하는 이는 나
여호와요, 인간 너희들로서 할 수 없
다는 것을 너희들은 알라.
24 너희들은 깨우치는 것이 한계가 있으

며 너희들이 알고 있는 것이 한계가 있으며 너희들이 행하는 것이 한계가 있느니라.

25 이 세상 지구상의 온 인류요, 이 모든 우주 공간에 영원히 존재하며 영원히 지배하는 이는 나 여호와뿐이며, 너희들은 백 년도 안 되는 육의 삶 속에서 살아오니 그것으로 봐도 너희들은 이 세상을 영원히 지배할 수 없으며 다스릴 수 없는 인간이며 너희들의 한계가 고작 거기에 있다는 것을 너희 스스로 깨우쳐야 할 것이니라.

26 지금 우물 안에서 세상을 지배하며 세상을 통제하는 것이라 착각하는 자들, 너희들은 그 우물에서 먼저 나오는 것부터 배워야 하며, 나오는 것부터 노력해서 나온다면 세상의 이치를 알며 그때 가서 너희들이 깨달을 것이니,

27 지금 너희들은 나의 뜻이요, 내가 원하는 것이며 나 여호와가 이루고자 하는 그 뜻부터 먼저 깨우쳐 알아야 될 것이니, 이는 곧 하늘의 뜻을 먼저 듣고 배우라는 뜻이니라.

28 너희들이 정녕 하늘의 뜻이요, 내가 원하는 것을 보고 배우고 들을 수가 없음이니, 내가 나의 아들을 통하여 내리는 160권의 법전을 읽고 깨우치라.

29 그 속에 너희들이 우물에서 나오는 비법이요, 우물에서 나올 수 있는 그 길이요, 우물에서 개구리가 나올 수 있도록 그를 건져 주는 길이 거기에 있음이니, 나의 법전을 먼저 읽고 깨우치도록 하라.

30 너희들이 정녕 나의 사랑하는 백성이요, 만백성을 구하는 종교 지도자요, 나로부터 선택받은 종교 지도자로 변하고자 한다면 너희들은 나의 법전을 읽고 정독하여 깨우쳐 법전대로 만백성을 가르치며,

31 너희들이 지금에 가던 그 방법을 폐쇄하고 새로운 방법으로써 나의 법전을 가지고 가르쳐 만백성을 다스린다 하면 너희들이 바로 구원의 길을 보게 되는 것이니라.

32 그리하고 너희들이 지금까지 너희들만이 고집하는 그 잘못된 관습이요, 흘러내려 온 그 전통을 폐쇄시키지 못하는 집단은 정녕 나의 백성을 구원하는 것이 아니라 지옥으로 끌고 가는 그 역사를 계속 반복하고 또 반복하는 어리석음을 행함을 잊지 말라.

4,573 번째 하나님 말씀

2003년 1월 16일 11시 07분

1 사랑하는 나의 아들아!

2 "네, 아버님! 말씀하옵소서."

3 너는 나의 성령을 받아 법전을 만들며 나의 뜻에 따라 강론을 하여 나의 피조물 만백성들을 일깨워 주며 깨우치는 그 길을 감이니,

4 나의 성전에 오는 사랑하는 백성들이 물 한 그릇을 갖다 놓는 것, 그리고 나의 법전을 전하기 위하여 그들이 법전을 구입하여 한 권이든 백 권이든 전하는 마음, 그들의 애틋한 마음과 사랑하는 마음과 그 소중한 마음을 알아야 하며 그 감사함을 알아야 할 것이니라.

5 너에게 와 과일 하나를 놓고 가는 그
제자의 마음을, 그것이 그냥 과일이
요, 흔한 과일 중의 하나며, 다른 사람
들은 많은 것을 갖다 주는 것을 하나
를 갖다 놓는다 하여 그 마음의 아름
다움이요, 소중함이요, 감사함을 몰라
서는 아니 되는 것이니라.
6 너희들이 눈물을 흘릴 때 닦는 그 손
수건 한 장을 너에게 갖다 주는 너의
제자들의 그 마음을 네가 정녕 아름답
고 소중하게 여기며 귀하게 받아들이
며 귀하게 생각할 수 있는 마음을 가
져야 할 것이니,
7 그 마음을 모른다면 너는 지도자로서
아무 자격이 없음을 알아야 할 것이니
라.
8 지금의 모든 종파들이요, 종교 지도자
들이 무엇으로써 유지하며 무엇으로
써 이끌어 가는가?
9 저희들의 신도라는 그 백성들이 갖다
바치는 것, 갖다 주는 것으로써 그들
은 그 모두를 유지함이니라.
10 갖은 명분이요, 말씀을 전하기 위해
계명이요, 십일조요, 또는 헌금이요,
그와 같이 어떤 이유에서 바치든, 그
신도라는 자들이 어떠한 생각이든 어
떠한 마음이든, 그들이 구원을 받고자
하든 나로부터 은혜를 받고자 하든,
그들이 갖다 주고 바치는 명분은 어떤
이유가 있든 너희들이 받아들여 그것
을 먹고 쓰고 사는 것은 당연한 것으
로 수천 년 동안 그리 받아들이고 거
둬들이며 살아온 너희들의 심성이,
11 이제는 그것이 만성이 되며 젖어 있
어, 갖다 주는 것을 감사함을 모르며
갖다 주는 사람의 그 애절한 소망을
모르고 사는 것이 지금의 종교 지도자
너희들이 가는 길이니라.
12 너희들은 하도 많이 힘 안 들이고 받
아들이고 거둬들이며 받아 쓰다 보니,
더 크고 더 귀한 것을 가져오는 자를
더 먼저 생각하며 더 큰 것을 요구하
는 그와 같은 추한 짐승만도 못한 마
음으로 변한 종교 지도자라면 너희들
은 어찌하겠는가?
13 이제 그들이 갖다 바치는 것을 받아먹
는 타성에 젖어서, 그들이 주는 것을
감사함을 모르며 기쁨을 모르며 그리
고 그를 위하여 너희들이 해야 하는
길이 무엇인지를 모르는 것이 지금의
종교 지도자라 하면 너희들은 어찌하
는가?
14 너희들이 그와 같이 그들로부터 은혜
를 받아 거둬들인 그것으로 씀은 나
여호와가 너희들에게 그들을 통하여
주는 재물과 똑같거늘, 그 재물에 대
한 감사함을 너희들이 얼마나 알며,
그 뜻에 대해서 너희들이 고마움을 얼
마나 아는가? 그를 쓰는 것이 얼마나
조심스러운 것이며 얼마나 그것이 그
들에게 감사한 것인가를 안다면 종교
지도자 너희들이 가야 할 길은 무엇인
줄 아는가?
15 나의 백성들로부터 그저 무상으로 갖
은 이유와 변명을 대 거둬들이는 것으
로써 너희들이 편하게 살며 편하게 쓰
고 있다 하면 너희들이 그들에게 돌려
줄 것은 무엇인 줄 알겠는가?
16 유리로 봐서 한 점의 부끄러움이 없는
아름다운 삶을 살아가도록 변화되며,

그 길을 가는 것이 종교 지도자가 가
야 하는 길이니라.
17 받아먹는 것은 두꺼비가 파리를 잡아
먹듯이 덥석덥석 받아들이고 받아쓰
면서, 그리고 주지 않는 자에게 바치
라 내 놓으라 강요해서 뺏어 가면서,
18 너희들이 받아서 생활하고 존재하는
그 감사함을 느껴 천사처럼 변하고자
하는 그 삶을 살아가는 것이 아니요,
당연하려니 하면서 받아들이면서 그
감사함을 모르며, 추하고 더러운 생각
을 하며 더러운 짓을 하고 사는 것은
아름다운 것을 먹으면서 악한 것을 품
어 내는 것과 똑같음이니,
19 나 여호와로부터 받은 은혜에 감사할
줄 모르는 벌레만도 못한 짐승인 것이
잘못 가는 종교 지도자 너희들의 자세
임을 알라.
20 받아들이는 것에 대해 너희들이 보상
할 수 있는 것은 너희들이 천사처럼
깨끗해지는 것이니, 깨끗하게 변하지
아니하고 그 감사함을 모르는 것은 벌
레만도 못한 추하고 더러운 것이니,
너희들을 내가 이제는 단죄하고자 함
이 거기에 있음을 알라.

4,574 번째 하나님 말씀

2003년 1월 16일 11시 17분

1 사랑하는 나의 아들아!
2 "네, 아버님! 말씀하옵소서."
3 노아의 방주와 같은 그 역사의 아픔을
겪는 그와 같은 역사를 치르면서 너희
들을 바로 세우고자 하는 나 여호와의
그 아픈 마음을 알겠는가?
4 너희들을 바로 세우기 위해 그 많은
자식을 버려야 하는 나 여호와의 아픔
을 너희들이 안다 하면, 노아의 방주
는 기적이 아니요, 노아의 방주는 나
여호와의 가장 고통스러우며 가장 가
슴 아픈 그 역사의 한 단면임을 너희
들은 돌이켜 봐야 할 것이니라.
5 내가 바른 세상, 바른 백성들이 뿌리
를 내리게 하기 위하여 노아의 방주와
같이 처참한 재앙으로써 많은 나의 아
들딸을 버리는 그 부모의 심정을 너
희들은 생각해 보았는가?
6 오죽하면 내가 그 자식을 버려야 되
겠던가?
7 너희들 육의 세상에 사는 부모가 자식
이 너무 사악하고 잘못되어 그 자식을
버려야 하는 그 부모의 마음은, 죽음
직전에까지 가지 아니할 때는 그 부모
는 자식을 버리지 아니할 것이니라.
8 그 자식을 지키고 살리고자 하는 것이
부모의 마음이요, 죽음으로써 그를 다
스리지 못할 때 그 부모는 그 사악한
자식에 대해 손을 놓는 것이 아니겠는
가?
9 그렇지 아니하다면 인간 세상의 부모
도 그 자식으로부터 등을 돌리지 않으
며 손을 놓지 아니할 것이거늘,
10 나 여호와가 노아의 방주의 역사를 이
루며 그 많은 나의 사랑하는 아들딸들
을 죽어 가게 하는 것은 너희들이 하
늘에 와 나에게 고통을 받는 죄의 대
가를 치르는 것이며,
11 너희들이 지은 죄의 대가를 치르는 것
이 그보다 몇 배 더 고통스럽고 무섭
기에 나 여호와가 그와 같이 아픈 가

슴에 눈을 감아 손을 놓음으로 너희들
에게 재앙을 내렸음이니, 나 여호와의
아픈 마음을 너희들이 헤아려 주기를
바라며,
12 너희들이 죄를 짓고 살다 나에게 와
심판을 받는 것이 차라리 너희들이 죽
음만 못함이니,
13 너희 자식들이 죄를 짓고 평생 감옥이
라는 곳에 가서 고통스럽고 처참한 삶
을 사는 것을 보지 못하기에 아비가
그 자식의 숨을 끊게 한다면 그 부모
의 가슴이 얼마나 천 갈래 만 갈래 찢
어지며, 스스로 죽음을 선택하지 않던
가?
14 그리하여 자식을 죽게 한 그 부모 또
한 살 자가 없으며, 그 부모 스스로 죽
음을 선택할 것이니라.
15 나 여호와도 그와 같이 마음이 아프며
가슴이 찢어지며, 내가 이 세상이 지
속되며 이 우주가 존재하는 동안에 너
희들의 생명체가 더 계속 지속되지 않
고 끝난다면 나도 그와 같이 나 스스
로 모두를 포기하는 육의 부모의 마음
보다도 더 강한 것으로써 했을 것이니
라.
16 그러나 계속 지구가 존재하는 한 나의
백성들은 태어날 것이며, 그 백성들을
바로 다스리고 바로 가게 하기 위하여
내가 모질고 독한 부모의 마음으로써
행한 것을, 너희들은 나 여호와의 찢
어지는 그 아픈 가슴을 알아야 할 것
이거늘,
17 노아의 방주는 역사의 기적이요, 너희
들이 그 노아의 방주에 탄 사람처럼
환상에 젖는 그와 같은 깨달음을 가서
는 아니 될 것이니라.
18 그리하여 나의 구약의 시대에 또 모세
에게 그 역사를 이루며 그 아픈 참상
을 바라보는 나의 마음이 얼마나 아팠
으며, 그들을 벌하는 나 여호와의 찢
어지는 아픔의 고통을 너희들은 과연
알았는가?
19 바로 세우기 위하여 잡초를 뽑아내는
농부의 심정보다 더 애절한 마음이니,
남아 있는 곡식이 제대로 서기를 바라
는 농부의 마음은 어떠하겠는가?
20 농부가 힘들여 잡초를 제거할 때는 나
머지 곡식이 제구실을 다하기를 바라
거늘, 그 곡식이 제구실을 못 할 때 그
농부의 아픔은 얼마나 크겠는가?
21 내가 너희들에게 원하는 것이 무엇이
더냐?
22 부모가 자식을 사랑하듯 그 마음을 갖
고 너희들이 살아가는 것을 내가 원하
는 것이니라.
23 너희들을 위하여 하늘에서 이루어진
것같이 이 지상에 낙원이 이루어지며
나의 피조물 만백성들이 천국과 같은
삶을 이 지상에서 살도록 하기 위하
여, 내가 너희들의 그 행복을 위하여,
너희들이 기쁘고 아름다운 삶을 누리
고 살도록 하기 위하여, 내가 너희들
에게 이와 같이 속고 또 속으며, 고통
과 고통이요, 가슴 저린 아픔으로 내
사랑하는 자식들을 버리고 또 지워 버
리면서 오늘에까지 그 역사가 흘러왔
음이니,
24 나 여호와의 아픈 마음이요, 심정을
너희들이 조금이라도 깨닫는다면 이
제는 너희들이 선하고 아름다운 마음

의 자세로 살아갈 수 없겠는가?
25 너희들이 구약의 성서를 지키든 신약
의 성서를 지키든 나의 법전을 지키고
안 지키는 것은 내가 너희들에게 탓하
고 싶지 아니함이니라.
26 다만, 너희들이 사랑하는 마음이요,
천사와 같이 아름답고 고운 마음, 내
가 너희들의 본성의 마음을 주어 세상
에 내보냈듯이 그와 같은 본성의 아름
다운 마음으로 너희들이 돌아와 나에
게 구원을 받는다면 너희가 무엇을 믿
든 어떠한 길을 가든 너희들을 탓하지
아니할 것이니, 너희들의 마음을 곱고
아름답게 다스려 삶을 살라.
27 그리 살면 나의 아들딸이요, 나의 자
식이요, 내가 선택한 백성들이요, 나
에게 오를 수 있는 것이거늘, 어찌하
여 그 하나를 지키지 못하며 그 길을
가지 못하는가?
28 내가 너희들에게 바로 살라 하며 사랑
을 베풀며 살며 아름답게 살라 하는
것이 나 여호와가 편하고자, 내가 무
엇을 얻고자, 내가 기쁨을 얻고자 너
희들에게 그리 원하는가?
29 나 여호와가 얻는 것이 없으며 내가
바라는 것이 없음이니라.
30 하늘의 뜻은 나의 아들딸 너희들을 구
원하여 그대로 살다 나에게 오게 하고
자 하는 것이 나의 바람이니라.
31 오늘 내가 나의 아들을 독촉하고 그를
몰아붙이듯이 지금 160권의 법전을
세상에 내보내 나의 뜻을 만백성에게
전하는 것은 바로 무엇이던가?
32 너희들을 사랑하며 너희들을 구하고
자 하며 너희들을 위해서 내가 내리는
그 뜻이거늘, 너희들은 이를 보지도
아니하며 듣지도 아니하며 이를 알려
하지도 아니함이니,
33 이 세상의 모두는 나의 주관하에 이루
어진다는 것을 너희들이 알고 있음이
니, 나 여호와가 나의 법전을 세상에
내려보내는 것은 나의 아들딸 너희들
을 위하여 내려보냄이니, 이를 들여다
보고 깨우쳐 한번 나의 법전의 뚜껑을
열어 보는 그와 같은 마음을 가질 수
없는가?
34 노아의 방주의 그 아픔을 내가 겪었으
며, 또한 모세의 시대에 그들이 나를
거부하며 나를 능멸하는 것을 겪었으
며, 나의 아들 예수가 죽어 가는 그 고
통을 보고 겪은 나 여호와가 마지막으
로 너희들에게 간곡히 부탁하니, 과연
나의 법전을 한번 읽고 깨우쳐 이 뚜
껑을 열어 볼 수는 없는가?
35 이 대목을 읽는 모든 백성 너희들은
종파를 떠나서 믿음을 떠나서 너희들
이 같은 형제요, 나 여호와가 아니면
이 세상에 아무것도 존재할 수 없다는
하나의 그 깨달음을 얻어 바로 보고
바로 구원의 길을 얻도록 그리하라,
사랑하는 나의 아들딸들아!

4,575 번째 하나님 말씀

2003년 1월 16일 11시 25분

1 사랑하는 나의 아들아!
2 "네, 아버님! 말씀하옵소서."
3 너희들이 지금의 잘못 가는 믿음이요,
잘못 가르치는 길이요, 나 여호와와는
관계도 없는 정반대의 그 길을 가고

있는 역사는 얼마나 무서운 결과를 낳
는 것인지 너희들은 아는가?
4 너희들은 나의 뜻을 그대로 받아들여
나의 뜻의 그 진리를 그대로 가르치지
못하며 거짓되게 가르치며, 너희들이
만든 계명 속에 너희들의 육을 위하여
만든 그 틀 속에 왜곡되게 가르치며
탈바꿈하는 것으로써 나의 백성들을
가르쳐, 나의 사랑하고 아름다운 그
백성들의 심성을 변질되게 만들며 악
의 근원에 빠지도록 그리 만드는 것은
너희들 가르치는 자가 죄를 짓고 그
듣는 자가 죄를 짓는 것으로써 너희들
이 잘못 가는 것으로써 끝남이 아님을
알아야 할 것이니라.
5 너희들이 나의 진리의 뜻을 거짓되게
가르치며 그 뜻을 모르고 가르쳐 변질
되게 가르치는 것이 너희들의 그 믿음
에서 벌을 받는 고통으로 끝나는 것이
아니요, 잘못 가는 지도자, 잘못 듣는
백성, 잘못 깨닫고 가는 그 백성, 너희
들에게 국한되어 모두가 끝나는 것이
라 생각하지 말라.
6 너희들이 잘못 가르치는 종교 지도자
가 있음으로 인하여 그를 듣고 옳다
박수하며 '할렐루야!', '아멘!' 소리 지
르며 그를 따라가는 잘못 가는 백성들
이 수없이 있으며, 맹종이요, 맹신으
로 그저 하늘에 오르는 길이라 믿고
소리 지르면 구원받는다 생각하는 그
와 같이 잘못 가는 백성들이 있음으로
인하여 너희들로 하여금 내가 인간을
최초에 만들어 너희들에게 내려보낸
인간의 그 아름다운 인성이 무너짐이
요, 인간의 근본 바탕까지 무너지고
쓰러지게 만드는 것이 너희들이니라.
7 내가 처음에 천사와 같은 아름다운 심
성을 주어 세상에 내려보낸 그 인성을
다 무너트리며 너희들이 짓밟고 살아
가는 그와 같은 형국이 되니, 내가 너
희들에게 처음에 준 그 인성을 무너뜨
림으로 인하여 너희들 자신이 불신의
씨앗은 서서히 자라며 너희들 마음은
불신으로써 모두를 다 갖게 되며 채워
짐이니, 이 세상 그 누구도 믿지 못하
는 형국으로 됨이니라.
8 부모를 믿지 못하며 자식이요, 형제지
간에 믿지 못하며 이웃간에 믿지 못하
는 그러한 불신의 씨가 너희들에게 만
연하게 됨이니, 너희들은 스스로 자신
이 불안에 빠지며 자신이 공포에 떨며
자신조차도 믿지 못하는 그와 같은 형
국으로 되었으며,
9 너희들이 그리 만들어지며 그리 떨어
져 가는 것이 지금 너희들의 잘못된
가르침의 근본이요, 원인임을 알아야
할 것이니라.
10 그리하여 너희들이 진정한 믿음의 길
을 가는 자가 없으며 진정한 믿음을
들을 수도 없는 것이니라.
11 그리하여 너희들이 불신의 골이 너무
나 깊어지고 두터워 단단한 돌다리도
그대로 건너지 못하며 그를 두드려 보
고 점검해 보고 건너야 하는, 그와 같
이 너희들의 마음이 변화되는 무서운
형국이 지금에 살아가는 너희들의 형
태이니라.
12 그러니 너희들이 편안히 쉬었다가 일
하며, 너희들의 마음을 다스릴 수 있
으며 미래를 생각하며 나에게 기도를

드릴 수 있는 너희들의 안식처마저도 송두리째 무너졌으며 그 안식처 자체도 너희들이 의심하며 찾을 수 없는 그와 같은 형국이 되었음이니라.

13 서로 사랑하는 자와 한 끼의 밥을 나눌 때도 의심하게 되며, 무슨 이유와 조건이 있기에 저를 이용하고 저를 쓰러트리기 위하여 그와 같이 자기에게 사랑을 베푸는 것인가, 사랑까지도 너희들이 보지 못하며 너희들이 베풀지 못하며, 남이 너희에게 베풀어 주는 것까지도 의혹과 의심의 마음으로 보니,

14 신뢰요, 진실한 믿음이요, 진실한 사랑이요, 그 모두의 소중한 것들이 다 자신들을 못 믿게 만들며, 자신들 속에서 그를 다 배척하며 불안과 공포의 마음으로 너희들이 살아가게 되었음이니,

15 이제는 너희들이 오죽하면 자신을 못 믿고 가정을 못 믿고 너희들의 이웃을 믿을 수 없는 그와 같은 형국으로 전락되어 있음을 알아야 할 것이니라.

16 너희들이 가장 필요한 그 가정의 안식처요, 사회의 안식처요, 너희들이 쉴 수 있는 그 쉼터까지도 말살되어서 지금은 어느 곳에도 마음을 둘 곳이 없음이니,

17 너희들의 아름다운 그 마음이, 내가 내려 준 이 세상의 아름다운 자연의 이 모두가 다 맹수 속에서 존재하는 양처럼 좌우를 살피며 좌우를 경계하며 그와 같이 살아가지 아니하면 아니 되는 것이 너희들이 인간을 경계하며 인간을 바라보는 마음이니라.

18 맹수가 우글거리는 속에 그 한 마리의 양이 저를 보호하기 위하여 모두를 살피고 은폐물을 찾는 것처럼 너희들이 사랑하고 믿어야 하는 인간 속에서 사는 것이 맹수 속에 있는 그 양처럼 세상의 모든 인간을 맹수로 보며 사악한 하이에나와 같은 것으로 보는 그와 같이 불안하고 두려운 마음으로써 살아가는 것이 지금의 너희들의 형국이니, 얼마나 이를 보는 나 여호와의 가슴이 아프겠는가?

19 너희들이 바로 양처럼 양과 양 속에 사는 사람이면 사람답게 살며 사람으로서 살아가는 그 세상을 만들고자 하는 것이 나 여호와의 뜻이니라.

4,576 번째 하나님 말씀

2003년 1월 16일 12시 34분

(강론을 마치며)

1 사랑하는 나의 아들아!

2 "네, 아버님! 말씀하옵소서."

3 나 여호와의 기쁨을 과연 너희들은 아는가?

4 하늘에 있는 천사요, 지상에 있는 사악한 악마들도 지금 너희들이 가고 있는 그 믿음 앞에 그들이 고개를 들지 못하며 부끄러워하며 두려워하고 있다면 너는 믿겠는가?

5 이제는 너를 선택하여 내가 세상에 내보낸 그 뜻을 알 것이니라.

6 이 세상에 한 사람의 의인이 태어나도 내가 세상 것을 다 주고도 바꾸지 아니한다 하였음이니,

7 내가 세상 모두를 다 재앙으로 쓸어버

리고 그를 다시 만드는 것은 내가 바
로 역사할 수 있으나, 한 길도 안 되는
너희들의 그 마음속에 가지고 있는 나
의 백성 한 사람을 의인으로 만들기는
너무나도 어렵고 힘든 길이었음이니
라.
8 너희들은 20퍼센트의 너희들의 일부
에 노력하여 깨우치는 그 길이 있으며
생각하는 것이 있기 때문에 한 사람을
의인으로 만드는 것은 너무나도 어렵
고 힘든 길이었느니라.
9 나 여호와가 80퍼센트의 모두를 다
주었으며 20퍼센트는 너희들이 노력
함이니, 그 20퍼센트로써 너희들이
의인의 길에 오는 자가 한 명도 없는
것이 인간 세상에 살아가는 너희들의
속성이니라.
10 그리하여 말이 없는 이 지상의 모든
것은 내가 없앴다 다시 만들기 쉬우며
그것은 내 마음의 주관이나, 너희들
마음의 20퍼센트를 가져 그 의인 하
나를 만드는 것은 이 세상 것을 다 주
고도 바꾸지 아니한다는 뜻이 여기에
있음이니,
11 오늘 네가 가르치는 그 제자들이 수없
는 의인의 마음을 가고 있는 너의 제
자들을 보는 나 여호와의 마음이 이리
도 기쁨이니라.
12 내가 바로 서지 못하는 너를 선택하였
으며, 절름발이 인생의 길을 살아온
너를 내가 선지자요, 나의 아들이라
명하여 세상에 밝혀 네가 나의 법전을
듣고 전하니,
13 너의 변하는 그 모습을 보고 너의 제
자들이 지금 변하여 의인의 길에 들어
서 가고 있음이니 그를 바라보는 나
여호와의 마음이 기쁘기 한량없음이
니라.
14 너희들이야말로 의인의 길을 갈 수 있
는 자들이며 너희들만이 바로 설 수
있는 백성들이니,
15 너희들이 지금 가고자 하는 그 마음이
요, 바로 서고자 하며 바로 깨우쳐 가
고자 하는 그 마음을 이 세상 어느 백
성도 이해 못 하며 너희들을 감히 따
라올 수 없으며 추종자가 없는 것이
너희들의 마음이니라.
16 첫째는 너희들이 바로 서고자 노력하
는 그 마음이 나 여호와가 기쁘며,
17 노력하는 자 노력하여 얻지 못할 것이
없다 하였음이니, 너희들이 변하고자
노력하고 노력하는 그 속에서 하나하
나 허물을 벗고 변함이니, 너희들이
곧 천사가 될 수 있는 자들이니라.
18 그 노력하는 것이 나 여호와의 기쁨이
요,
19 또한 너희들이 그리 행함이며, 스스로
너희들이 나의 법전을 접하고 읽는 데
게을리하지 아니하며 모든 시간 속에
서 가장 소중한 시간이요, 가장 귀한
시간으로 너희들이 깨달아 이 시간에
참여하여 내가 나의 아들을 통하여 내
리는 그 강론을 직접 들어 줌이니,
20 나 여호와가 세상에 전하는 것을 너희
들이 들어 줌이니, 그게 너희들이 나
의 아들과 공부함이 아니요, 나 여호
와와 같이 공부하며 나 여호와를 만나
며 나 여호와를 찾아오는 너희들이 정
녕 소중하며, 나의 그 기쁨 또한 이루
말할 수 없는 것이니라.

21 너희들이 태만하고 게을리하며 이 길
을 가지 아니하고 힘들고 어렵다 하여
물러날 때, 너희들이 나 여호와에게
등을 돌리며 나를 섭하게 하며 내 마
음을 아프게 하는 것이니, 너희들이
오늘 이 자리를 지키고 감이 나의 두
번째 기쁨이니라.
22 오늘 이 순간보다 나 여호와의 기쁨이
더한 적은 없었음이니라.
23 너희들이 의인이 될 수 있는 것이며,
너의 제자들이 수없는 의인들이 나올
수 있는 그 싹이 트기 시작함이니, 그
싹을 잘 가꾸면 될 것이니라, 선지자
야!
24 그 싹의 밑거름이요, 그 싹의 가르침
이요, 그 싹의 양분은 네가 지금서부
터 더 많이 변하는 것, 그리고 네가 아
름답게 탈바꿈하여 가는 것이 지금 싹
이 트기 시작하는 그 새싹들, 너의 제
자들이 바로 다시 태어나고자 노랗게
나오는 그 이파리에 양분되어 그가
이 세상을 덮는 의인이 되는 것이니
이를 명심하여 행하도록 하라, 사랑하
는 나의 아들아!
25 너는 갈 수 있으며 행할 수 있을 것이
니, 네가 바로 가고 행할 때 너의 제자
들이 너를 따를 수 있으며, 그 싹은 무
럭무럭 자라서 모든 날짐승이 그곳에
와 즐기며 많은 사람들에게 그늘을 제
공해 주는 그와 같은 큰 거목으로 커
갈 수 있으니,
26 그 의인들이 수없이 나와 세상에 자리
잡을 때, 그들이 서로 대화하고 그 의
인들이 하는 이야기를 들을 때 모두는
다 깨달음이니라.
27 나의 법전을 전하여 그 법전이 하늘에
오르는 길이라 하여 깨닫는 백성들이
있어 이것을 사탄이요, 사악한 자라
하는 자들이 돌팔매를 맞듯이,
28 의인의 나무가 많은 곳에 있어 의인의
나무끼리 서로 대화하고 통하는 것이
세상을 덮을 때 감히 사악한 자들이
그 높은 곳에서 하는 말을 거역하지
못하며,
29 그 소리는 날짐승도 미물들도 다 듣게
되니, 너희들의 손을 들고 너희들을
찬성하고 너희들을 환영하는 자들이
세상의 동식물 미물까지 다 덮을 때,
사악한 인간의 그 마음인들 변하지 않
겠느냐?
30 이것이 내가 바라는 꿈이거늘 지금 그
가 실현되고 있음이니, 나 여호와의
기쁨을 다 어찌 감내할 것인가?
31 내가 너를 사랑하며 오늘의 이 공을
이룬 너를 내가 사랑하노라.
32 그리고 따라오는 너의 제자들을 내가
사랑함이니라, 사랑하는 나의 아들아!
33 내가 노아의 방주 때 나의 사랑하는
백성들을 다 죽여 그와 같은 고통을
겪고 인내한 것을 너희들이 내 가슴을
쓸어내려 주며, 나의 아들 예수의 죽
음을 바라보는 나 여호와의 아픈 마음
을 너희들이 그 눈물을 씻어 줌이니라.
34 모세의 백성들이 나 여호와를 버리며
나를 짓밟으며 금으로 우상을 만들고
절을 하며 경배하며 나를 능멸하고 소
리 질렀던 그 아픔을 견뎌야 하고 인
내했던 나 여호와의 마음을 너희들이
씻어 줌이니라.

4,577 번째 하나님 말씀

2003년 1월 16일 12시 42분

1 사랑하는 나의 아들아!
2 "네, 아버님! 말씀하옵소서."
3 오늘의 네가 변하는 그 모습이요, 네
가 아름답게 살아가려 하며 하나의 죄
악으로 네가 사탄이 된다는 나의 뜻의
무서움을 깨달아 한 점의 부끄러움이
없이 살아가고자 하는 너의 그 변하는
모습을 너 자신보다도 너의 제자들이
더 잘 알고 있으며 그들이 그를 더 정
확히 알고 있음이니라.
4 절름발이 인생을 살아왔으며, 깨달음
이 무엇이며 진리가 무엇인지 모르며
나 여호와의 이름을 부를 줄도 모르던
네가 지금 그와 같이 아름답고 깨끗하
게 변하는 모습을 보며 앞에 믿음을
갔던 너의 제자들, 그리고 믿음 속에
서 인생을 전부 바치고자 했던 백성
들, 그 제자들이 지금 너를 보고 무섭
게 변해 감이니, 그들이 세상에 의인
의 뿌리를 내리며 그들이 의인으로서
변해 감이니라.
5 그 모두의 마음의 역사를 보는 나 여
호와가, 내가 너에게 전했듯이 모세의
시대에 내가 역사를 이루었으나 나를
배신하여 나를 울렸던 그 모든 아픔이
치유된다 하였으며,
6 노아의 방주요, 그 사랑하는 나의 백
성들을 죽음으로써 다스리고자 했던
그 아프고 한 맺힌 나의 마음을 쓸어
내리며,
7 사랑하는 나의 아들 예수를 죽게 하여
내 가슴에 지울 수 없는 그 모든 설움
을 네가 지금 쓸어 내는 그 역사를 하
고 있음이니,
8 네가 효자요, 효성스러운 나의 자식이
라 내가 너에게 전하였음이니, 나 여
호와의 기쁜 마음이 오늘에 감당키 어
려움이니라.
9 너를 사랑하며, 너의 변하는 모습을
보고 진정 따라가는 너의 제자요, 나
의 백성들을 사랑함이니,
10 나의 이 간곡한 뜻을 너의 제자들에게
길이 전하여 줘 그들이 의인으로서 변
하는 데 잠시도 주저하지 말며, 무너
지지 말며, 쓰러지는 그와 같은 백성
으로서 살지 말라 그리 이를 것이며,
11 네가 여기서 좀 더 전진하며 좀 더 조
심스러우며 조금 더 신중하며 좀 더
아름다운 모습으로 변해 가는 역사를
하도록 하여, 많은 백성들이 이 세상
에 의인이 덮여 의인의 나무가 곳곳마
다 심어지도록 그리하여 거기서 열매
를 거두도록 하라, 사랑하는 나의 아
들아!
12 이 세상의 모두가 살아갈 수 있는 그
열매를 주는 것은 너를 보고 깨우친
그 의인의 너의 제자들이 세상 구석구
석에 다 뿌리를 내려 그들이 아름답고
탐스러운 열매를 열었을 때 만백성들
이 그 열매를 먹고자 거기에 모여들
것이며, 그 열매의 소중함과 아름다움
과 귀함을 알게 되니, 그 나무를 잘 가
꾸고 보살피며 저희들이 또한 그 나무
가 되고자 하지 아니하겠는가?
13 너의 제자들이 아름다운 열매를 열 수
있도록, 사랑하는 아들아, 거기에 게
을리하지 말며 잠시도 멈추지 말라.

14 너의 제자들의 그 의인의 나무가 세상
구석구석에 가 뿌리를 내려 아름다운
열매를 열어 만백성이 그를 먹고살
수 있도록 하는 그것이 천 년에 걸쳐
내가 이루고자 하는 역사임을 잊지 말
라.

4,578 번째 하나님 말씀

2003년 1월 16일 12시 53분

1 사랑하는 나의 아들아!
2 "네, 아버님! 말씀하옵소서."
3 너희들이 구원의 길이요, 하늘에 오르
는 그 역사의 기초요, 그를 이루고자
한다면, 너희들은 나의 법전을 정독하
고 그를 읽고 또 읽지 아니하면 구원
의 빛을 절대 볼 수 없다 내가 너희들
에게 일찍 깨우쳐 명하였음이니 이를
명심하여 깨우쳐야 할 것이니라.
4 너희들이 지금까지 믿어 온 구약과 신
약은 너희들을 심판하여 하늘에 오르
고 못 오는 것을 구분하는 것이 아니
요, 구원의 원리만을 가르쳐 주는 것
이며, 구원의 길이 무엇이며 구원의
뜻이 무엇인가를 너희들에게 깨우쳐
주는 그와 같은 원래의 임무를 다하였
음을 구약과 신약의 시대가 끝남이라
그리 전하는 뜻을 알라.
5 이제 너희들이 제3의 시대에, 나 여호
와가 직접 관장하는 이 시대에 내가
나의 아들을 통하여 나의 성령을 내려
보내는 나의 법전이요, 새로운 성경을
너희들이 정독하고 그것을 너희들 것
으로 만들어 살아갈 때, 너희들이 구
원의 빛을 볼 수 있으며 나에게 오를
수 있다는 것을 잊어서는 아니 될 것
이니라.
6 그리하여 너희들이 나의 법전을 정독
하고 깊이 깨우쳐 그 의미를 다지라
함은, 모든 건물을 짓는 공사에도 기
초가 단단해야만 그가 쓰러지지 아니
하고 그 임무를 견디며 어떠한 변화에
도 견딜 수 있듯이,
7 너희들이 나의 법전을 읽고 정독하는
것만이 그 기초를 단단히 하는 것이
며, 그 기초가 다져졌을 때 너희들이
사탄이요, 사악한 자들의 어떠한 유혹
에도 쓰러지지 아니하며 구원의 길에
오를 수 있기 때문이니,
8 내가 그리하여 너희들의 기초를 단단
히 다스려 나가도록 하기 위하여 나의
법전을 3회 이상 읽으라 함이니라.
9 너희들이 3회 이상 나의 법전을 정독
하고 읽었을 때, 너희들의 그 마음에
변화가 이루어지며 내가 원하는 그 뜻
을 알게 되며 너희들이 가야 할 길을
알게 됨이니, 너희들의 기초가 다져지
는 것이니라.
10 그래서 그 기초를 단단히 하는 그 위
에서만 너희들이 구원을 받을 수 있기
때문이라는 것을 명심하여 행하도록
하고, 그를 잊어서는 아니 될 것이니
라.
11 너희들이 그 기초를 단단히 다져 나의
법전을 읽고 깨우쳤을 때, 너희들은
육의 삶이 끝나고 그 영혼이 구원의
나라에 올 수 있는 것을 알게 될 것이
니라.
12 그리하면 너희들은 나의 법전을 정독
하고 읽고 깨우쳤을 때, 내가 십계명

의 제1계명으로 다른 신을 너희들에
게 두지 말라 했듯이, 너희들이 어떠
한 형상을 깎아 놓고 기도하는 것이
다른 신이요, 너희들이 더 소중한 재
물을 놓고 더 아끼는 것이 다른 신이
라 하였듯이,
13 이제는 너희들이 마음속에 두 가지의
마음을 갖는 것이 곧 다른 신을 너희
들에게 두는 것이며,
14 두 가지 마음을 갖고 사는 것은 너희
들이 나를 사랑하는 마음이 아니요,
나에게 순종하는 것이 아니며, 너희들
이 그와 같은 마음으로써 내 뜻을 따
름이 아님이니라.
15 그와 같은 너희들의 마음을 다스릴 것
이며, 너희들이 순종하는 마음으로써
나의 십계명을 지키고 사는 그와 같은
변화의 역사를 이룰 수 있는 것은, 그
리고 나의 법전을 지킬 수 있는 것은
너희들이 기초를 단단하게 쌓음이니,
그 기초는 나의 법전을 정독하고 또
읽고 정독하는 속에서 너희들의 기초
가 다져짐을 알아야 할 것이니라.
16 너희들이 나의 법전을 읽고 기초를 다
지지 아니하였을 때 사랑하는 마음,
순종하는 그 마음이 될 수가 없으며,
너희들이 나의 십계명을 거역하면 거
역할수록 너희들은 더 사악한 길로 가
게 됨이니, 너희들이 순종하는 마음을
다스려 영원히 나에게 오를 수 있는
것이 아니기 때문이니라.
17 세월이 흐르며 세파의 육의 세상에서
너희들을 유혹하고 현혹하는 사탄의
그 노림수에 너희들이 한 번 걸려 넘
어지는 것이 평생에 수없는 그와 같은
기회가 닥치고 또 닥치니, 그 속에서
너희들이 한 번 넘어질 때 구원하기가
힘들며 바로 오기가 힘듦이니,
18 그 기초를 단단히 하는 것만이 어떠한
유혹이요, 어떠한 사탄이 너희들을 넘
어트리려 하는 것에도 너희들이 굳건
히 지킬 수 있음을 알라.
19 이를 지키지 못하면 너희들은 지옥 불
로 가는 것이며 너희들이 무너짐이니,
내가 너희들이 무너져 지옥 불로 가
그 고통을 받는 나의 사랑하는 백성들
을 볼 수 없기에 내가 너희들을 구원
하고자 하며,
20 내가 얼마나 너희들을 아프게 생각하
며 너희들을 소중히 생각하며 너희들
이 지옥으로 가 고통을 받는 것이 얼
마나 고통스럽고 그를 보는 내 마음이
오죽이나 아프고 괴로우면 밤과 낮을
가리지 아니하며 나의 아들을 통해 너
희들에게 그 깨우침을 전하며 너희들
이 나의 품에 올라올 수 있도록 그 길
을 위하여 내가 이리 너희들에게 갈구
하겠는가?
21 너희들은 나의 품에 올라올 수 있도록
나 여호와가 너희들을 위하여 아무것
도 해 주지 않는 몰인정하고 냉혹한
나 여호와처럼 그리 생각하지 말라.
22 너희들이 정녕 나의 법전을 읽고 깨우
치면 하늘에 오를 수 있는 것이거늘,
너희들이 그를 깨우치지 아니하며 나
의 계명대로 살지 아니하면서 내가 너
희들을 구원하지 않는 몰인정한 나 여
호와로 생각하지 말라.
23 너희들을 내가 사랑하기에 다 내려보
내 주지 아니하였던가?

24 너희들이 그와 같은 나 여호와로 보지
아니하려거든 십계명대로 살며 나의
법전대로 지켜 살라.
25 나 여호와는 나의 죄 없는 수많은 백
성들을 지옥 불로 이끌고 가는 그와
같은 형국을 볼 수 없기에 내가 너희
들을 구원하고자 함이니라.
26 나 여호와에게 어차피 너희들은 와야
할 것이며, 내 품에 오는 것만이 너희
들이 영원히 살아가는 그 길임을 알아
야 할 것이니라.
27 그러나 나 여호와가 너희들에게 어떠
한 어려움과 시련과 고통과 희생의 그
견딜 수 없는 길을 명한다 해도, 이는
오로지 너희들을 구원하고자 하는 나
의 사랑의 뜻임을 너희들은 알고 따라
야 할 것이니라.
28 여기에서 몰인정한 나 여호와요, 너희
들이 올 수 없는 길을 오라 강요하면
서 너희들을 구원의 길로 인도한다는
매정한 나 여호와라 생각하지 말라.
29 너희들에게 지키고 살고 하늘에 오를
수 있는 것을 다 주었음이니 그대로
지키고자 하면 되는 것이니라.
30 너희들을 구원하고자 하면서도 법전
을 내려보내지 않는 나 여호와가 되어
서야 되겠는가?
31 너희들을 구원하고 너희들을 살리기
위해서 법전을 내려보내지 아니하며
새로운 성경을 내려보내지 않는 몰인
정한 나 여호와가 아니니, 내가 너희
들을 사랑함을 보여 주며 내가 사랑하
고 있는 것을 너희들이 깨닫게 하고자
하는 것이 나 여호와임을 너희들은 알
아야 할 것이니라.
32 내가 너희들을 사랑하지 아니한다면
내가 제3의 시대에 마지막 새로운 성
경을 새로운 법전이라 하여 내려보내
지도 아니했을 것이며, 나의 아들을
이리 달구어 너희들에게 이 성령을 전
하는 역사도 있지 아니할 것이니라.
33 내가 얼마나 너희들을 구원하고자 하
는 것을 원하며 너희들을 사랑하면 내
가 다시 이 새로운 성경을 내려보내겠
는가?
34 너희들은 이 뜻을 깨우쳐야 할 것이
며, 잠시도 내가 너희들을 사랑하는
그 마음을 지우지 말며 버리지 말라.
35 내가 너희들을 버리지 못하기에 내가
너희들을 구원하고자 내리는 나 여호
와의 뜻을 너희들이 감안하여 들으라,
사랑하는 나의 백성들아!

4,579 번째 하나님 말씀

2003년 1월 16일 20시 57분

1 사랑하는 나의 아들아!
2 "네, 아버님! 말씀하옵소서."
3 네가 어찌 그리도 나약하며 네가 어찌
마음이 그리도 흔들리는가?
4 너희들의 육이 살아가는 그 형체의 삶
이 무엇이며 너희들이 말하는 인생의
삶이라는 것이 무엇이던가?
5 너희들의 육의 인생의 삶이 몇천 년,
몇만 년 영원히 지속되는 삶을 사는가?
6 그 육의 삶이 무엇이기에 그 욕심을
버리지 못하며 그 생각함을 아름답게
갖지 못하며, 나의 계명과 내가 내리
는 법전대로 무엇이 그리 어렵고 힘들
어 살지 못하기에 네가 나에게 그와

같이 눈물의 기도를 드리려 하는가?
7 "창조주이신 전지전능한 아버님!
8 육의 형태를 가진 인간인 저는 정녕
아버님의 그 말씀이요, 모든 법전에
내리는 그 뜻대로 살아가지를 못하며,
아무리 제가 바로 서고자 노력하며 바
로 가고자 하여도 스스로 무너지며 스
스로 넘어지니,
9 더욱이 말씀하시기를 한 번을 잘못했
을 때, 한 번의 죄와 같은 잘못된 행위
를 할 때, 바로 그것은 사탄이 되는 것
이며 사탄의 자식이 된다 하셨사옵나
이다.
10 그리고 제가 바로 서지 못할 때 이
160권의 장대한 장서의 하나님의 말
씀이요, 만백성을 구하는 이 새로운
성경은 세상에 빛을 볼 수 없다 그리
말씀을 주셨사옵나이다.
11 저는 정녕 완벽한 삶을, 그리고 한 점
의 부끄러움이 없는 그 삶을, 여호와
아버님의 심성이요, 성품이요, 천사와
같은 마음을 닮고 살아가기는 지금의
저로서는 너무나 역부족이오며 제 마
음이 너무나도 괴롭고 고통스럽사옵
나이다.
12 수시로 스쳐 가는 욕심이요, 수시로
스쳐 가는 그리움이요, 수시로 스쳐
가는 모든 인간사의 그리움과 쾌락이
저 자신의 머리를 스쳐 가며 저를 때
리는 그와 같은 때마다 고개를 흔들며
거부는 하오나,
13 그러한 생각마저도 제 머리에 젖어서
는 아니 되며 생각마저 떠올라서는
아니 되는 것이 제가 가야 하는 길이
나, 제가 이와 같이 흔들리는 마음을,
아버님, 어찌하여야 하겠사옵나이까?
14 저를 위하여 성령의 말씀을 듣는 제자
들이요, 법전을 3회 이상, 5회씩 읽어
가는 제자들이며,
15 정녕 이것이 하나님의 말씀이요, 마지
막 구원의 길에 선택된 백성들이라 하
여 그들이 저 자신을 고치며 회개하
며 악습을 버리며 아름답게 살아가고
자 변하는 모습과 그들이 깨우쳐 가는
그 모습을 제가 감히 감당할 수 없으
며,
16 그들보다 더 아름답게, 그들보다 더
깨끗하게, 그들보다 한 점의 부끄러움
이 없는 그 변화의 따라감이 제가 늦
은 듯하오며, 제가 그들의 뒤를 따라
가는 이와 같은 굴욕적이고 이와 같이
견디기 어렵고 인내하기 어려운 저의
이 마음을, 아버님, 어찌하면 되겠사
옵나이까?
17 저는 너무나 고통스럽사옵나이다.
18 모두 십계명대로 산다 말하나, 막상
그를 하나하나 되짚어 따져 볼 때, 거
기에서 내리는 그 많은 뿌리들을 제가
지키지 못하며 바로 살아가지 못하는
그와 같은 삶이 제가 지금 살아가고
있는 길이옵나이다.
19 아무리 잘 지키고 잘 행하며 간다 해
도, 하나하나 되짚어 그를 점검하고
따져 볼 때 저는 완벽하게 지키고 가
지도 못하고 있사옵나이다.
20 이미 법전의 3분의 1인 53권이라는
그 법전을 써 가는 그동안에 아버님께
수많은 혼남과, 내려 주신 그 주옥같
은 말씀과, 순간순간에 머리끝이 쭈뼛
쭈뼛 서는 그 무서운 깨달음을 받으면

서 온 제가 아직도 하나의 천사와 같
이 서지 못하오니, 이를 어찌하여야
되겠사옵나이까, 아버님!
21 이제는 아버님께 벌을 내려 달라 기도
할 자신도 없으며, 저에게 힘과 용기
를 달라는 기도를 할 자신도 없으며,
이제는 아무것도 드릴 말씀이 없사옵
나이다.
22 어찌 제가 바로 설 수 있는 것인지, 바
로 갈 수 있는 것인지, 그 하나의 답
만, 그 깨달음만 저에게 내려 주옵소
서.
23 오늘의 가는 것이 변하는 길이며, 오
늘과 같이 갈 수 있으면 세월이 지난
후에 아버님께서 원하는 그와 같은 아
들로서 만백성의 거울이 될 수 있는
백성이 될 수 있는가, 그리고 지도자
로 설 수 있는가, 저에게 그 답을 좀
주시옵소서, 아버님!
24 너무나 고통스럽사옵나이다.
25 너무나 가증스러운 제 삶이며, 위선적
으로 살아가는 그 삶이 한두 가지가
아니오니, 정녕 천사의 마음이요, 아
버님의 성품같이, 정말 물과 같이 깨
끗하며 성령의 그 아름다운 깨끗한 마
음의 자세로 살아가지 못함이니,
26 이를 누구에게 하소연할 수도 없으며,
누구에게 말을 할 수도 없으며, 누구
에게 밝힐 수도 없는 이 고통의 마음
을, 아버님, 저는 정녕 이리 변하여 가
면 되겠사옵나이까?
27 이와 같이 가면 제가 정녕 아버님께
서 원하시는 만백성에게 부끄러움이
없는 자식으로 설 수 있사옵니까?
28 그 답을 하나만 주옵소서!"
29 사랑하는 나의 아들아!
30 가야 함을 먼저 생각하라.
31 네가 그리 변화되고 변화되지 아니하
는 것은 큰 문제가 아님이니라, 그것
은 중요한 것이 아님을 알라.
32 너는 가야만 하는 것이며, 160권의 법
전을 세상에 내야 하는 것이며, 너는
내가 너를 통하여 내리는 나의 성령이
제3의 시대에 마지막이라 하였으니,
너와 같은 목자요, 선지자요, 나의 아
들을 두 번 다시 세상에 내지 아니한
다 내가 나의 법전에 기록하여 만백성
에게 전하였거늘, 어찌하여 너는 그리
도 너 자신을 주체하지 못하는가?
33 네가 그와 같이 될 수 있는 것인가 되
지 못하는가 하는 것은 중요함이 아니
니라.
34 너는 이를 이루어야 하며, 이를 해내
야 하며, 160권의 법전을 세상에 내보
내야 함이니, 그 160권을 세상에 내보
내는 네가 어찌 서야 할 것인가는 너
스스로 깨우쳐 스스로 답을 얻으며,
네가 행할 것을 행하여 그리하도록 하
라.
35 네가 어찌 되고 안 되는 미래의 그 답
은 중요함이 아님을 알라, 나의 사랑
하는 아들아!

4,580 번째 하나님 말씀

2003년 1월 16일 21시 03분

1 사랑하는 나의 아들아!
2 "네, 아버님! 말씀하옵소서."
3 네가 정녕 이대로 살아가는 생활이 네
가 변할 수 있는 길이며 내가 원하는

목자로서 바로 설 수 있는 것인가를
네가 두려워하고 불안해함이니라.
4 너는 그리 생각지 말라.
5 너는 어쨌든 160권의 법전을 세상에
써내야 할 것이며, 160권의 법전을 받
아 기록했을 때 네가 어찌 변하고 안
변하는 것은 그때 답이 나올 것이니,
너는 불안해하지 말며 괴로워하지 말
라.
6 다만, 네가 얼마만큼 노력하며 네가
얼마만큼 변하고자 너 자신을 달구며,
고통과 시련을 즐거움이요, 행복으로
네가 지키고 살아가느냐 하는 것은 너
에게 달렸음을 알라.
7 나 여호와가 지금 만백성이 살아갈 수
있도록 너희들에게 영혼의 생명을 주
었으며, 이 지상을 주었으며, 이 지상
의 모든 동식물을 거둬 관리하도록 주
었음이니,
8 그리 모두를 준 나 여호와가 사랑하는
백성 너희들에게 기대하고 바라는 나
의 가장 큰 기쁨이요, 너희들이 말하
는 가장 큰 행복이요, 나의 마음의 행
복은, 그리고 나로서 가장 웃음을 지
을 수 있는 그것은 무엇인지 너희들이
아는가?
9 너희들이 나 여호와가 존재함을 믿으
며, 나로부터 너희들에게 내린 그 계
명을 지키고 삶으로 인하여 너희들이
나에게 구원을 받을 수 있다 하는 것,
구원을 받을 수 있는 그 길을 달려가
는 것, 그와 같은 것을 바라보는 것이
나에게 가장 큰 기쁨이요, 나의 행복
이요, 나의 즐거움이라는 것을 너는
잊어서는 아니 될 것이니라.
10 구약과 신약의 시대와 제3의 시대에
오늘의 이와 같은 희생의 시간을 보내
면서 너희들은 그동안에 수없이 나 여
호와를 배신했으며 나의 뜻을 거역하
였으며 노아의 방주와 같은 아픔을 나
에게 겪게 하였으며 나를 배신하고 또
나를 속이고 그리하였으나, 나는 너희
들을 구원하고자 오늘 또한 나의 법전
을 세상에 내려보내는 그것을 너희들
이 안다면, 너희들은 나 여호와가 얼
마나 사랑하는 백성들인가?
11 어찌하여 너희들은 내가 너희들을 사
랑하고 아끼며 구원하고자 하는 어버
이의 애절한 심정을 그리도 모르며 살
아가는가?
12 그리고 나의 뜻을 거역하며 내가 원하
는 그 길을 오지 아니하며, 내가 바라
지 아니하는 반대의 길로만 너희들이
달려가는가?
13 너희들을 내가 오늘과 같이 사랑하며
너희들을 아끼고 소중히 하는 것도 너
희들이 다 육의 세상에 살아 있는 한
도에서 나를 찾을 수 있으며 너희들이
변화될 수 있는 것이기에 너희들을 깨
우쳐 주고자 나 여호와가 오늘에 이
길을 가고 있음이니라.
14 그러하거늘 너희들은 나의 사랑을 모
른 채 내가 너희들을 구원하고자 하는
그 법전의 뚜껑을 열어 보지도 아니하
며 들으려 하지도 아니하며,
15 사탄에게 지옥 불로 끌려가는 그 길이
즐거운 길이요, 구원의 길이라 하여
너희들이 재물을 바치며 찬송을 부르
며 광란의 짓으로써 나 여호와를 부르
며 그리 달려가고 있음이니,

16 지금 너희들이 가고 있는 길은 나 여
호와에게 오는 길이 아니요, 나의 품
에 오는 길이 아니라, 나와 점점 멀어
지는 길이요, 나와는 동떨어진 그 길
로 너희들이 달려가고 있음을 알아야
할 것이니라.
17 너희가 지옥 불로 가지 않으려 한다면
내가 너희들이 가는 그 길을 막고자
하는 그 뜻을 알고 지킬 수 있으며, 지
금 너희들이 그와 같이 잘못 가는 길
로 가지 아니하는 것은 너희들이 스스
로 변화되는 그 길뿐임을 알라.
18 너희들이 스스로 변화되며 하늘에 오
르는 그 길을 알고자 한다면 너희들은
나의 법전으로써 너희 가슴에 이를 안
고 정독하고 깨우쳐 너희들이 바로 나
의 뜻을 이해하고 알아들을 때 너희
스스로 변할 수 있으며, 그리하여 너
희들이 지금 가고 있는 길이 지옥 불
로 가는 길이라는 것을 알게 될 것이
니라.
19 지금 너희들이 살아가는 이 세상이 사
탄이 난무하는 세상이 되어 너희들의
회개와 반성과 뼈아픈 그 변화만이 너
희들에게 가장 절실함을 알아야 할 것
이니라.
20 너희들이 피눈물보다 더 진한 눈물을
흘리는 그 고통과 아픔을 다 견디고
이겨 나갈 때 너희들이 지옥 불에서
구원의 길을 볼 수 있음이니라.
21 너희들을 구원하고자 하는 나의 마음
을 너희들이 이리도 모르고 살아감이
니, 나 여호와의 고통을 단 한 번이라
도 생각한다면 내가 이 160권의 새로
운 성경을 역사하여 내리는 것이 과연
사탄의 짓이요, 사악한 자가 이와 같
은 새로운 성경을 너희들에게 내릴 수
있다 말하겠는가?
22 사탄은 그리하지 아니하느니라, 악마
는 그리하지 아니하느니라.
23 너희들의 마음을 유혹하며 너희들의
눈을 유혹하며 너희들의 귀를 유혹함
이니라.
24 나의 160권의 법전이 세상에 잘못된
것이 어디에 있는가?
25 너희들에게 사악하게 살아가라는 구
절이 거기 한 구절도 없을 것이니, 너
희들은 그러고도 이것이 이단이요, 사
탄이라는 그와 같은 마음의 자세를 버
리며, 너희들의 굳어져 있는 그 마음
의 문을 여는 현명함을 얻어야 할 것
이니 그리 알라.
26 그렇지 않은 자 너희들은 정녕 나와는
관계없는 멀고도 먼 그 길을 달려가고
있음이니, 너희들이 달려가는 길이 그
리도 갈구하고 원하는 창조주 나의 품
으로 오는 길이 아님을 알라.

4,581 번째 하나님 말씀

2003년 1월 16일 21시 17분

1 사랑하는 나의 아들아!
2 "네, 아버님! 말씀하옵소서."
3 창조주 나 여호와가 가장 아름다운 모
습으로써 너희들을 창조하여 세상에
내려보냈으며, 그리하여 너희들은 또
세상에 내가 내린 모두를 다 너희들이
관장하며, 세상의 권능과 모든 축복과
영화를 다 내가 내려 주었으며, 너희
들에게 내려 주지 아니한 것이 없으니,

4 너희들이 살아감에 있어서 남에게 시
기하며 질투하지 아니하여도 살아갈
수 있는 그와 같은 모든 여건을 주었
으며, 너희들에게 한 가지 이상의 장
점을 주어 너희들이 내가 내려 준 그
를 계발하며 그를 장려할 때 부끄럽지
않은 삶을 살아갈 수 있도록 그와 같
이 세심하게 모든 축복과 영광을 내려
주었음이니라.
5 그리 모두를 다 내려 준 나 여호와가
너희들에게 지키라는 계명과 나 여호
와의 뜻에 순종하며 살라 그리 강조하
였거늘,
6 그리하여 너희들이 하늘에 올라 영원
히 사는, 천 년이요, 만 년이요, 그 세
월이 아니라 영원히 사는 그 세상에
나의 품에 오라 내가 그리 가르치고
전하거늘,
7 너희들은 나에게 순종치 아니하며 나
의 뜻을 따르지 아니하며 죄악의 행위
를 스스로 하고 있는 것이 지금 너희
들의 그 행위이니,
8 너희들이 지금 나 여호와에게 하는 행
위요, 만백성을 구원하는 길이라고 가
는 그 모두가 다 너희들이 잘못 가는
길을 달려가고 있음이니라.
9 그러니 너희들은 나의 뜻에 순종하는
것이 아니요, 나 여호와에게 반항적이
며 도전적인 행위를 하고 있는 것이
지금 너희들이 가고 있는 종교 집단이
요, 그 밑에 가 구원을 받겠다며 찬송
하고 광란의 짓을 하며 눈물 흘리며
기도하는 자들이니,
10 너희들이 지은 죄를 용서하고 사해 달
라는 기도가 아니요, 무엇을 이루어
달라, 소원을 이루어 달라, 그리고 너
희들이 갖고 싶은 것을 갖게 해 달라,
'오로지 우리는 주님의 뜻에 의하여
존재하는 것이며 주님만이 우리에게
다 줄 수 있으며 우리에게 베풀 수 있
으며 모든 영광을 줄 수 있다.' 그리
기도하며 달라 주십사 하는 그와 같은
허황된 속에서 너희들이 살아가고 있
음이니,
11 그것이 바로 나를 기만하는 것이며 나
에게 반항적인 행위를 하고 있는 것이
너희들임을 알라.
12 구약의 시대에 우상을 만든 자들이 그
와 같이 저희 손으로 만든 저희들의
우상이 저희 소원을 들어주며 뜻을 들
어주며 저희들의 영혼을 구할 수 있다
그리 억지를 쓰며 말도 안 되는 그와
같은 행위를 하여 나의 백성들을 광란
속에 몰아넣듯이, 그러면서 그것이 죄
인 줄을 모르며 그것이 두려운 줄을
모르고 저희들이 죄를 저질렀음이니
라.
13 나 여호와의 존재함을 그들이 믿지 아
니하였으며 내가 존재하는 그 자체를
부정하며 그를 거부하고자 하는 것이
그들의 마음속에서 그 행위를 하도록
그리하게 되었음을 너희들은 알아야
할 것이니라.
14 예수의 시대 또한 어떠했던가?
15 믿음이라 하여 가는 그 백성들이 저희
들을 인도하며 나를 찾으며 창조주라
부르짖는 내가 나의 아들을 세상에 내
보내 저희들에게 나의 성령을 전하고
자 했으나, 또한 너희들이 반항적이
요, 적대적인 행위로써 나에게 도전을

했음이니, 그리하여 나의 아들을 그리
너희들이 죽게 하지 않았는가?
16 너희들은 모세의 구약 시대요, 예수의
신약 시대의 그 반항적인 행위요, 적
대적인 행위보다도
17 지금 많은 백성들을 이끌어 하늘에 오
르는 길이라 하여 너희들이 인도하면
서 재물로써 금화와 은화를 거둬들이
며, 너희 손으로 성전을 지으며 얼마
나 큰 성전을 지어 그 성전을 얼마나
궁궐처럼 아름답게 나의 백성들의 피
를 빨아 만들었으며, 거기에 와서 맹
종하는 백성의 머릿수가 얼마나 많으
냐에 따라서 그걸 재물로 계산하여 성
공했으며 실패했다 그리 너희들이 서
로 거래하며 종교 지도자들끼리 서슴
없이 그와 같은 말을 하니, 이는 짐승
만도 못한 사악한 자들임을 알라.
18 미물만도 못한 사악한 자들이니라.
19 종교 지도자의 성공이요, 실패라는 것
은 큰 성전이요, 재물이요, 궁궐 같은
성전을 지은 것으로 평가하는 것이 아
니라, 얼마만큼 나의 참진리를 전하여
만백성을 진심으로 하늘에 오르는 길
로 인도했느냐 하는 것이 성공 여부이
니,
20 재물을 많이 가지고 있는 것이요, 신
도를 많이 가지고 있는 것이요, 부귀
와 영화를 누리는 것을 너희들의 성공
의 척도로 재는 것은 종교 지도자로서
미물만도 못한 추한 자들의 그 입에서
나오니,
21 그 추하고 더러운 입에서 나오는 그들
의 가르침이 어찌 참진리요, 사랑이
요, 나의 뜻을 전하는 행위라 너희들
이 말할 수 있겠는가?
22 지금의 그들이야말로 나에게 적대적
인 반항을 하는 자들이요, 거역하는
자요, 나에게 도전하는 자들이요, 저
희들이 작은 신이 된 것처럼 착각하는
그와 같은 사악한 자들이니라.
23 성서의 구절에 의하여 의인이 아니면
하늘에 오를 수 없으며, 물과 같이 깨
끗하며 성령같이 깨끗한 자가 아니면
구원을 받을 수 없으며, 하늘의 빛을
볼 수 없으며, 그 나의 뜻을 가르칠 수
없다 하는 그와 같은 무서운 이치를
저희들이 알면서도 행하지 못하는 자
들이며, 행하지 아니하는 자들이며,
그러한 구절은 읽지도 아니하고 덮어
두는 사악한 자들이니라.
24 너희들이 하늘에 오르는 진정한 길이
요, 십자가를 짊어지고 가는 그와 같
은 고통의 길로 가는 것은 저희들이
괴로워 가르치지 아니하고, 그저 꿀물
과 같은 것만을 저희들이 빨아먹는 그
와 같은 형국으로 지금 끌고 가고 있
으니,
25 그게 너무나 너희들이 짐승만도 못하
며 미물만도 못한 종교 지도자라 내가
말하는 것을 너희들은 들어야 할 것이
니라.
26 이제 사랑하는 모든 백성 너희들은 인
간이니라.
27 인간이 아닌 미물이요, 짐승만도 못하
며 벌레만도 못한 자들 앞에 너희들의
귀중한 소원이요, 구원의 길을 갖다
맡기며 너희들의 육의 삶을 맡기는 것
도 억울하거늘, 영원히 사는 영혼의
그 생명까지도 바치는 어리석은 짓을

하지 말라.
28 너희들이 스스로 십계명을 못 지키며,
지킬 수 없다는 그 자체가 반항적이
며, 인간이기 때문에 그와 같이 살아
갈 수 없다는 그 자체가 나를 거부하
는 자이니, 그들 앞에서 너희들의 귀
한 생명을 맡기지 말라.
29 그들은 지금 이와 같이 내가 내린 계
명도 지킬 수 없다 그리 말함이니, 그
를 지키고 가면 어렵고 배고프며 십자
가를 짊어지고 가는 그 고통의 길을
가야 하기 때문에, 어떠한 죄의 대가
를 받는 것보다 육의 고통을 면하고자
하는 것이 지금의 종교 지도자며 거기
에 모든 것을 다 걸고 있는 자들이니,
그 추한 모습에 너희들의 소중한 영혼
의 생명을 바치지 말라.
30 그것이 지금 너희들의 형태임을 알라.
31 그리하여 나 여호와가 너희들을 버리
지 않고 제3의 시대를 열어 너희들을
구원하고자 하는 뜻을 알겠는가?
32 그와 같은 속에서 너희들이 잘못 끌려
가며 잘못된 자들의 세 치 혓바닥에
현혹되어 그 귀중한 영혼의 삶을 버리
기에, 내가 제3의 시대에 나의 법전이
요, 새로운 성경을 세상에 내려보내
너희들을 구원하고자 함이니라.
33 그러니 그와 같은 집단이 새로운 성경
이요, 새로운 진리의 말씀이 세상에
내려가는 것을, 저희들은 법전을 사악
한 자요, 사탄의 장난이라 그리 말하
며, 그리고 그를 보아서도 안 되며 접
해서도 안 되며 그곳에 있는 자들과
대화를 해서도 아니 되며, 그곳에 있
는 것은 저희들의 형제가 아니며 사탄
이요, 마귀라 그리 말하고 가르치는
것도 나에게 도전하는 행위이니라.
34 나 여호와의 참진리요, 새로운 성령의
말씀이 저희들은 필요 없다 말하며,
내가 아무리 진정한 뜻이요, 참빛이
요, 하늘에 오르는 길을 가르쳐도 그
와 같은 나 여호와가 필요 없으며 나
여호와가 내린 진리가 필요 없으며 생
명의 말씀이 필요 없다 말하는 것이
그들이니라.
35 그 모두를 원치 아니하며 그저 지금
이대로 존재하며 썩어져 간 그 속에서
부귀와 영화를 누리며 육의 향락 속에
살아가며 제왕적인 대우를 받는 것으
로써 만족하며, 그 이상 그 이하도 생
각지 아니하며, 나 여호와의 마음이
요, 나 여호와의 뜻은 헤아림이 없으
며, 나 여호와조차 존재하지 아니한다
고 묵살하며 짓밟아 뭉개는 그와 같은
집단 속에 너희들이 무엇을 얻고자 그
리 가지 말라.
36 불쌍한 나의 백성 너희들이 이 대목을
읽고도 깨우치지 못한다면 그것은 너
희들의 몫이니라.

4,582 번째 하나님 말씀

2003년 1월 16일 21시 31분

1 사랑하는 나의 아들아!
2 "네, 아버님! 말씀하옵소서."
3 나 여호와가 너희들을 세상에 내보냄
이니, 너희들이 천사와 같은 아름다운
마음을 갖고 세상에 나가 그리 살다
나에게 돌아오도록 내가 너희들을 그
리 세상에 내보냈으나,

4 너희들은 살아가는 세월 속에 욕심이라는 그 사악한 마음을 버리지 못하여 너희들이 나로부터 가지고 나간 그 선하고 아름다운 마음은 사악한 악마의 마음에 짓눌려 악마의 현혹과 악마의 유혹에 넘어간 너희들이 악마의 그 마음이 내가 너희들에게 최초에 내려보냈던 그 선하고 아름다운 마음을 짓눌러 놓고 고립시켜 너희들이 그와 같은 행위를 지금 하고 있음이니라.

5 그리하여 그를 구원하고자 하는 나 여호와에게 너희들은 배신과 모욕적인 행위와 도전적인 행위요, 능멸하는 그와 같은 행위로써 나 여호와에게 너희들이 그 고통의 현상을 보도록 그리 만든 것이 사탄이요, 악마들이 하고 있는 짓이니라.

6 너희들이 그와 같은 모욕과 배신의 행위를 나의 백성들로부터 내 앞에 자행하도록 하여 그를 바라보는 나의 마음에 고통을 주고자 하는 것이 그 사악한 악마요, 사탄들이 지금 하고 있는 행위이니,

7 나 여호와의 마음에 이 고통스러움을 다스리며 나의 마음을 거둬 줄 수 있는 것은 사랑하는 백성, 나에게 선택된 너희들이 그 선한 마음으로써 악의 마음을 고립시키며 그를 너희들에게서 짓눌러 놓는 그와 같은 변화되는 역사가 이 세상에 나의 피조물 만백성을 지배할 때, 그 사악한 자들이 나에게 너희들이 배신하며 잘못 가는 것을 보며 내가 고통당하는 그 마음을 나에게서 떠날 수 있게 하는 길임을 잊어서는 아니 될 것이니라.

8 오로지 너희들의 선한 마음이 악을 지배하고 누를 때, 나 여호와의 그와 같은 모독적인 모든 마음이요, 내가 볼 수 없는 지금의 험악한 현상을 내가 보지 아니할 수 있게 하는 것은 오로지 너희들이 그와 같은 대변화의 역사를 이루는 것만이 너희들이 나를 즐겁게 함이니라.

9 그리고 또한 너희들이 구원의 길을 볼 수 있으며, 그 길만이 구원의 길에 오를 수 있다는 것을 잊어서는 아니 됨을 너희들은 알아야 할 것이니라.

10 지금 사악한 모든 그 무리들이 이 세상을 잠식하고 있으며, 지금까지 너희들이 지은 성전 안에서 그들은 뿌리를 내리며, 너희들이 금화를 받아들이며 잘못 가르치는 종교 지도자들의 수다 떠는 그 속에서 악은 서서히 성장하였으며 그들은 거기서 뿌리를 내렸음이니라.

11 그리하여 처음에는 우물 안 개구리처럼 성전에서 그곳에 찾아오는 나의 백성들을 종교 지도자로 하여금 지금 그들이 사악한 마음이요, 사랑을 모르는 마음이요, 저희밖에 모르며 이웃을 모르는 그와 같이 고립되고 폐쇄된 마음으로 너희 손으로 지은 성전에서 뿌리를 내리며 악이 잠식하려 하였음이니라.

12 그러나 지금은 그들이 방대해졌으며 그 뿌리가 뿌리를 낳기 시작함이니, 이제는 그 사악한 자들이 세상에 나와 세상을 지배하고 있으며, 이 세상을 영원히 그들이 장악하고자 함이니라.

13 그리하여 지금 내가 더 이상 이를 볼

수 없어 제3의 시대에 내가 새로운 성
경을 내려 이를 막고자 함이니, 너희
들이 이를 막아야 할 것이며 그것을
행하여야 하는 것이 지금 나의 아들을
따르는 제자들이요, 나의 아들로부터
법전을 전해 읽고 깨우친 백성 너희들
이 해야 할 길임을 알아야 할 것이니
라.
14 나의 성령의 뜻이요, 나 여호와요, 너
희들의 구원의 말씀이라는 법전을 그
들이 막으려 하며, 세상에 이를 깨어
나지 못하도록 하는 것이 그들의 방법
이며 그들이 지금 하고 있는 생각이니
라.
15 모든 사악한 종교 집단이 하나로 뭉쳐
그 힘으로 이 모두를 세상에 존재하지
못하도록 연구하고 있으며, 영원히 뿌
리를 내리지 못하도록 하고자 함이니
라.
16 그리하여 내가 내리는 나의 메시지를
그들은 세상에 내려오지 못하도록 방
해하며, 그와 같은 것을 실천하는 나
의 백성들에게 고통과 시험을 당하게
하고자 하는 것이 그 사악한 자들의
행위이니라.
17 너희들은 여기서 굴복하지 말며, 두려
워하지 말며, 물러서는 그와 같은 마
음의 자세를 가져서는 아니 될 것이니
라.
18 나 여호와가 존재함을 알며 내가 내리
는 나의 법전이 새로운 성경이요, 나
의 아들이 나로부터 선택된 목자요,
나의 선지자요, 나의 아들이라는 것을
너희들이 굳게 믿고 흔들리는 마음이
없이 갈 때 사탄이요, 사악한 자들은
너희들을 흔들 수 없음이니라.
19 너희들이 잠시 마음을 비우며 너희들
의 마음에 동요가 있을 때는 그 사악
한 자들이 너희들을 잠식하게 됨을 알
아야 할 것이니라.
20 너희들의 큰 육체 속에 작은 좁쌀만
한 부스럼이 생기고 상처가 생겼을
때, 그를 제때 치료하지 아니하며 다
스리지 아니하면 그는 썩고 또 썩어
너희들의 몸 전체를 썩게 하며 너희들
을 죽게 하는 것이니라.
21 그리하니 지금 나의 법전이 세상에 나
가 썩어져 가는 세상을 새 살로써 다
시 재생시키려 하는 것을, 그들은 썩
은 것이 즐거우며 썩음 속에 사는 것
이 행복하기에 그를 막으려 하며 뿌리
치려 하는 것이 그들의 방법이니라.
22 그러니 너희들이 여기서 쓰러지지 말
며 좌절하지 말며 견디는 그 강인한
용기가 필요함이니라.
23 너희들의 마음이 약해지며 흔들리며
잠시라도 딴생각을 한다면, 너희들의
몸에서 나는 그 종기를 놓아두면 전체
를 다 잠식하여 썩어 너희 생명을 잃
게 되듯이, 그들이 그와 같은 방법으
로 너희들에게 침투하여 너희들을 쓰
러트리며 죽게 함이니,
24 바늘구멍보다 더 작은 틈도 보여서는
안 되며, 그보다도 더 작은 마음의 동
요가 있어서는 아니 되며,
25 너희들이 나를 믿고 나의 법전이 새로
운 성경이요, 너희들을 구원하기 위해
마지막 시대에 내린 나의 뜻이라는 것
을 굳게 믿으며, 나의 아들이 나로부
터 선택된 이 세상의 목자라 너희들이

믿는 마음에서 바늘구멍보다도 더 작
은 틈이 있으면 바로 거기에 사탄이
침투하여 썩고 썩게 만듦이니, 그리하
여 너희들을 상하게 만들어 영원히 구
원할 수 없는 그 길을 가게 만듦이니
라.
26 잠시도 너희들이 놓아서는 안 되며,
잠시도 믿는 마음이 흔들려서는 안 되
며, 굳건한 마음과 자신과 용기를 가
진 마음으로 굳게 뭉쳐져 나를 믿는
그 마음에 너희들이 흔들림이 있어서
는 절대 아니 됨을 알라.
27 이제 흔들림이 있을 때 너희들은 부스
럼이 나 그것이 상처가 크고 커서 썩
어 너희들을 죽게 하듯이 그와 같은
형국으로써 그들이 틈만을 노리고 있
으며 너희들 주변에 항상 감시하고 들
어갈 수 있는 길이 없는가를 바라보고
있음이니, 그들에게 너희들의 문을 열
어 주는 우를 범해서는 안 되니 그리
알라, 사랑하는 나의 백성들아!

4,583 번째 하나님 말씀

2003년 1월 16일 21시 38분

1 사랑하는 나의 아들아!
2 "네, 아버님! 말씀하옵소서."
3 육이 존재하는 이 귀중한 한 시대에
너희들의 생명이 있는 이 순간이 얼마
나 너희들에게 선택된 영광이며 축복
인가를 알라 하였음이니라.
4 너희들의 육이 존재하며 귀중한 생명
이 존재하는 이 순간 너희들은 잠시도
졸아서도 안 되며 잠을 자서도 안 되
며, 항상 정신이요, 마음이 깨어 있어
야 함을 알아야 할 것이니라.
5 내가 너희들에게 일찍이 깨우쳐 말하
였음이니, 너희들이 죽어 내 앞에 와
아무리 울고불고 통곡해도 너희들의
죄를 대신할 자 없으며, 용서해 줄 자
없으며, 너희들이 원하는 그것을 빌어
줄 수도 없으며 이루어 줄 수 없는 것
이 너희들의 육의 죽음이요, 영혼이
심판받는 그 순간이라 내가 깨우쳐 주
었음이니라.
6 너희들이 구원의 길을 바라며 용서를
빌며 죄지음을 회개하며 하늘에 오르
는 그 길을 오를 수 있으며 나 여호와
에게 너희들이 지은 무거운 죄의 용서
를 받고자 하며, 너희들이 그 지은 죄
보다도 더 선하며 아름다운 행동의 삶
을 살아갈 수 있는 것도 육이 존재하
는 그 속에서만 이루어지기 때문에,
너희들의 육이 존재하는 이 순간에 잠
이 들어 있어서도 안 되며 졸고 있어
서도 아니 됨이니라.
7 너희들은 항상 깨어 있어야만 함이니
라.
8 깨어 있지 아니하면 아니 됨을 너희들
이 알아야 할 것이니라.
9 지금 잘못 가고 있는 백성들에게 그
누가 깨우쳐 주며 그들을 가르치며 그
들을 하늘에 오르는 그 길로 인도할
수 있는가?
10 지금 모든 종파의 믿음에 매진하는 백
성들이요, 믿음을 가지지 않는 백성들
이요, 그리고 온갖 저희들이 믿는 신
앞에 저희들이 말하는 그 우상 앞에
구원의 길을 빌고 축원하며 살아가는
백성들, 그리고 저희들이 그 길만이

살 수 있는 길이라, 그리고 영원히 구
원받는 길이요, 그리고 저희들이 천상
이요, 천국에 간다 믿는 그 백성들을
과연 누가 깨우치겠는가?
11 너희들이 잠자고 있으며 졸고 있으면
어찌하겠는가?
12 그들을 깨우치는 방법은 뭐라 말하였
느냐?
13 오로지 나의 법전을 그들의 가슴에 전
하여 그들이 읽고 또 읽고 정독하고
깨우쳐 새로운 삶이요, 새로운 길을
보는 것이 그들이 가야 할 길이며, 그
들을 그리 깨우쳐야 할 것이 너희들이
라 내가 말하였음이니라.
14 지금 시간이 없음이니라.
15 수많은 나의 백성들이 죽어 가는 이
시점에, 나의 법전을 만들어 그들의
손에 전해 주어 그들을 깨우치고 인도
할 백성 너희들이 지금 잠자고 있으며
졸고 있으면 되겠는가?
16 그리하여 너희들은 항상 깨어 있으며
항상 움직이는 나의 백성이 되어야 할
것이니라.
17 그리고 너희들은 천사요, 나 여호와의
심성으로 바뀌어 성령으로 충만된 지
도자가 되어야 하며, 그와 같은 성령
으로 충만된 지도자가 되라 내가 너희
들에게 강요함이니라.
18 너희들이 성령으로써 충만한 지도자
가 되었을 때 너희 몸에서 빛이 날 것
이며 그 빛을 보는 백성들이 그 빛을
따라 너희들을 찾아오게 됨이니, 너희
들이 쫓아감이 아니요, 너희들이 자리
에 서서 그들에게 나의 법전을 전해
주는 그와 같은 대변혁이요, 변화의
역사가 이루어질 것이니라.
19 이를 잊지 말라, 항상 깨어 있으며 항
상 움직이는 너희들이 되도록 그리하
라, 사랑하는 나의 백성들아!
20 너희들만이 모든 백성을 구할 수 있으
며, 지금 지옥 불로 달려가는 그 나의
백성들을 구원할 수 있는 것은 너희들
뿐이니라.
21 그러니 너희들이 그들을 구원해야 할
것이며, 구원할 수 있는 그 길은 너희
들이 아름답게 변하여 성령으로써 충
만된 지도자가 되어야만 그들을 구할
수 있다는 그 전제의 내 가르침을 잊
지 말며,
22 너희들이 먼저 성령으로 충만한 변화
되는 그 백성으로 나 여호와에게 맹세
하라.
23 '전지전능하신 하나님 아버지께서 생
명을 주셨으며 육이 존재하도록 하셨
으며 하늘에 올 수 있는 길을 열어 주
셨으니, 만백성을 구하는 데 잠시도
게을리하지 아니하며, 죄를 짓지 아니
하며, 추한 생각을 하지 아니하며, 부
끄러운 삶을 살지 아니하며, 아버님의
심성이요, 천사의 마음으로 살아 만백
성을 구하는 지도자가 되겠나이다.'
그리 너희들이 굳게 약속을 하며,
24 그와 같은 죄에 어긋나는 행위를 하지
않는 삶을 살아가도록 그리하라.

4,584 번째 하나님 말씀

2003년 1월 16일 21시 55분

1 사랑하는 나의 아들아!
2 "네, 아버님! 말씀하옵소서."

3 이 세상 백성들은 새로운 성령이요,
새로운 말씀이요, 새로운 믿음의 지도
자요, 나 여호와를 대신하여 이 동양
의 어느 한 작은 나라에서 새로운 역
사의 불꽃이 타오를 것이라는 것을 입
으로 전하고 전하여 듣고 알고 있었음
이니라.
4 그리고 이 동양의 작은 나라에서 사는
백성들은 이 동양의 나라에서 새로운
성령이요, 새로운 지도자가 나올 것이
라는 것을 굳건히 믿고 있으며, 또한
그와 같이 깨우쳐 배워 알고 전하며
지금까지 가고 있음이니라.
5 더욱이 지금의 믿음의 길을 가고 있는
백성이요, 나 여호와에게 오르고자 하
는 그 믿음이라는 길을 가고 있는 종
파의 백성들은 특히나 동양의 작은 나
라, 너희들의 나라에서 새로운 성령의
말씀이요, 새로운 지도자가 나올 것이
라는 것을 다 알고 있음이니라.
6 그리하여 모든 종파는 다 그를 기다
리고 있으며, 또한 그와 같은 역사는
지금 너희들이 가는 그 믿음 속에서
그 믿음의 집단에서 그 지도자 가운데
서 나오기를 바라는 것이며,
7 그 가운데서 반드시 새로운 지도자요,
새로운 성경의 말씀을 받아 너희들을
구하는 그와 같은 역사가 이루어질 것
이라 생각하며 또 기다리고 바라고
있는 것이 너희들이니라.
8 그러나 너희들은 알아야 할 것이니라.
9 나로부터 선택된 목자요, 만백성을 구
하는 지도자요, 나의 역사를 대신할
수 있는 자는 너희들이 바란다고 하여
그 역사가 이루어지며 너희가 원한다
고 해서 그와 같이 스스로 이루어지는
것도 아니며, 너희들이 원한다 하여
그와 같이 너희들 뜻대로 어떠한 종교
집단이요, 지금의 종교 집단을 끌고
가는 그와 같은 소속에 있는 지도자
요, 그곳에 있는 자로서 그와 같이 대
명을 받아 역사를 이룬다는 것을 너희
들이 바라는 것은 너희들이 모르고 잘
못 알기 때문이니라.
10 그리고 또한 너희들이 스스로 그를 받
고자 노력하며 너희들이 그와 같은 나
로부터 명받은 목자요, 지도자로서 그
임무를 부여받을 수 있는 것도 아님을
알라.
11 너희들이 아무리 얻고자 구원하고자
노력해도 그를 얻을 수 없으며 구원할
수 없는 것이니라.
12 그리고 또 그는 그리될 수 없는 것이
또한 새로 나온 성서요, 새로 나오는
지도자의 상임을 알아야 할 것이니라.
13 그러나 너희들은 이미 알고 있어야 할
것이니라.
14 나의 아들 예수가 새로운 시대에 새로
운 사람으로서, 그 시대의 종파 속에
서 그들과 더불어 가는 것이 아니요,
그가 나의 성령으로 독자적인 길을 갔
으며 그가 혼자 종파 없이 만백성을
이끌어 깨우쳐 가며 나의 성령만을 전
하는 데 모두를 다했듯이,
15 또다시 오는 나의 종교 지도자요, 나
의 아들이요, 나의 선택된 목자는 아
무것도 모르는 나의 백성 중에서 선택
되어 이미 세상에 내려와 있음을 알아
야 할 것이니라.
16 가장 미천한 신분으로서 가장 낮은 신

분으로서 벌써 준비되어 그가 이미 세
상에 내려와 있으며, 나의 법전을 전
하고자 지금 법전을 만들어 가고 있으
며, 너희들의 새로운 생명의 길의 안
내인 그 법전이 지금 세상에 전해지고
있음을 알라.
17 이는 곧 내가 너희들에게 심판하는 기
준이요, 그를 근거로 하여 너희들이
보고 깨우치는 자 구원을 받을 것이며
그렇지 못한 자 구원을 받을 수 없으
며, 너희들이 심판을 받고 못 받는 그
와 같은 것마저도 이 새로운 성경이
요, 내가 내리는 법전을 읽고 안 읽는
거기에 달렸다는 것을 명심하여 깨우
쳐야 할 것이니라.
18 지금 너희들로부터 믿음의 길을 가는
것도 아니요, 너희처럼 종교 집단에
속한 자도 아니요, 그리고 너희들처럼
이름을 세상에 드러낸 자도 아니요,
가장 미천한 신분으로 그는 이 세상에
왔음이니, 그가 하는 일은 너희들과
차별화됨을 알아야 할 것이니라.
19 그는 너희들이 수박 겉핥기로 알며 그
깊이의 뜻을 몰랐던 성경에 비유된 그
내용을 하나하나 설명하여, 어떠한 것
이 성경에서 원하는 것이며, 구약과
신약에서 너희들에게 바라는 것이 무
엇이며 깨우치고자 하는 것이 무엇인
가를, 잘못 가는 종교 집단의 그 가르
침을 바로잡을 것이며,
20 너희들이 나 여호와의 뜻이 무엇인지
모르고 모순되게 지금까지 믿음이라
는 것을 끌고 와 재물을 거둬들이며
그저 나의 아들 예수의 보혈로써 구원
을 받았다 가르치는 그와 같은 너희들
의 그 모순됨을 개혁하며, 그를 바로
잡으며, 그와 같은 역사를 이루는 자
가 나로부터 선택된 나의 아들임을 알
아야 할 것이니라.
21 너희들이 지금 끌고 가고 있는 기존의
교회요, 종교 집단의 변화를 요구할
것이며, 그는 너희들에게 대변화를 요
구할 것이며, 대개혁의 역사를 이루기
시작할 것이니라.
22 그리고 너희들이 지금 끌고 가는 그
집단이요, 이 자연의 아름다운 나의
성전에 너희들이 두꺼비집과 같이 너
희 손으로 성전을 짓고 거기에서 갖은
악행을 다 저지르는 잘못됨을 세상에
밝힐 것이며,
23 그곳에서 잘못 믿음을 가고 너희들이
'아멘!', '할렐루야!' 하며 눈물로써 손
뼉 치고 재물만 바치면 구원을 받는다
며 잘못 가고 있는 백성을 거기서 탈
출토록 할 것이며,
24 너희 손으로 지은 그 성전에 거미줄을
치게 할 것이며, 잘못 가는 종교 지도
자들이 신도들로부터 단죄를 받는 그
와 같은 새로운 변화의 역사를 이루는
자가 이미 세상에 내려와 그 일을 시
작하고 있음을 알아야 할 것이니라.
25 예수가 그 당시 믿음의 길을 가는 기
존 종교 집단의 잘못된 부분을 개혁하
고자 몸소 실천했으며, 그는 나 여호
와의 뜻에 따라, 나의 성령에 따라 독
자적인 길을 가며 그 역사를 이루고자
했던 것이며, 나의 진리만을 가르치고
자 했던 것이 예수가 행했던 것이니라.
26 그 또한 내가 예수를 통하여 이루었듯
이, 내가 내린 법전이요, 내가 내린 새

로운 성경을 가지고 너희들의 잘못된
부분을 다스릴 것이며 너희들을 깨우
칠 것이며, 그 개혁의 부분을 그는 몸
소 실천해 나가는 대변화의 역사를
과감히 시행하는 자이니, 그가 이미
세상에 내려왔음을 알아야 할 것이니
라.
27 나의 아들 예수가 만백성을 깨우쳐 가
르치며 나 여호와의 진리를 전할 때
그는 말로써 전하였음이니라.
28 그리하여 나의 아들 예수가 나의 진리
요, 나의 참뜻이요, 만백성의 구원의
길을 가르칠 때 말로써 가르쳤으며 말
로써 전하였기 때문에, 너희들은 나의
아들 예수 한 사람만을 제거하여 그가
세상에서 말을 더 전할 수 없으며 나
여호와의 성령을 받지 못하게 한다면
모든 것은 끝날 것이며 덮어질 것이라
는 너희들의 그 사악한 계획하에 나
의 아들 예수를 그리 십자가에 죽게
하였으며,
29 그리고 그 예수가 전하고자 하는 것을
예수 하나를 제거함으로 인하여 그 모
든 참진리요, 아름다운 나의 뜻이요,
하늘에 오르는 길을 덮을 수 있으며,
너희들의 사악한 짓이요, 잘못 가고
있는 그 만행을 덮을 수 있으며,
30 만백성을 너희들이 만들어 놓은 계명
대로 이끌어 갈 수 있도록 하고자 하
여 나의 아들을 그리 죽도록 하였으
며, 그와 같은 고통 속에 그를 세상에
존재하지 못하도록 너희들이 그리했
음이니라.
31 그러나 너희들의 잘못 가고 잘못된 관
행을 너희들은 그 당시 덮을 수 있었
을지 모르나 지금은 그리되지 아니함
을 알라.
32 지금 나의 아들을 통하여 내가 내리는
나의 성령은 내가 직접 글로 써 책으
로써 만들어 나 여호와의 뜻을 전함이
니, 이를 가지고는 너희들이 그와 같
이 거부할 수 없으며,
33 나의 아들 예수처럼 지금 받아들이는
나의 아들 한 사람을 제거함으로 이미
세상에 나온 법전이 없어지리라 장담
하지 못할 것이며,
34 그를 제거함으로써 160권의 법전은
세상에 덮어질 것이며 그를 보는 자
벌 떼처럼 모여들 것이니, 감히 두려
워 그와 같이 하지도 못할 것이니라.
35 이제 그리하여 나의 법전이 이 세상을
덮을 것이며, 모든 지도자들은 이 책
을 보게 될 것이며, 내가 새로 내린 성
령의 나의 뜻을 너희들이 알게 될 것
이며, 내가 직접 임하여 너희들을 깨
우치고자 전하는 그 뜻을 알게 될 것
이니라.
36 그리고 나 여호와가 직접 나의 법전을
관장하며 내가 직접 전하며 내가 너희
들에게 깨우침이니, 너희들이 '하늘에
오르는 길'이요, '하나님! 말씀하옵소
서' 내 법전이요, 새로운 성경의 뚜껑
을 열 때 내가 너희들과 같이한다고
하였음이니,
37 내가 나의 법전을 읽고 깨닫는 자, 너
희들의 가슴속에 내가 직접 임하여 너
희들을 다스리고 깨우쳐 가게 됨이니,
38 너희들이 그리하여 예수를 그렇게 짓
밟았던 방법으로써 오늘에 나의 아들
을 짓밟을 수 없으며 나의 법전을 거

뒤들여 너희들이 다 태우고 물에 집어
넣고 찢어 버린다고 해도 그는 영원히
존재하며, 없어지지 아니함을 알라.
39 그리하여 예수의 그 시대의 방법과는
다르게 내가 영원히 지울 수 없는 방
법으로 세상에 내려보내니, 너희들은
나의 법전을 태워 없애며 나의 아들을
제거하려는 생각을 가져 본들 아니 될
것이니,
40 그 마음부터 바로잡고 너희들 스스로
나의 법전의 뚜껑을 열고 읽어 너희
들의 잘되고 잘못된 부분을 스스로
깨우쳐야 할 것이니라.
41 이제는 너희들이 직접 자칭 선택된 예
수요, 자칭 모세요, 그리고 나로부터
명받은 자라 하여 그와 같은 방법으로
써 예수의 행세를 하며 흉내를 내는
자들 또한 내가 그를 용서하지 아니할
것이니,
42 지금의 모든 종교 집단에 있는 너희들
이 대변화의 개혁을 이루듯이 내가 나
의 아들 예수의 이름을 자칭하며 제가
예수라 자칭하며 모세라 자칭하며 나
로부터 명을 받아 나로부터 만백성을
구원하는 대명을 받았다 말하며 나의
백성을 우롱하는 그와 같은 행세를 하
는 자들, 그와 같은 흉내를 내는 자들,
그들도 내가 다 단죄할 것이며, 모든
종교 집단 그들부터 내가 더불어 같이
심판을 하게 될 것이니 그리 알라.
43 그리하여 이제 잘못 가르치는 종교 집
단들, 그리고 그 모두의 문을 닫을 것
이며,
44 저희들이 자칭 예수요, 모세요, 나로
부터 명받았다 말하며 세상을 혼란케
하는 자, 그들 또한 더불어 같이 내가
심판하여 그 모두를 이 세상에서 뿌리
를 뽑을 것이며,
45 새로 태어나는 백성이요, 새로 변하는
백성이요, 그와 같은 백성이 이 아름
다운 세상에서 하늘에서 이루어진 것
과 같이 이루어진 지상의 낙원에서 살
다 나에게 그대로 구원의 길을 받아
올라오는 그와 같은 하늘과 땅이 하나
가 되는 그 역사를 이루고자 함이니,
46 곧 나 여호와가 존재하는 하늘이요,
내가 만들어 세상에 내려보낸 이 지상
과 너희들이 하나가 되어 여기서 살다
너희들이 육을 버리고 하늘에 그대로
올라올 수 있는 그와 같은 백성만이
사는 아름다운 세상을 만들고자 하는
것이 나의 뜻임을 너희들은 알아 깨우
쳐, 그리 역사를 이루는 데 일원으로
서 참여함을 가장 영광됨이라 그리 생
각하고 살아가라.
47 오늘의 고통을 두려워하지 말라.

4,585 번째 하나님 말씀

2003년 1월 16일 23시 18분

1 사랑하는 나의 아들아!
2 "네, 아버님! 말씀하옵소서."
3 나로부터 선택된 너의 제자들이요, 나
의 법전을 정독하고 또 정독하며 내가
너를 통하여 직접 내리는 강론을 직접
듣는 너의 제자들이요, 나로부터 선택
된 나의 아들딸들이 나 여호와의 성품
이요, 나의 심성이요, 천사와 같은 마
음으로 변하고자 얼마나 노력하며 무
서우리만큼 스스로 고통 속에서 그들

이 발버둥치는가?
4 그들이 모두를 다 저버리고 노력하며 또 깨우쳐 바른 삶이요, 천사와 같은 마음으로 살고자 하여도 스스로 순간에 넘어짐이요, 그 마음을 다스리지 못함이니,
5 오죽하면 너희들이 금식을 시작하며 머리를 다 깎아 나에게 바친다 하여도 바른길만 갈 수 있다면 그와 같이 하고 싶은 것이 너희들의 마음이요,
6 너희들이 죽음으로써 깨끗이 죄를 사할 수 있는 그 길이 있다면 죽음으로써 모두를 다 바치고 죄사함을 받고자 하며 죄를 짓지 아니하고 사는 백성이 되고자 하는 것이 너희들의 바람이요, 소망이니,
7 너희들이 천사와 같은 마음이요, 나 여호와의 심성으로 닮는다는 것이 얼마나 힘들고 어려운 길인가를 너의 제자들은 뼈저리게 알고 있으며, 그 누구도 갈 수 없으며 아무나 이룰 수 없는 길이라는 것을 알고 있음이니라.
8 그리하여 너희들이 변하고자 계명을 지키고자 나의 법전을 읽고 공부하면서도 하늘에 오르는 것을 포기하며 변화되는 것을 포기하며, 하늘에 와 나에게 심판을 받으며 그 무서운 지옥불의 고통을 생각하면서도 변할 수 없는 마음이요, 바로 설 수 없는 그 마음이요, 바로 서기가 너무나 고통스럽고 힘이 들어 모두를 다 버리고자 하는 그와 같은 안타까운 마음을 갖고 살아감이니,
9 살얼음판을 꺼질까 하여 걸어가는 그와 같은 마음보다 더 조심스럽게 조마조마한 마음으로 하루하루를 살아가는 것이 나로부터 선택된 백성이요, 나로부터 선택된 나의 아들의 제자들이니라.
10 그러하거늘, 너희들이 살아가면서 마구잡이로 인생을 살다가 죽어 갈 때 일순간 나 여호와를 찾으며 회개하면 구원을 받을 수 있으며 하늘로 올라올 수 있다는 그와 같은 가르침이 얼마나 망발이며 환각 속에서 착각 속에서 하는 말인가? 그것이 정녕 나의 뜻이라 생각하며 내가 그와 같이 회개한다 하여 너희들을 구원해 준다 생각하며 너희들이 구원을 받을 수 있다 생각하는가?
11 너희들이 정녕 참진리요, 진정한 깨달음이요, 나 여호와의 뜻이요, 나의 계명을 지키며 천사와 같은 마음으로 살고자 노력하는 자들은 그 변하는 것이 얼마나 힘이 들고 어렵고 고통인가를 너무나도 잘 알고 있음이니라.
12 그러면서 그들은 그 길을 가고자 하며 그 괴롭고 고통스러운 길을 한 계단 한 계단 한고비 한고비를 넘겨 그들이 깨우쳐 가고자, 미래에 과연 깨우칠 수 있는 것인가, 저희들이 바로 설 수 있는 것인가, 평생을 다 바쳐도 나 여호와의 심성처럼 천사의 마음처럼 그리고 한 점의 부끄러움이 없는 삶을 살 수 있을까 못 살까 불안하며 공포요, 두려운 마음을 가지고 사는 것이 나의 백성이거늘,
13 그 많은 세월 육의 세상에 한평생 살면서 그와 같이 갈고 닦아도 그들이 깨우치지 못하는 것을, 일순간에 너희

들이 죽어 갈 때 나 여호와의 이름을
찾으며 회개의 눈물을 흘렸다 해서 구
원을 받을 수 있다 가르치는 그들이
얼마나 어리석은 자들인가?
14 너희들이 행함은 없이 그저 예수의 보
혈로써 손으로 지은 성전에 재물을 바
치고 금화를 바쳐 구원을 받을 수 있
다고 생각하면 너희들이 얼마나 잘못
가는 것이며 얼마나 착각된 것인지,
잘못 가르치는 종교 지도자들의 잘못
가는 그 뜻을 너의 제자들은 알아야
할 것이며,
15 나의 법전을 읽는 만백성은 이것이 공
의의 하나님이 내릴 수 있는 심판이며
내가 내릴 수 있는 법도라 생각하는가?
16 너희들은 나 여호와를 공의의 하나님
이요, 창조주 하나님이요, 전지전능한
하나님이요, 이 세상의 모두를 주관하
여 관장하는 하나님이라 부르지 말라.
17 감히 너희들이 그 더러운 생각을 하고
추한 생각을 하고 있으면서 그 더러운
입으로 전지전능한 하나님이요, 창조
주인 하나님이요, 공의의 하나님이라
는 소리를 하지 말라.
18 평생 회개하고 깨우쳐도 깨우치지 못
할 것처럼 불안과 고통과 공포 속에서
살아가는 나의 사랑하는 백성들이 있
거늘, 너희들이 너희 임의대로 향락을
즐기며 사악한 짓을 하며 살다 죽어
갈 때 일순간 나를 찾고 믿으면 구원
을 받는다 하는 것은, 내가 그와 같이
용서해 주는 것이 차별화되며 차등화
된다면 내가 공의의 하나님이던가?
19 너희들이 행함은 하지 아니하면서 나
의 아들 예수로써 보호를 받으며 믿음
의 길을 가는 것이요, 재물을 바쳐 구
원을 받는다 하니,
20 너희들은 십일조라는 그 재물을 바치
는 것으로써 구원을 받는다 말하며
십일조를 바치고 구원받았다 그리 말
하나,
21 지금 나의 아들을 따르는 제자들이요,
그 백성은 십일조가 아니라 백 퍼센트
를 다 내놓고도 그들이 구원을 받는
길이라면 던질 수 있는 마음의 변화가
되어 있음이니, 너희들과 그들을 거꾸
로 놓고 세상을 한번 보거라.
22 너희들이 감히 그들을 따라갈 수 있으
며 그들의 마음을 따라갈 수 있는가?
23 전 재산을 다 내놓고라도 구원을 받을
수 있다면 다 던질 수 있는 것이 나의
아들을 따르는 백성이요, 나의 법전을
읽고 깨우친 백성이요, 나의 아들의
강론을 듣고 깨우친 그 백성이니라.
24 그와 같은 마음을 가지고 있는 그들도
불안과 공포와 그 스스로 바로 서지
못하는 눈물의 회개와 고통 속에 살아
가거늘, 너희들이 10분의 1이라는 것
을 바치며, 생각날 때 갖다 집어던지
는 몇 푼을 놓고 구원을 받으며 그 구
원의 길을 살 수 있다 생각하는 것이
얼마나 나를 능멸하는 것이며, 나를
욕되게 하는 것인가!
25 '나 여호와를 공의의 하나님이라 부르
지 말라, 사악한 자들아!' 하고 말함이
여기에 있음을 알라.
26 나의 법전을 읽은 백성이요, 나의 아
들을 따르는 제자들이요, 그들은 알
것이니라, 바로 서는 것이, 천사의 심
성이요, 나 여호와의 품성으로 닮아

가는 것이 얼마나 고달프고 힘들고 어
려운 길인가를.
27 그리하여 그들은 재물뿐 아니라 목숨
을 바쳐 바로 설 수 있다면 그 길을 갈
수 있도록 그 마음이 다져지고 있거늘,
28 그들 앞에서 너희들이 감히 그들을 사
탄이요, 이단이라 하며, 광란의 짓을
하며 '아멘!'이라 하고, 10분의 1이요,
몇 푼의 재물을 집어던지며 너희들이
오늘의 죄를 다 사했다 하며, 나와서
또 죄를 짓고 또 사악한 짓을 하며,
'어제 내가 빌었으니 나는 오늘 새로
지은 죄밖에 없다'는 그와 같은 생각
으로 살아감이니,
29 너희들이 오늘 수백 가지 죄를 짓고
내일에 빌며 또 그와 같이 산다면, 마
지막 죽을 때 너희들이 짓는, 말 못 해
서 너희들이 숨을 거둘 때 짓는 그 죄
만이 남는다 생각할 것이며, 그 이상
의 죄는 없다 생각지 아니하던가?
30 너희들이 그와 같이 어리석고 불쌍하
고 사악한 자들임을 알라.
31 나의 법전을 읽고 깨우치는 나의 선택
된 아들딸이요, 나의 아들을 따르는
제자들 앞에 너희들이 이단이요, 사탄
이라 감히 어디다 입을 벌리는 것인가?
32 썩은 자들이 싱싱한 것을 보고 이야기
하느니라.
33 썩어서 제 형태를 볼 수 없는 자들이
곱고 아름답게 서 있는 백성을 보고
썩은 자라 말하는 그와 같은 형국이
니, 이 법전을 읽고 깨우치면서도 바
로 그를 보지 못한다면, 너희들이 나
의 법전을 비방하고 욕한 만큼 그 죄
의 대가를 받음을 알아야 할 것이니라.

4,586 번째 하나님 말씀

2003년 1월 16일 23시 31분

1 사랑하는 나의 아들아!
2 "네, 아버님! 말씀하옵소서."
3 너희는 하늘에 들림을 받는다는 그와
같은 꿈과 소망과 희망을 아직도 저버
리지 못한 백성들이 수없이 이 세상에
존재하며, 그와 같은 휴거라는 역사가
이루어질 것이라는 생각을 하고 있는
자들이 있느니라.
4 언젠가는 또다시 그와 같은 역사가 이
루어질 것이며 저희들은 구원을 받을
것이라는 그와 같은 마음을 가지고 있
는 백성이 아직도 수없이 있으며,
5 그리하여 열심히 휴거를 위해 기도하
며 재물을 바치며, 종교 지도자들이
가르치는 그 설교를 들음으로 인하여
너희들이 죄사함의 기도를 드리며, 어
느 날 갑자기 하늘에서 나의 아들 예
수가 너희들을 구원하여 간다는 그와
같은 생각을 하고 지금 믿음의 세계를
가고 있는 자가 수없이 있음을 너희들
은 알아야 할 것이니라.
6 어느 날 나의 아들 예수가 구름을 타
고 내려와 너희들을 휴거하여 하늘로
올라와 나 여호와 앞에 오게 된다는
황홀한 그 환상에서 아직도 벗어나지
못한 백성들이 수없이 있음이니, 너희
들은 들어야 할 것이니라.
7 너희는 육과 영혼은 반드시 구분되어
있음을 믿어야 할 것이니라.
8 말로써 회개하며 죄사함을 받았다 하
는 자, 말로써 하지 말며 선한 행동으
로써 살아갈 때, 너희들의 영혼이 그

와 같이 변할 때, 너희들이 살아가면
서 나의 계명을 지키며, 내가 내리는
새로운 성경이요, 나의 법전의 법도에
따라 살아가고자 노력하고 변할 때,
너희들이 지상에서 바로 들림을 받는
것이라는 것을 잊어서는 아니 될 것이
니라.
9 너희들이 육의 형태로써는 하늘에 오
를 수 있는 것이 아니며, 하늘에 들림
을 받아 바람에 날리는 낙엽처럼 그와
같이 훨훨 날아 하늘로 올라올 수 있
는 것이 아님을 너희들은 알아야 할
것이니라.
10 너희들이 지상에서 들림을 받는 것은
육이 있는 그 형태에서 나 여호와의
뜻이요, 참진리를 보고 깨우치는 그와
같은 길을 가는 자, 그리고 나의 법전
을 읽고 나의 새로운 성경을 듣고 깨
우쳐 가는 그와 같은 역사를 이루는
백성, 그와 같은 자들이 마음의 변화
가 되는 것이 곧 육에서 너희들이 새
로 태어나는 그 삶의 변화를 얻는 것
이니, 그것이 바로 휴거의 뜻임을 알
아야 할 것이니라.
11 내가 너희들에게 말하지 아니하였던
가?
12 너희들이 죽기 전에 지상에서 너희들
스스로 너희 죄를 심판해 보라 하였음
이니라.
13 너희들이 살아온 그 삶에 악과 선을
구분하여 너희들이 금을 다는 저울에
미리 달아 너희 자신을 깨우쳐 자신이
어떠한 길을 갈 것이며 어찌 갈 것인
가를 미리 심판하여 스스로 깨달음을
얻으라 내가 너희들에게 그리 말하였
음이니라.
14 너희들이 지은 성전이 아니요, 나의
법전이요, 새로운 성경의 말씀이 내려
가는 이를 듣고 지키는 것만이 구원을
받는 길이라는 것을 내가 나의 아들을
통하여 수없이 부르짖었으며 나의 법
전에 수없이 기록하여 놓았으나, 이것
을 보려 하지 아니하며 이것을 들여다
보지 아니하려 하는 것이 너희들이니,
나 여호와가 과연 어찌하여 너희들을
다스려야 하겠는가?
15 나의 아들이 있는 곳이요, 내가 나의
아들에게 성령을 내려보내는 그곳에
오는 자, 그리고 나의 법전을 가슴에
안고 정녕 정독하는 자, 그리고 그를
깨우치는 자, 그것이 바로 너희들이
들림을 받는 것이니,
16 지금 나의 성전에 와 나의 가르침을
들으며 성령의 뜻을 받는 나의 아들로
부터 선택된 제자들이요, 나에게 선택
된 백성 너희들이 바로 들림을 받은
자들임을 알아야 할 것이니라.
17 너희들이 육을 가지고 있는 육의 세상
의 삶은 너희들이 바로 나의 법전을
읽고 깨우치는 그 순간에 휴거되며 들
림을 받는다는 것을 알아야 할 것이며,
18 그와 같이 변화되는 마음으로써 아름
답게 육의 삶을 마칠 때 너희들의 영
혼이 나에게 와 또 들림을 받는 것이
니, 그게 바로 너희들이 바라는 휴거
의 그 역사의 흐름임을 알아야 할 것
이니라.
19 이 땅에서 이루어짐은 너희들이 육을
갖고 있는 한 나의 법전을 읽고 깨우
쳐 너희들이 변하는 것이 들림이라는

것을 확실히 알아야 할 것이며,
20 그와 같이 아름답게 살아 육의 세상에
서 새로 태어나는 사람으로 변하여 들
림을 받은 자 영원히 나의 나라에 올
라올 수 있는 것이며, 또한 영혼의 들
림을 받아 내 품에 와 내 옆에 와 영원
한 그 삶을 살게 됨을 알아야 할 것이
니라.
21 너희들은 여기서 무서움을 깨달아야
할 것이니라.
22 너희들이 육에 사는 것은 백 년이라는
그 세월을 넘지 못하나, 너희들이 하
늘나라 나의 옆에 와 사는 것은 그 헤
아릴 수 없는 끝이 없는 세월 속에 영
원히 영원히 존재함이니,
23 그와 같은 세상에서 너희들이 지상의
낙원에서 살지 못한 것을 하늘에 와서
하늘의 영광을 보며 천국의 그 아름다
움 속에서 영원히 존재하여 살지 못하
면, 너희들이 육의 지상에서 사는 그
고통보다 더 험악하고 무서운 죄의 대
가를 받으면서 지옥 불 속에서 영원히
영원히 헤어나지 못하고 영원히 끝이
없는 무한한 세월 속에서 그대로 견디
고 간다는 그 무서운 현실을 너희들은
돌아다봐야 할 것이니라.
24 육의 세상에서 변화되는 것이 아니니
라.
25 육의 세상에서 끝나는 것이 아니니라.
26 너희들이 살다가 죽어 내 앞에 오는
그 육의 삶이 끝나는 것처럼 종말이
있는 것이 아니니라.
27 너희들이 육으로써 죽는 종말을 거둘
수 있는 그와 같은 속에서 영원히 사
는 그 기초를 다지며 그 길을 다지라
내가 너희들에게 그리 가르치고 깨우
치는 것이니, 그건 바로 무엇이더냐?
28 끝이 없는 것이니라.
29 영원한 것이니라, 영원히 지속되는 것
이니라.
30 너희들이 영원히 지속되는 것을, 하늘
의 낙원에서 영원히 살아갈 것인가,
지옥 불 속에서 변할 수 없는 영원한
영혼의 고통을 안고 살아갈 것인가?
31 그 무서움을 알고 너희들이 선택하고
바로 서야 할 것이니, 나의 이 뜻을 듣
고 아직도 깨우치지 못한다면 그것은
너희들이 영원히 지옥 불로 감을 알라.
32 나의 법전대로 살라, 내가 십계명대로
살라 하였음이니, 십계명은 무엇이더
냐?
33 내가 너희들을 구원하기 위해서 불로
직접 써 내린 나의 십계명을 지키고
살라 함이며, 내가 나의 아들을 통하
여 바로 나의 성령을 태워 내려보내는
나의 법전대로 그대로 살라 함이니,
34 무엇이 잘못되었으며 무엇이 잘못 가
르치는 것이기에 이단이요, 사탄이요,
사악한 짓이라 하여, 너희들이 육의
삶에서 사는 데는 모두를 바치면서 영
원히 영원히 끝이 없고 영원히 변하지
않는 그 길고 긴 여정의 세월 속에서
너희들이 지옥 불에 가서 사는 그 길
을 선택하여 달려가는가?
35 그를 내가 막기 위함이니라.
36 너희들이 끝이 있는 삶을 산다면 내가
너희들의 손을 놓을 것이니라.
37 내가 나의 법전에 기록하여 전하기를
1년이요, 10년이요, 100년이요, 너희
들이 그와 같이 살다 죽고 끝나는 것

이라면 내가 너희들의 손을 놓고자 하
였음이니라.
38 너희들이 죽어 나에게 와 심판을 받고
그 죄의 대가를 치르는 것이 천 년이
요, 만 년만 된다 해도 내가 오늘 나의
아들을 통하여 밤과 낮을 가리지 아니
하며 나를 의심하며 나를 의혹하며 나
를 능멸하는 이와 같은 나의 백성 너
희들을 구원하고자 내가 법전을 세상
에 내려보내지 아니하였을 것이니라.
39 영원 속에서 너희들의 영혼이 영원히
지속되는 그 속에서 견디고 살아가야
되는 것이니, 영원히 어느 곳에서 살
아갈 것인가 그 선택의 길은 너희들에
게 달렸으니 그리 알라.

4,587 번째 하나님 말씀

2003년 1월 16일 23시 54분

1 사랑하는 나의 아들아!
2 "네, 아버님! 말씀하옵소서."
3 내가 너희들에게 진실로 말하며 진실
을 명함이니, 너희들은 깨우쳐 들어야
할 것이니라.
4 너희들은 지금 나의 아들 예수가 재림
하여 너희들을 구원할 것이며 너희들
을 내 옆에 인도할 것이라 그와 같이
생각하나, 나의 아들 예수는 정녕 재
림이 없으며 너희들을 구원함이 없음
을 알아야 할 것이니라.
5 너희들이 육을 갖고 있는 그 형태로써
들림을 받을 수 있다는 것은 너희들이
잘못 깨달음이요, 너희들은 정녕 육을
가지고 있는 그 상태에서 들림을 받을
수 없는 백성임을 알아야 할 것이니라.
6 너희가 구원의 빛이요, 하늘에 오르는
길이요, 나 여호와에게 오고자 한다
면, 너희들은 내가 내린 새로운 성경
이요, 나의 법전을 접하고 나의 아들
의 강론을 들으며 그를 공부하고 깨우
치는 자만이 하늘에 오를 수 있는 길
이요, 하늘에 오르는 빛을 보게 됨을
잊어서는 아니 될 것이니라.
7 너희들이 다시 태어나는 삶이요, 새로
변하는 그 삶이 아니면 하늘에 오르
는 빛도 볼 수 없다는 것을 너희들은
이미 알고 있을 것이며 다 깨닫는 백
성일 것이니라.
8 너희들은 다시 태어남이니라.
9 다시 태어남을 가르치고 깨우치는 것
은 바로 곧 나의 법전밖에 없기 때문
이니라.
10 그리하여 하늘에 오르는 그 빛을 보는
것이 나의 법전이라 함을 너희들은 알
아야 할 것이니라.
11 너희가 나의 법전대로 살며 내가 명한
대로 사는 것, 그리고 내가 명한 그 뜻
을 순종하며 사는 것, 그리하여 너희
들 마음이 천사처럼 변하는 것이 바로
들림의 길이니라.
12 하늘에서 내려온 인자 외에는 내 옆에
올 수 없다 하였음이니, 너희들이 세
상에 태어날 때 너희들의 그 아름다운
마음은 인자의 마음이니라.
13 어린아이로서 세상에 태어날 때는 인
자의 마음으로써 너희들을 세상에 태
어나게 하였음이니,
14 너희들이 인자의 그 마음으로 돌아올
수 있는 것은, 너희들이 구원을 받으
며 내 옆에 올 수 있는 것이 만백성 너

희들이 가지고 나간 특권이며 나로부
터 받은 사랑임을 알아야 할 것이니라.
15 그리고 축복과 영광임을 너희들은 알
아야 할 것이니라.
16 내가 하늘에서 내려온 의인만이 내 옆
에 올 수 있다 함은, 너희들을 세상에
내려보낼 때 그 천사와 같은 의인의
마음으로써 의인으로서 너희들을 세
상에 다 내려보냈음이니라.
17 그러니 너희들이 가장 어린 아이의 마
음이요, 세상에 나로부터 생명을 받아
나갔을 때 그 세상에 너희들이 울음을
터트리며 세상에 나옴을 알리는 그때
의 그 마음처럼 그리 변하도록 살아가
는 것이 구원의 길이라 함이니라.
18 그리하여 너희들은 나로부터 구원을
받을 자격을 가지고 나간 자들임을 알
라.
19 너희들은 인간 세상에 살면서 믿음과
소망과 사랑을 갖고 살아가면 구원을
받는 것이니, 그 길만이 구원을 받는
것이니라.
20 그러나 믿음과 소망과 사랑을 행하고
살아가는 것이 구원의 길이라는 것을
알면서도 너희들은 말로는 그를 부르
짖으나 행함이 없으며 그를 실천하지
아니하니,
21 저 자신이 그와 같은 행함이 없으며
실천하지 아니하고 구원을 받겠다 생
각하는 자, 그리고 너희들이 들림을
받고자 들림을 받을 수 있다 생각하
는 자, 아무리 나 여호와를 찾으며 말
로써 울고불고 기도하며 나에게 소망
을 원하나 그와 같은 것은 이루어질
수 없는 것이니라.
22 다만, 너희들 마음속에 욕심만이 그득
히 채워져 있는 그와 같은 형태를 나
에게 보임이니,
23 나는 나의 백성이 나의 심성이요, 천
사와 같은 마음으로 변하는 자, 그들
의 기도 소리요, 그들의 울고 웃는 그
모습을 바라보는 것이 나 여호와의 기
쁨이요, 행복이니라.
24 사악한 자가 나에게 울고불고 무엇을
원하고자 부르짖는 그것은 나를 욕되
게 하며 하늘을 오염하고자 하는 그와
같은 사악한 자들이니, 그는 구름의
벽을 뚫고 올라올 수 없음을 알아야
할 것이니라.
25 그러니 너희들이 나와는 아무런 연관
이 없으며 관계가 없는 자들이라 말하
였음이니라.
26 너희들이 구원을 받아 하늘에 오르는
것은 나의 아들 예수의 삶이요, 나의
성품이요, 나의 심성을 따라오는 것이
너희들이 구원을 오는 길이니,
27 그 마음과 그 행동과 예수의 삶과 똑
같은 그 길을 달려오는 것만이 나에게
오르는 길이라는 것을 내가 너희들에
게 기록하여 전함이니, 이 뜻을 알아
행하도록 그리하라.

4,588 번째 하나님 말씀

2003년 1월 17일 06시 47분

1 사랑하는 나의 아들아!
2 "네, 아버님! 말씀하옵소서."
3 너희들이 인간 세상에 살아가면서 부
모에게 효를 함에 있어서 부모에게 효
도하며 공경하며 정성을 다하여 그 부

모가 즐거워하며 기뻐하는 것을 보고
그가 효성을 다한다는 것은 진정한 효
성이 아니요, 그 깊은 마음의 의미요,
그 효성이 오래가지 못하는 것이라
하였음이니라.
4 스스로 자식의 도리를 다하며 부모를
공경하며 부모에게 효성을 다하는 마
음이 스스로 그 자식의 기쁨이요, 그
자식이 그와 같은 행위를 함을 제가
행복으로 느끼는 그와 같은 자식은 그
효를 오래 할 수 있으며, 또 그 효를
진심으로 하는 의미와 뜻을 알고 행하
는 자라 내가 너에게 그리 말하였느니
라.
5 이제 너를 따르는 너의 제자들과 나의
법전을 읽은 만백성 너희들은 들어야
할 것이니라.
6 너희들이 마음을 바르게 잡으며 너희
들이 마음의 경지에 오르고자, 나의
계명이요, 법전대로 살아가고자 노력
하는 그 고통스러운 삶을 나 여호와는
잘 알고 있음이니라.
7 그러나 나 여호와가 존재하기에 나 여
호와로부터 심판을 받기에 그 죄에 대
하여 또 악에 대하여 심판을 받는 것
이 두려워 너희들이 마음을 바로잡고
살아간다 노력하는 것은 너희들이 한
계에 부닥치며 한계가 있음이니라.
8 너희들이 그와 같은 마음으로써 변하
고자 하면 너희들이 기대하며 거래하
는 그 마음의 심성이니 그는 한계에
부닥치며, 그 끝이 없는 무한한 변화
의 사랑이 아니며 믿음이 아니니라.
9 너희들이 나 여호와로부터 받아 나간
그 생명의 은혜요, 세상에 모든 축복
으로써 나에게 받아 살아갈 수 있는
그 감사함과, 어떠한 이유든 너희들이
나에게 감사하며 경배하는 그와 같은
마음으로써 변해 가고자 한다면 그 마
음은 한계에 부딪히게 되어 있음이니
라.
10 너희들이 변화되고 경지에 오르며 아
름답게 살고자 하는 그 마음은 내가
세상에 너희들에게 내려 준 본연의 마
음 자세로 돌아가는 것이며,
11 너희들이 아름답게 살며 선하게 살며
사랑을 베풀고 사는 것에 스스로 기쁨
과 행복을 느끼며 그와 같은 깨달음
속에서 행하는 것이 진정한 변화요,
나 여호와를 위하여 살아가는 것이요,
내가 내려 준 모든 은혜요, 영광에 보
답하는 길임을 알라.
12 나 여호와가 존재하기에 두려워하며,
나로부터 너희들이 죽어 와 심판을 받
기 때문에 두려워하는 그와 같은 마음
으로써, 너희들이 천국에 오르면 그
행복의 영광이 있으나 너희들이 잘못
하여 지옥으로 갔을 때 그 고통과 시
련이 두려워서, 어떠한 조건이 있고
어떤 것이 두렵고 무섭기에 바로 가는
삶을 살아가고자 노력한다면 그것은
진정한 변화의 의미가 아니요, 깨달음
이 부족함이니라.
13 그리고 한계에 부닥침이니라.
14 너희들이 아름답게 살아가는 그 자신
이 행복하며 너희들이 변화되는 것에
행복을 얻고 기쁨이라 생각하고 가는
자는 아무런 조건 없이 변하는 마음이
나,
15 나 여호와가 두려우며 나에게 심판받

음이 두려우며 죄가 두려우며 지옥 불
로 가는 것이 두려운 그와 같은 생각
으로써 변하고자 하는 것은 그 또한
거래하는 마음이요, 한계에 부닥치게
되어 있으니,
16 그 마음에서 너희들이 아무런 조건 없
이 선을 행하며 사랑을 나누며 나 여
호와의 계명대로 살아가는 것에 즐거
움과 행복을 느낄 때, 그는 변하지 아
니하며 쓰러지지 아니하며 영원히 나
를 경배하며 나에게 기도하며 살아갈
수 있는 백성이며, 너희들이 변화되는
근본의 백성이 됨을 잊어서는 아니 될
것이니라, 사랑하는 나의 아들아!

4,589 번째 하나님 말씀

2003년 1월 17일 06시 58분

1 사랑하는 나의 아들아!
2 "네, 아버님! 말씀하옵소서."
3 너 자신이 살아가는 하나하나의 그 행
동에 있어서 과연 네가 위선적인 것은
없는가, 하나의 목적의식을 위하여 네
가 변하는 것이며 변하고자 하는 것은
아닌가, 그리고 변한 체하는 것은 아
니며, 정녕 변한 것이 어디까지인가,
그리고 깨달음의 마음의 깊이는 어디
까지인가 수시로 점검해 봐야 할 것이
며, 너의 제자들 또한 그와 같이 너희
마음을 두드려 봐야 할 것이니라.
4 너희들의 마음을 두드려 봐 너희들이
계산적이고 또는 무엇을 얻고 잃는 육
의 삶의 형편에 의하여 수시로 변하는
것 같은 행동이요, 변하는 것 같은 마
음의 자세를 가지며, 실질적으로는 너
희들의 내면이 변하지 않는 그와 같은
삶을 살아가서는 아니 되는 것이니라.
5 너희들이 변하고자 하는 그와 같은 형
태의 삶이 아니요, 진정한 변한 삶으
로 변화된 그 삶에 의하여 믿음과 소
망과 사랑의 그 실천 속에서 정녕 그
리 변해 가는 삶을 사는 사람인가를
수시로 돌아다보며 냉혹하게 점검하
고 심판하는 그와 같은 삶을 연속적으
로 너희들이 두드려 가며 살아야 함을
알아야 할 것이니라.
6 그와 같이 순수하게 마음이 변해 가는
모든 백성 너희들은 이 세상의 모든
변화를 있는 그대로 받아들이는 백성
이 되는 것이며, 그와 같은 마음으로
변하는 백성이 가장 현명한 나의 백성
이며, 미래를 볼 수 있으며 미래를 알
수 있는 백성임을 너희들은 알아야 할
것이니라.
7 그러나 지금의 너희들이 가고 있는 믿
음의 형태는 무엇이던가?
8 지금의 믿음의 형태에서는 구원의 길
이라 하는 믿음이 너희들의 심판의 믿
음으로 변화되며, 심판의 믿음을 위해
서는 새로운 성경이 세상에 너희들을
위하여 내려오는 이와 같은 현실을 너
희는 알아야 하는 것이니라.
9 그러나 너희들은 그 현실을 현실 그대
로 보지 아니하려 하며, 변화되는 그
역사를 변화되는 그대로 보지 않으려
하는 것이 바로 마음이 굳어져 있는
자들이며,
10 말로써는 변화된 자며 말로써는 사랑
을 한다 하면서 실질적인 행동은 그
리하지 아니하는 자들이 그와 같은 행

동을 하고 있음이니라.
11 그러하기에 내가 너에게 말함이니, 정
녕 너희들이 변화되는 것이 진심으로
변화되는 것이며, 너희들이 아름다운
쪽으로 스스로 변화되고 있는 그 삶을
사는가 점검해 보라 하였음이니라.
12 위선적이요, 계산적이요, 진실한 그와
같은 사랑의 변화가 아닌 자들은 이
세상에 변화되는 모든 순리를 받아들
이려 하지 아니함이니라.
13 그러하기에 지금 만백성을 구하기 위
하여 내가 내리는 새로운 성경 그 자
체도 하늘에 오르는 길이요, 나 여호
와의 말씀이라 하여 책으로 만들어지
는 그와 같은 것도 다 이단이요, 사탄
이라 너희들이 그리 말하며, 그걸 있
는 그대로 못 보는 그 자체가 너희들
이 그 아름다운 마음을 갖지 못함이니
라.
14 너희들이 세상 것 모두는 나 여호와의
뜻이며, 존재해야 할 것이기에 존재하
며, 세상에 나와 있어야 할 것이기에
나와 있는 것이라 하여 자연의 그 세
상의 삶의 순리를 그대로 믿고 따르는
자는 그 자체의 힘이 얼마나 위대한
것인지 알거늘, 그곳에서 너희들은 변
화와 새로운 역사가 이루어지는 것이
얼마나 위대하고 강한 것인지를 모르
고 있느니라.
15 그 속에서 너희들이 진정한 진리를 볼
수 있으며 진정한 깨달음도 있는 것이
며, 너희들이 참진리를 보아 하늘에
오르는 길을 정말 볼 수 있으며, 반석
위에 서서 회개하고 반성하는 삶에서
하늘에 오르는 길을 너희들이 볼 수
있는 것이거늘,
16 돌아가는 모든 세상의 변화와 이치를
있는 그대로 받아들이지 아니하며 저
희들 것만을 고집하며 저희들 것만 아
집을 부리며 폐쇄된 생활 속에서 살아
가는 그와 같은 자들은, 그 자연에 있
는 그대로를 순응하며 그대로 인정하
며 변화됨을 인정하며 그 속에서 너희
들이 배울 것을 배우며 얻을 것을 얻
으며 취할 것을 취하고 살아가는, 순
리를 역행하지 않는 자가 강한 자며
그 힘이 얼마나 위대한 것인가를 모르
고 살아가는 자들이니라.
17 세상에 변화되는 있는 그대로를 받아
들여 그대로 보는 그 용기 있는 힘은
너희들이 하늘의 뜻을 알며 하늘에 오
르는 길을 알며 세상에 내가 원하고자
하는 것을 알 수 있음이니라.
18 오로지 너희들이 싫어하는 것이기 때
문에, 제가 원하는 것이 아니기 때문
에 아무리 좋은 것이요, 아름다운 것
이라도 받아들이지 아니하는 그와 같
은 마음을 가지고 있는 자, 그는 폐쇄
된 자니, 제 변화도 모르며 시대에 따
라서 흐름도 모르는 그와 같은 자들이
니라.
19 그와 같은 자가 폐쇄된 자요, 그로 하
여금 세상은 어두우며 사랑이 없으며
나눔이 없는 것이니,
20 그 아집과 고집으로 하여금 얼마나 이
세상의 자연의 순리요, 아름다움을 보
지 못하며 제 고집 속에 제 스스로 고
통의 길을 가고 있는 것인가를 알아야
할 것이니라.
21 그러하기에 지금 내가 새로운 성경을

내려보내 너희들을 구원하고자 하나 그를 보는 용기가 없는 것이며, 그 용기가 없기 때문에 너희들은 새로운 변화의 힘을 얻을 수 없으며,

22 또한 내가 이루고자 하는 것이 무엇이며, 하늘의 뜻이 무엇이며, 이 지상에서 내가 하늘과 같이 이 지상의 낙원을 이루는 것이 천 년에 걸쳐 새로운 의인들만의 사는 세상을 만들고자 하는 그 자체를 아무것도 알지 못하며 보지 못함이니라.

23 그저 저희들이 '아멘!', '할렐루야!' 하며 저희 손으로 지은 성전에 재물을 바치며, 그저 재물을 바치라 강요하는데 정신이 팔려 있는 종교 지도자의 그 가르침이 구원의 길이라 하여 그저 거기에서 허덕이다 지옥 불로 감을 알게 될 것이니라.

24 너희들이 하늘의 뜻을 알지 못한다면 참진리를 알지 못하게 되며 구원의 길이 무엇인가를 그 빛도 볼 수 없는 자들이라는 것을 알아야 할 것이니라.

25 성서에 기록하여 너희들에게 전하기를, 변하고 또 변하여 새로 태어나는 삶의 그 길을 가지 않는 자, 하늘에 오르는 길을 볼 수도 없다 그리 미리 가르쳐 주었거늘,

26 어찌하여 그와 같은 뜻을 진심 그대로 이해하지 못하며 그대로 받아들이지 못하며 왜곡되게 너희들 뜻으로 마음대로 해석하며 너희들 마음대로 생각하여, 오로지 너희들이 가는 길만이 영원한 구원의 길이라 그리 생각하고 가는가?

27 그와 같은 깨달음은 나의 백성 너희들의 삶이 없느니라.

28 너희들이 아집이요, 고집 속에 살아가는 것은 너희들이 인생의 삶 자체도 모르며, 삶의 의미도 모르며, 오늘의 너희들이 존재해 살아가는 그 의미와 뜻도 모르는 자들이며, 가장 어리석은 자들이니라.

29 너희들이 같이 살아가는 한 형제요, 이웃과 '나는 나요, '너는 너'라는 그와 같은 분리된 생활 속에서 살아감이니라.

30 우리는 다 하나요, 형제는 다 이웃이요, '나는 나요, 너는 너' 가 아니라 '우리'라는 그와 같은 깨달음 속에서 너희들이 모든 마음을 갖고 살아갈 때 세상사에 있는 그 모두를 초월할 수 있는 것이며 아름다운 세상을 볼 수 있으며 나 여호와의 뜻을 알 수 있는 것이거늘,

31 그러한 마음을 가진 자, 남을 위하여 살아가는 길을 알게 되며 남을 위해 살아가는 것이 얼마나 행복하며, 너희 스스로 변화되며 깨우쳐 가 나 여호와의 뜻에 살아가는 것이 얼마나 행복한 것인가 그것을 알게 될 것이거늘, 그를 모르고 사는 백성들임을 그리 알라.

4,590 번째 하나님 말씀

2003년 1월 17일 07시 07분

1 사랑하는 나의 아들아!

2 "네, 아버님! 말씀하옵소서."

3 너희들이 십계명 중에 제1계명인 '다른 신을 네게 있게 하지 말라.' 그리함은 너희들이 우상을 깎아 놓고 절하며

어떠한 형태에 너희가 절하고 기도하
는 것이며, 또한 너희들이 무엇인가를
더 소중한 것을, 아름다운 것을 마음
속에서 지우지 못하며 손에서 놓지 못
하는 그와 같은 마음을 갖는 것이 다
른 신을 너희들에게 두며 우상을 섬기
는 마음이라 내가 하였음이니라.
4 그러나 너희들이 다른 신을 두며 우상
을 섬기는 그 마음의 형태는 나 여호
와를 향하는 마음이 아니요, 두 마음
을 갖게 되는 것이니, 그는 곧 무엇이
던가?
5 너희들이 인생의 삶을 살아가면서 순
간에 마음이 변하는 것이 사탄이요,
악마가 된다 하였음이니, 너희가 수시
로 변하는 그 마음 자체가 두 마음의
근본이며 두 마음의 뿌리를 가지고 있
음임을 알아야 할 것이니라.
6 너희들이 다른 신을 두지 아니하며 다
른 신을 경배하지 아니하며 가슴속에
다른 신을 두지 아니하는 것은 너희들
이 순간순간 살아가면서 옳고 그름과
선과 악을 선택하는 그 순간에 잠시라
도 악을 생각하며 악에 넘어가는 그와
같은 행위를 하는 것이 두 마음을 가
진 자이니,
7 두 마음을 가진 자 정녕 나 여호와를
따를 수 없으며 너희들은 가슴속에 항
상 두 신을 두게 되는 것이며, 다른 신
을 경배하는 마음의 근본임을 알라.
8 너희들이 24시간 하루를 살면서 아름
답게 선을 향하여 살아가나, 일순간에
단 한 번이라도 악한 생각이요, 잘못
된 생각을 하고 그를 행할 때 너희들
이 사탄이요, 마귀로 변하는 것이라
하였음이니, 그와 같은 일이 이루어지
는 것이 곧 무엇이던가?
9 나 외에 다른 신을 너희들에게 두는
것이며 우상을 섬기는 너희 마음임을
알아야 할 것이니라.
10 이와 같은 너희들의 마음을 가져서는
아니 되며, 그와 같은 역사가 너희 마
음속에서 이루어지며 너희들이 생활
속에서 그런 것이 이루어져서는 아니
되는 것이 나의 아들이요, 나의 딸로
서 선택된 너희들이며, 오늘의 나의
법전을 읽고 깨우쳐 가는 백성 너희들
임을 알아야 할 것이니라.
11 이제 너희들은 또한 살아가면서 어렵
고 힘들다 하여 나의 아들을 통하여
기도를 받기를 원하지 말라.
12 너희들이 변하는 그 모습이 지금 모든
백성이 따라올 수 없을 만큼 변해 있
으며 높은 경지에 살아가고 있음이니,
너희들이 인간으로 말하면 목욕재계
를 다하여 깨끗하게 씻은 백성이니라.
13 그러한 백성이 일하다 손에 묻은 그것
을 씻기 위하여 너희들이 씻는 기도를
해 달라는 그와 같은 형국이니, 그저
너희들이 너희 손을 간단히 씻으면 되
는 것이니라.
14 그러한 마음을 가지고 그러한 염려를
하는 너희들 마음의 형태가 인간의 생
각에서 인간의 삶에서 벗어나지 못했
기 때문이니,
15 모두가 경지에 올라와 있는 것이 나의
아들을 따르는 제자들이요, 너희들의
지금 형국이니, 너희들은 목욕재계하
여 깨끗이 씻은 너희들이니, 손에 무
엇이 묻었다 하여 그를 두려워하고 겁

먹지 말라.
16 그 모두는 흘러가는 물에 너희 스스로
씻으면 되는 것이니, 너희들의 운명은
없다 하였음이니라.
17 너희들이 그와 같은 생각을 가지고 그
와 같은 마음을 갖는 것은 아직도 인
간적인 마음이 변하지 못하였으며, 세
상사의 삶에 연연하는 것이며, 세상사
의 삶에 변화되지 못하며 적응하지 못
한 자이니라.
18 그들을 다 덮어두라.
19 내가 너희에게 말하기를 세상사의 모
든 이치요, 하늘에 오르는 그 길이 나
의 법전 속에 다 있다 하였거늘, 그를
수없이 듣고 깨우친 너희들이 아직도
나의 아들에게 기도를 하여 무엇을 듣
고 알고자 하니, 그와 같은 마음을 갖
지 말라.
20 너희들은 그 모두를 다 초월하였음이
니라.
21 너희들이 깨끗하게 씻고 씻은 그 목욕
재계한 몸에 무엇을 더 씻으려 하며
무엇을 더 닦고자 하는가?
22 너희들은 그와 같이 알아야 할 것이니
라.
23 손에 묻은 오물을 털기 위하여 너희
들이 나의 아들에게 씻어 달라는 그와
같은 어리석은 행위를 하지 말라.
24 너희들은 모두를 다 초월하여 있으며
운명이 없느니라.
25 오로지 나의 법전을 정독하고 깨우치
는 그 속에 너희들이 살아갈 길을 알
고 있으며, 행할 것을 알고 있으며, 잘
못된 일을 했을 때 이는 죄악이요, 해
서는 안 된다는 것을 뼈저리게 느끼고
깨우치고 가고 있음이니, 그보다 더
위대한 변화는 없으며, 그보다 더 큰
나로부터 받는 영광과 축복이 없으며,
26 내가 너희들을 기억하고 있으며 가슴
에 안고 있음이니, 그러한 것에 연연
하지 말라.
27 오로지 법전을 읽고 정독하며 깨우쳐
가는 삶에 최선을 다하며, 나의 아들
을 통하여 너희들에게 내리는 그 강론
을 듣는 데 열중하도록 하라.
28 아직 씻지 아니한 자, 아직 닦지 아니
한 자, 아직 목욕하지 못한 자에게 그
들이 목욕할 수 있는 길을 가르쳐 주
고자 하여 나의 아들이 그들을 위하여
기도해 주며 그들을 깨우쳐 주는 것이
지, 너희는 그 모두를 초월한 나의 사
랑하는 아들딸임을 잊지 말라.

4,591 번째 하나님 말씀

2003년 1월 17일 07시 17분

1 사랑하는 나의 아들아!
2 네가 나의 피조물 만백성에게 하늘의
이치요, 진리를 가르치며 그들을 깨우
치는 데, 나의 법전에 기록하여 그 책
을 전함으로써 그들이 스스로 그곳에
서 깨우칠 자 깨우치며 버릴 자 버리
는 그와 같은 형국으로써 네가 나의
피조물 만백성을 인도하고 가면 되는
것이니라.
3 그러나 지금의 모든 종파가 어찌 가고
있는가?
4 그들이 잘못 가고 있으며 잘못되었다
내가 말하는 것은 바로 그들이 가는
행위와 형태가 너무나도 나 여호와와

는 관계없이 그리 흘러가고 있기 때문
이니라.
5 진정한 진리요, 참뜻이요, 하늘에 오
르는 길을 너희 자신이 십자가를 짊어
지고 가는 그와 같은 고통과 인내 속
에서 너희들이 자신을 버리며 남을 위
하며 이웃을 위하여 살아가는 그와 같
은 마음으로 살아가는 것이 믿음의 가
는 길이요, 그리고 가르치는 자의 도
리이니라.
6 그리하여도 그 길을 볼까 말까, 그 뜻
을 깨우칠까 말까 하거늘, 지금의 가
고 있는 모든 집단이 어찌 가고 있는
가?
7 지도자는 지도자로서 육으로써 제왕
적인 대우를 받고자 하며 제왕적인 그
와 같은 행위 속에 젖어 있느니라.
8 영혼의 구원을 너희들은 어찌 생각하
는가?
9 영혼의 구원을 위하여, 남의 영혼의
구원을 위하여 너희들이 어렵고 힘든
그 깨달음이요, 나의 계명을 지키고
사는 어렵고 힘든 길을 인내하고 가는
것이 하늘에 오르는 길이며 내가 기억
하는 길이라 그리 가르치고 살아가면
될 것을, 너희들은 어찌 살아가는가?
10 종교 지도자들은 지금 저희들이 신처
럼 대우를 받기 위하여 혈안이 되어
있으며, 저희들은 나 여호와를 능가하
는 것처럼 그리고 능가할 수 있는 사
람처럼 그리 지금 믿음을 가르치며,
11 그 속에서 가르침을 받는 사람들, 너
희들과 같이 가지 않는 이웃이요, 형
제는 인간 이하로 생각하며 사람으로
생각하지 아니하며 같이하고자 하지
도 아니하는 그와 같은 오만과 자만에
빠져 있으니,
12 세상의 아름다움을 알지 못하며 인간
의 소중함을 모르며 내가 만든 나의
아들딸이 너희들과 다 동등하며 다 같
이 귀한 생명이라는 그 자체도 모르고
살아가는 것이 너희들이니라.
13 지상에서 나의 백성으로부터 너희들
은 제왕과 같은 대우를 받으며 그와
같은 속에 젖어 있으며, 그리하여 너
희들이 우리 부자의 이름을 팔기만 잘
팔면 제왕적인 대우를 받으며 금화와
은화를, 남의 것을 수고로움 없이 거
둬들이며 대가 없이 거둬들이니,
14 그와 같은 생활에 젖고 젖어 사악한
쪽으로 훈련되어 있으며 타성에 젖어
그를 벗어나지 못하고 있음이니,
15 너희들이 하고 있는 짓들이 죄가 되는
것이며, 지옥 불로 가는 것이며, 그 행
위가 얼마나 부끄러운 것이며 잘못 가
는 것이며 남의 영혼까지도 너희들이
죽이는 것인가 그 자체도 분별할 수
없는 그와 같은 무능력한 종교 지도자
들이며,
16 그 추하고 더러운 짓을 하면서 두려운
것도 모르며 무서운 것도 모르는 그와
같은 것이 너희가 지금 가고 있는 형
태임을 알아야 할 것이니라.
17 너희들은 상전이 종을 부리느니라, 그
리고 일꾼을 부리느니라.
18 상전은 그 일꾼이요, 종으로부터 무엇
인가를 열심히 살아갈 수 있도록, 그
리고 열심히 그를 부리기 위하여 그들
을 칭찬하며 격려해 주는 것이니라.
19 주인이 종을 부리기 위하여 그들을 쓰

기 위해서 칭찬해 주고 격려하는 것을, 그 종이 그를 모르고 제가 우쭐하여 주인보다 더 똑똑하고 더 많이 아는 것처럼 그리 주인 행세를 하는 자들과 지금의 너희들이 가고 있는 믿음의 집단이 행하고 있는 행위가 조금도 다름이 없음이니라.

20 그와 같은 행위가 바로 무엇이던가?

21 너희들은 나를 능멸하고 나를 능가하려는 그와 같은 행위를 하는 것이며, 너희들이 나 여호와의 위치에 나보다 더 높은 자리에 있는 것이라 착각하고 지금 살아가고 있으며 너희들이 그와 같은 속에서 살아가느니라.

22 나로부터 나의 뜻을 지켜 행한다는 자들이 감히 내 위에 있는 그와 같은 착각 속에서 살아가는 것이니라.

23 그와 같이 사악한 종교 지도자들이 세상에 만연되어 있기 때문에 지금에 이 혼란한 세상이요, 환난의 세상이 만들어졌으며 이 세상이 거꾸로 돌아가는 그와 같은 형국이 되었음이니라.

24 나누며 사랑하는 것이 아니요, 남의 것을 갈취하기 위하여, 남보다 제가 더 앞에 가기 위하여, 더 앞서기 위해서 인간을 인간으로 상대하지 아니하며, 어찌하면 인간을 이용하여 그들을 넘어트리고 그들의 모든 영화와 재산과 명의를 다 제 것으로 만들까 하는 거기에만 연연하여 있는 자들이니,

25 앞에 가는 자 격려해 주며 그로부터 배우며 그로부터 가는 길에 제 삶에 도움이 되는 깨달음을 얻고자 하는 것이 아니라 그를 구렁텅이에 몰아넣고 모두를 제 것으로 만들고자 하는 그와 같은 형국이 되었으니, 너희들이 지금 살아가는 형국이 얼마나 추하며 얼마나 더러운 모습으로 변해 있는지 아는가?

26 남의 가정을 파괴하면서까지도 제가 존재하고 싶어 하며, 남이야 어찌 되든지 간에 저만 바로 서면 되며, 제 육의 생활에 향락을 누리고 살 수 있으면 그것으로써 최대의 영광이요, 똑똑한 자요,

27 남들에게 미련하다는 소리를 듣지 아니하여 잘난 자요, 위대한 자라는 착각 속에서 죄악을 서슴지 않고 행하는 그와 같은 백성으로 만들며 지금의 너희들이 살아가는 모습으로 만든 것은 제왕적인 종교 지도자요, 나의 백성에게 군림하고자 하는 지도자요,

28 나 여호와의 뜻을 모르며 그리 가르치는 자요, 나를 능멸하여 나보다 능력 있는 듯이 내 위에 있는 자요, 저희들이 말하는 것은 세상사가 다 이루어지는 것이며 저희 뜻대로 이루어지는 것 같이 나의 피조물 만백성을 우롱하며 재물과 금화와 그들의 시간을 거둬들이는 자들이니라.

29 그러나 하나도 이루어지는 것이 없으며 하나도 너희들이 행해지는 것이 없느니라.

30 다만, 너희들에게 하나 명확하게 이루어지는 것은 바로 너희들이 지옥 불로 가는 길을 달려가고 있으며 너희들이 지옥 불로 가는 그와 같은 죄의 대가만 남아 있다는 것은 엄연한 사실이나, 너희들이 구원의 길이요, 하늘에 오르는 길을 보는 것은 그 길조차도

보지 못하는 자들임을 알아야 할 것
이니라.
31 내가 너희들에게 더 깨우치고자 말을
한다면, 너희들이 음식을 만드는 잔칫
집의 냄새가 근동에 퍼져 나가 그 집
에 오지 못하는 자도 그 냄새를 맡을
수 있을 것이니라.
32 그러나 지금 너희들이 가는 믿음이요,
잘못된 종교 집단 속에 가 구원의 길
이요, 저만이 구원을 받았다고 울고불
고 광란의 짓을 하는 자들은 남의 잔
칫집에서 나오는 그 냄새도 맡지 못하
는 것이며, 그 냄새마저도 맡을 수 없
는 자들임을 너희들은 알아야 할 것
이니,
33 그러한 자들이 어찌 하늘에 오르는
길을 볼 수 있으며 하늘의 빛을 볼 수
있으며 천국의 문을 너희들이 고개를
들어 볼 수 있다 생각하는가?
34 잔칫집에서 흘러나온 그 냄새까지도
맡지 못하는 것이 바로 너희들이니,
그보다도 더 너희들은 나와 멀고도 먼
길에서 가고 있는 자들이며, 구원과는
멀고도 먼 그 길을 가는 어리석은 백
성들임을 잊지 말라.

4,592 번째 하나님 말씀

2003년 1월 17일 12시 59분

1 사랑하는 나의 아들아!
2 "네, 아버님! 말씀하옵소서."
3 나의 법전을 사탄이요, 이단이요, 말
세에 거짓 선지자가 나와 세상을 혼란
케 만든다 하며 나의 법전을 불태우며
물속에 집어넣는 사람들보다도 오늘
나의 성전에서 공부하며 나의 법전을
깨우치는 너희들이 더 나쁜 자들이며
더 잘못된 자들임을 너희들이 알아야
할 것이니라.
4 너희들이 나의 성전에서 서로 언성이
오고 가며, 나로부터 성령을 받는 그
기도를 마치기 전에 갑론을박하며 세
상 것이 옳고 그르다 따지는 것은 너
희들이 무엇을 얼마나 알며 얼마나 깨
닫는다 하여 너희들이 너희 의사로써
그리 말하는가?
5 나의 법전이 사탄의 것이라 너를 욕하
며 찢어 버리는 자보다도 너희들이 더
나쁜 자이며 더 용서받을 수 없는 자
임을 알아야 할 것이니라.
6 무엇을 너희들이 깨우쳤으며 무엇을
얻었으며 너희들이 어떠한 길을 갔으
며 법전의 무슨 내용을 알며 너희들이
과연 무엇을 아는가?
7 내가 너희들에게 일찍이 말하기를, 너
희들이 배부른 자가 밥이 남을 때 남
에게 밥 한 끼 주는 것은 아무것도 아
니라 하였음이니라.
8 배고픈 자가 그를 먹지 아니하고 남에
게 주는 것이 사랑이요, 내가 열흘간
너희들이 밥을 굶어 그 밥 한 그릇을
먹지 않으면 너희들이 죽을 때, 그 밥
을 먹지 아니하고 남에게 줄 수 있는
그것이 사랑이요, 너희들이 가야 할
길이며 해야 할 길이라 말하였거늘,
너희들은 과연 어찌 행하며 어찌 가고
있는가?
9 너희들이 나의 성전에서 시시비비를
하며 옳고 그름을 따지되 너희들이
옳고 그름의 답을 얼마나 알며, 누가

옳으며 누가 그른 것을 과연 얼마나
안다 말하는가?
10 너희들은 지금 여기에서 나의 법전이
세상에 나감이니, 수많은 사람들이 이
를 거부하며 이를 짓이기려 하며 이를
세상에 나오지 못하도록 함이니, 누가
적이며 누가 사탄이며 누가 너희들을
무너트리려 하는지를 모르고 있음이
니,
11 너희들이 어찌하여 나의 법전이요, 나
의 아들을 위시하여 하나로 뭉쳐 한
길을 가는 그 마음 외에 그 무엇도 생
각해서는 아니 되는 그 간단한 이치를
모르던가?
12 너희들이 하나의 마음이 되라 하였으
며, 하나의 마음이 되지 아니하면 아
무것도 이루어질 수 없음이니라.
13 너희들이 의심하고 반목하게 되면 끝
이 없으며 그와 같은 마음을 갖고 간
다면 하나가 될 수가 없으니,
14 나의 성전에서 나의 법전을 공부하며
나의 강론을 전하는 나의 아들이 하는
말이 무엇이 그리 잘못되었으며 그리
틀린 것이 있다 생각하는가?
15 또한, 너희들 마음속에서 하는 말이
너희 자신을 속이며 양심을 속이고 하
는 말이 아닌 것을 나 여호와가 알고
있음이니라.
16 다만, 너희들이 세상의 흐름을 모르는
것이며 변하는 것을 모르며 그 역사를
모름이니, 두 번 다시 너희들이 갑론
을박하는 일이 있어서는 아니 될 것이
니,
17 그리고 너희들이 나의 성전에서 고성
을 지르며 갑론을박하는 것이며 언성
을 높이는 그와 같은 행위는 어떠한
제자도 용납할 수 없음이니 그와 같은
일이 있어서는 아니 될 것이니,
18 오늘을 거울삼아 너희들이 바르게 살
아가는 길에 설 수 있도록 해야 함을
알아야 할 것이니라.

4,593 번째 하나님 말씀

2003년 1월 17일 23시 09분

1 사랑하는 나의 아들아!
2 "네, 아버님! 말씀하옵소서."
3 너희들이 살아가면서 나 여호와가 존
재하기에, 그리고 너희들이 살다 나에
게 와 심판을 받아 그 죄의 대가를 치
르는 그와 같은 것이 무섭고 두려운
마음으로 나를 믿으며 너희들이 구원
을 받고자 하는 그와 같은 생각을 하
지 말며, 그것이 두려워서 너희들이
변하는 그와 같은 삶을 살지 말라 내
가 말하였느니라.
4 그와 같은 마음으로 가면 너희들이 지
탱하고 가기가 너무 힘들고 어렵기 때
문이라 내가 그리 말하였느니라.
5 지금 너를 따르는 제자들과 이 법전을
보고 깨우친 백성 너희들은 알아야 할
것이니라.
6 너희들은 어떠한 일이 있어도 구원을
받으며 하늘에 오르겠다는 그와 같은
생각을 버려야 함을 알라.
7 어떠한 일이 있어도 하늘에 오르며 구
원을 받는 그와 같은 길을 가겠다는
그 마음을 갖고 믿음의 길을 간다는
것은 너희들이 거래하고자 하는 자들
과 무엇이 다르던가?

8 다 너희들의 욕심이니라.
9 하늘에 오르고 못 오르는 것은 나 여
호와의 주관이며 나 여호와의 뜻이라
너희들이 그를 믿고 아름답고 착하게
살아가는 그곳에만 전념을 다하라.
10 그 길만이 너희들이 하늘에 오르는 길
이니,
11 너희들이 하늘에 오르기 위하여, 구원
을 꼭 받기 위하여, 너희들이 천국이
라는 내 품에 오기 위하여 너희들이
그것을 의식하고 생활하며 그것을 의
식하고 살아가며 그와 같은 마음으로
써 너희들이 연연하여 믿음의 길을 간
다면 너희들은 또한 바로 설 수 있는
믿음으로 갈 수 없음이니라.
12 그러한 계산 저러한 계산, 이것을 바
라며 저것을 바라며 그것을 이루기
위해서 한다는 것은 금화와 은화를
바치며 너희 모두를 바치며 눈물로써
소원하고 달라 기도하는 자들과 무엇
이 다르던가?
13 너희들은 그러한 생각을 다 저버리라.
14 꼭 너희들이 구원을 받겠다는 생각도
저버리며, 천국에 오르겠다는 생각도
저버리며, 내 품에 오겠다는 생각도
저버리라.
15 그저 너희들은 '하나님의 계명대로,
법전대로 그를 지키고 열심히 살아가
면 창조주이신 아버지께서 우리를 구
원하고 구원하지 아니할 것이다. 그때
그 처분을 바라며, 창조주요, 보내신
이의 뜻에 따라 그저 그분의 처분만을
바란다.'는 그와 같은 마음을 가지며,
'그분의 뜻에 어긋나지 않는 삶을 사
는 데 최선을 다한다.'는 그와 같은 생
각으로써 살아가다 보면 나에게 오를
수 있느니라.
16 내가 너희들에게 말하지 아니하였느
냐?
17 너희들이 멀고도 먼 길을 달려와 월계
관을 쓰는 그 장거리를 달리는 선수가
그 월계관을 쓰며 우승의 순간만을 생
각하며 달리는 자는 결코 우승을 할
수 없다 하였음이니라.
18 그저 있는 힘을 다하여 열심히 달리고
또 달리고 달렸을 때 그가 우승의 영
예를 차지할 수 있는 것이라 내가 너
희들에게 일찍 그 뜻을 깨우쳐 주었듯
이,
19 하늘에 오르는 것도 너희들이 꼭 가야
겠다, 그리고 이루어야겠다는 온갖
생각을 하고서 너희들이 그 믿음의 길
을 가면 아니 됨이니라.
20 너희 마음이 하얀 눈처럼 변하듯이 아
무것도 바라지 않은 깨끗한 그 마음으
로 살아가도록 그리하라.
21 먼저 너희들이 계산되지 아니하며 생
각지 않는 그 삶이야말로 나 여호와를
위한 뜻에 사는 삶이며 가장 아름다운
삶이니라.
22 무엇인가 계산을 두고 무엇인가 이루
겠다 생각하며 무엇인가를 얻겠다는
그와 같은 생각을 하고 너희들이 믿음
을 간다면 울고불고 광란의 짓을 하며
소원을 빌며 이루어 달라, 그리고 또
달라 말하는 그들과 무엇이 다르던가?
23 이제 너희들이 나의 뜻을 알아들을 수
있을 만큼 깨달음이 있으며 내가 이제
그와 같은 말을 해도 깨달음을 알 수
있을 것이기에 내가 오늘 나의 아들을

통하여 너희들에게 깨우쳐 줌이니,
24 꼭 오르겠다, 꼭 구원을 받아야 되겠
다, 그리고 꼭 내 품에 올라가겠다는
그와 같은 생각을 오늘서부터 너희들
은 버리라.
25 그와 같은 생각을 다 버리고 너희들이
나의 계명이요, 나의 뜻대로 사는 것
이 나 여호와가 세상에 너희들을 내려
보낸 그 은혜에 감사함이며,
26 그 뜻에 감사하고 너희들이 은혜를 갚
고자 하는 마음으로써, 그리고 너희들
의 생명을 내려 준 나 여호와에게 순
종하는 그와 같은 마음만을 가지고 살
아가도록 그리하라.
27 그리하여야만 너희들이 계산이 없는
마음이요, 장사하는 마음이 없음이니,
욕심이 없는 그 아름다운 마음임을 잊
지 말라.
28 이제 너희들은 그와 같은 경지에 오른
나의 아들을 따르는 제자들이니, 이
뜻을 알고 깨달을 수 있을 것이니라.

4,594 번째 하나님 말씀

2003년 1월 17일 23시 21분

1 사랑하는 나의 아들아!
2 "네, 아버님! 말씀하옵소서."
3 너희가 선을 행하며, 아름답고 고운
마음으로써 살아가며 행하는 것은 창
조주 나로부터 받은 것이며, 너희들이
본래 가지고 세상에 나간 그 마음이니
라.
4 그리하여 그와 같은 아름다운 마음으
로 살다 나에게 돌아오라, 그리하면
너희들이 돌아올 자리가 바로 나 여호
와의 천국의 그곳이거늘,
5 너희들이 나로부터 받아 나간 그 본래
의 아름다운 인성의 착한 습성을 다
버리고 또 짓밟고 그리고 그를 뒷전에
물려 내며, 육의 삶의 안락함과 쾌락
을 위해 살아가는 데 모든 역점을 두
는 것이 너희들이니라.
6 그리하여 너희들은 거짓 하고 악한 생
각, 악한 행동을 하는 것을 서슴없이
하고 있느니라.
7 그러면서 너희들이 또한 죄요, 잘못
가는 것이라는 것을 깨닫지 못하고 살
아가는 것이 나의 백성 너희들이 지금
살아가는 삶의 터전의 오늘의 형상이
니라.
8 너희들은 알아야 할 것이니라.
9 너희들이 거짓 하고 악한 생각, 악한
행동을 서슴없이 하는 것은 악이 너희
들에게 지시하는 것이며, 그리하여 너
희들은 악으로부터 명령을 받아 행하
는 자이니, 악의 후손이요, 악의 자식
임을 알아야 할 것이니라.
10 너희들은 모든 행동에 있어서 악마로
부터 받은 것은 이제 악마에게 되돌려
주는 그와 같은 피나는 훈련을 거듭하
지 아니하면 아니 됨을 알아야 할 것
이니라.
11 너희들이 사악한 행동이요, 잘못하는
그 모두는 악마로부터 받은 것이며 사
탄으로부터 받은 행동이니라.
12 너희들이 악마로부터 받은 것이요, 사
탄으로부터 받은 그 사악한 행동이요,
남으로부터 악한 짓이요, 남으로부터
추한 짓이요, 남으로부터 저주스런 말
을 듣는 그와 같은 모든 행위는 너희

들에게 내려 준 그 악마요, 사탄에게
되돌려 보내는 그와 같은 훈련을 너희
들이 반복하는 속에서 바로 설 수 있
다는 것을 알아야 할 것이니라.
13 너희들이 나로부터 받아 나간 곱고 아
름다운 인성의 삶을 살아가고자 하나,
이 세상에 모든 악마요, 악한 자들이
수없이 너희들의 가슴에 밀어닥치며
가슴에 밀고 들어오고자 하며 너희들
을 무너트리고자 함이니,
14 그와 같은 악을 악마에게 되돌려 주는
훈련을 계속 반복하고 또 반복하는 그
속에서만 너희들의 가슴에 선이 자리
를 잡으며,
15 너희들의 마음을 송두리째 무너트리
는 악의 뿌리를 근본적으로 뽑아 버릴
수 있음은 너희들이 악으로부터 받은
악한 마음을 선한 사랑으로써 몰아내
고 그들에게 되돌려 주는 그와 같은
반복 훈련을 거듭하고 거듭하는 속에
서 너희가 하나하나 변화되면서 선을
추구하게 되며, 나에게 오를 수 있는
길을 보게 됨을 알아야 할 것이니라.
16 나의 사랑하는 백성 너희들은 살아가
면서 천사와 같이 선하고 착한 사람은
하늘에서 내린 사람이라 말하느니라.
17 남에게 폐를 끼치지 아니하며 항상 아
름다운 마음으로써 살아가는 백성이
요, 그리고 남들에게 칭송을 받는 자
요, 그리고 제가 손해 보는 듯하면서
웃음으로써 모두를 다 이해하고 살아
가는 그와 같은 사람들을 너희들은 하
늘에서 내린 자라 그리 말하느니라.
18 그리고 사악한 자요, 악랄한 자요, 살
인하는 자요, 거짓 하는 자요, 남의 잘
못되는 것을 기뻐하며, 시기하고 질투
하며, 남들이 앞에 가는 것을 보지 못
하는 그와 같은 마음을 가진 자를 너
희들은 뭐라 말하는가?
19 저와 같은 인간이 세상에 어찌 나왔는
가, 사악한 악마의 자식이요, 사탄의
자식이라 너희들은 서슴없이 말하며,
그러한 인간이 세상에 나온 것을 저주
하며, 차라리 나오지 아니했어야 할
것이라 그리 너희들은 저주하느니라.
20 그는 악마의 마음을 몰아내지 못함이
니라.
21 그와 같은 소리를 듣는 것은 스스로
악마가 지시하는 그 사악한 사탄이요,
악마의 마음을 스스로 몰아낼 수 있는
의지와 힘이 없기 때문이니,
22 너희들은 그를 몰아내는 훈련을 반복
하고 또 반복하여 바로 서 너희 영혼
을 구원하는 그와 같은 삶을 살아야
함을 잊어서는 아니 됨을 알라.
23 지금의 모든 종교 집단은 나 여호와
창조주가 임했을 때 모두는 승자가 된
다고 말하며, 나 여호와요, 나의 아들
의 이름을 부르며, 나 여호와가 너희
들에게 임했을 때 너희들은 모두를 다
얻게 되며 소원을 이루게 되며, 너희
들이 하고자 하는 것은 다 이루어진다
그리 나의 피조물 만백성에게 가르치
느니라.
24 그리고 나에게 기도하며 나에게 소원
하며 그리고 재물을 바치며 너희들이
그 대가를 얻고자 할 때 나 여호와는
너희들에게 준다 말하느니라.
25 사악한 종교 지도자가 너희들이 하나
를 바치면 나 여호와요, 나의 아들 예

수가 너희들에게 열배 백배를 주며,
너희들의 창고에 금화와 은화를 그득
히 쌓아 놓는다, 그 축복을 내린다고
그리 가르치고 있음이니라.
26 창조주 내가 임하여야만 너희들이 역
사하며 너희들은 승자가 되며, 나의
아들의 이름을 부르며 나를 찾는 곳에
만 너희들이 승자가 된다 가르치고
있음이니,
27 그는 너희들이 몰라도 너무도 모르는
것이며, 나를 능멸 하는 그와 같은 행
위임을 알아야 할 것이니라.
28 모두는 나에게서 역사하며 이루어진
다 그리 가르치니, 너희들은 그저 나
만을 부르며 나의 아들 예수를 부르
며, 너희들의 행함은 뒷전으로 미루는
그와 같은 길을 가고 있으니, 너희들
은 나와는 아무런 관계도 없는 길을
지금 달려가고 있다 함이 여기에 있느
니라.
29 너희들이 정녕 나로부터 은혜를 입으
며 나로부터 뜻을 이루며 너희들이 소
원하는 것을 얻고자 한다면, 나의 계
명대로 살며 너희들에게 내가 깨우쳐
하늘에 오르는 근본이라는 '사랑'이라
는 것을 먼저 행하며, 너희들이 나의
법전대로 변화되어 가는 그와 같은
피나는 노력의 삶을 살아가면서 너희
마음에 몰아닥치는 그 많은 악의 뿌리
를 몰아내는 강한 훈련을 반복하고,
또한 너희들이 강한 훈련 속에서 인내
하고 견디는 자, 그와 같은 훈련을 너
희들이 먼저 하며 그와 같은 방법을
너희들이 먼저 깨우쳐야 하며, 너희들
이 깨우치도록 먼저 그리 가르쳐야 함
을 알아야 할 것이니라.
30 너희들이 얼마만큼 아름답고 선하게
살아가고자 하며 나의 계명대로 살아
가느냐에 따라, 그리고 너희들에게 몰
아닥치는 그 악한 마음을 순간순간에
다 몰아내고 밀어내는 그와 같은 강한
훈련을 하고 살아가는 자를 내가 선택
함이니, 그들이 하는 기도를 내가 들
어줌이요,
31 말로 수다를 떨며 그저 말로 믿으면
모든 걸 다 이루어 주는 것처럼, 그리
고 금화와 은화를 너희들이 만든 성전
에 많이 바치는 자 그대로 열배 백배
더 축복을 내려준다는 그 말을 듣고
믿는 어리석은 백성들은 나의 아들딸
이 아니며, 나와는 관계도 없는 그 길
로 달려가는 어리석은 백성임을 너희
들은 알아야 할 것이니라.
32 먼저 너희들이 변하는 그 노력을 해야
만 함이니, 나의 피조물 만백성에게
너희들이 구원을 받는 것이요, 그리고
바치는 것만큼 열배 백배 준다 말하
지 말며,
33 그들이 계명을 지키는 방법이요, 나의
법전을 읽고 선한 마음이요, 내가 원
하는 백성으로 변해져 살아가는 그 기
초요, 근본부터 가르치는 데 최선을
다해야 할 것이니,
34 오늘의 종파의 그 믿음에서 너희들이
대변화의 개혁을 이루지 아니하면 너
희들은 영원히 나하고 관계없는 백성
임을 알라.
35 너희들 인간사회 세속에도 너희들이
말하느니라.
36 자식을 사랑하며 자식을 아끼고 그 자

식의 미래를 걱정하는 부모라면 고기
를 먹여 주고 먹는 방법을 가르치는
것이 아니라, 힘들고 어렵다 하여도
그 고기를 잡는 방법을 가르치는 것이
너희 자식을 사랑하는 것이며, 너희
자식이 홀로 설 수 있으며 어렵고 힘
든 세파 속에서 승자가 되는 길이라고
가르치면서,
37 어찌하여 믿음은 그와 같이 너희들이
구원을 받는 기초요, 근본이 무엇인가
를 깨우쳐 주는 것이 아니라, 말로써
수다를 떨며 말로써 나의 아들을 부르
며 나를 부르며 그리하면 모든 건 다
이루어지며, 너희들이 금화와 은화를
잘못 가르치는 사악한 종교 지도자 앞
에 갖다 바치면 열배 백배 준다 하며,
하늘에 많이 쌓아 놓으며 쌓아 놓는
만큼 축복을 받는다 하는가?
38 그와 같이 너희들이 행함은 너희들이
사악함이요, 사탄보다도 더 모진 짓을
하며,
39 너희들이 말로만 가서 바치고 말로써
기도하고 경배하는 것으로써 구원을
받고 천국에 오를 수 있다 하는 천국
에 오르는 그 환상부터 먼저 가르치는
그 사악한 수법을 버리도록 하며,
40 그 사악한 수법에 '아멘!'이요, 광란의
소리를 지르며 축복받았다, 은혜받았
다 소리 지르는 자, 그들은 나의 아들
딸이 아님을 명심해서 들으라.

4,595 번째 하나님 말씀

2003년 1월 17일 23시 31분

1 사랑하는 나의 아들아!
2 "네, 아버님! 말씀하옵소서."
3 너희들이 행동하는 것은 뒷전이요, 말
로만 구원을 부르짖는 것이 지금의 믿
음의 길을 가는 백성들이니라.
4 그들이 행동하지 아니하며 말로써 부
르짖는 그 부르짖음은 허공의 메아리
로서 날아감이니라.
5 너희들이 행함을 쌓는 것은, 하나하나
벽돌이 쌓이듯이 너희들에게 그 상이
쌓임을 알아야 할 것이니라.
6 지금 너희는 나의 아들 예수의 보혈
로써 구원을 받았다 하며, 손으로 지
은 성전에 가 울고불고 기도하고 경
배하면 축복받으며 은혜를 받으며, 너
희들이 일주일 동안 지은 죄를 너희들
이 안식이라는 날에 가서 기도하고 경
배하며 그 죄를 용서 빌며 회개를 하
면 구원을 받는다 말하는 그 백성이나,
7 휴거라 하여 너희들이 그대로 들림으
로 하늘에 올라와 내 앞에 올 수 있다
는 망상에 젖어 있는 그 백성과 무엇
이 다르던가?
8 너희들은 그와 같은 믿음에서 깨어나
야 할 것이니라.
9 지금 너희들이 예수의 보혈로써 행함
이 없이 구원을 받았다는 자들, 휴거
라 하여 들림을 받는다는 백성, 너희
는 알아야 할 것이니라.
10 내가 새로 내리는 성경이 세상에 내려
와 그때 그를 보고 깨우치는 대변혁의
역사가 이루어지니, 그 변화되는 역사
를 시작하는 그 백성이요, 그를 보고
깨우치는 백성이요, 나의 법전이요,
새로 내린 성경이 나 여호와의 뜻이란
그 의미를 깨우쳐 바로 살아가고자 하

는 그 백성이 나올 때, 그들이 바로 무엇인지 아는가?

11 나로부터 구원을 받은 자요, 너희들이 휴거요, 들림이 되는 것이니 그리 알아야 할 것이니라.

12 내가 내리는 새로운 성경을 보고 깨우쳐 그를 행하는 그 순간부터 너희들이 휴거가 된다는 것을 알라.

13 그리고 너희들이 구원을 받는다는 것을 알라.

14 그렇지 아니하고는 너희들은 정녕 구원의 길을 볼 수도 없음을 알라.

15 심판의 시대에 새로운 성경이 내려온 그 시대가 시작됨이니라.

16 나로부터 선택된 백성, 법전을 읽고 새로운 성경을 전도하는, 새 시대에 내가 이루고자 하는 그 역사에 동참하는 나의 백성, 그리고 나의 법전을 읽고 깨우쳐,

17 남들이 보지 아니할 때 이단이요, 사탄이라 하며 나의 법전을 찢어 버리고 태우는 그 속에서,

18 이는 나 여호와의 진정한 창조주의 성령이요, 나 여호와가 가슴을 태워 마지막 시대에 심판이라 하여 내리는 나의 뜻이라 하여 그를 무섭게 받아들이며,

19 나의 아들을 통하여 너희들에게 내리는 그 강론을 듣고 들어 깨우친 그 백성이 이 세상의 가장 고위 성직자로서 등록됨을 알라.

20 이 세상 어떠한 성직자도 고위 성직자라 하는 자는, 나의 법전을 읽고 깨우치며 나의 아들을 통하여 강론을 듣고 배우는 그 제자들보다 더 높고 고귀한 성직자가 없음이니, 그들 앞에서 고위 성직자라는 말을 감히 쓰지 말라.

21 그들이야말로 나의 뜻을 따라 그것을 전하며 진정한 지도자로서 만백성을 구하는 길에 설 것이며, 그들로 하여금 깨우치는 백성, 그들의 후손으로 하여금 내가 천 년에 걸쳐 새로운 역사를 이루고자 하는 새 시대가 역사됨을 너희들은 알아야 할 것이니라.

22 나의 법전 즉, 새로운 성경을 갖고 깨우치며 인도하는 그 백성을 말함을 너희들이 알아야 할 것이니라.

23 너희들이 말하는 14만의 그 정예 요원이라는 그들 또한 어떠한 백성인 줄 아는가?

24 지금 새로운 시대에 새로운 성경이 내려와 나의 법전이 세상에 내려감이니, 이는 곧 내가 주관하며 내가 같이함이니라.

25 그리하여 나의 법전을 읽고 깨우친 그 지도자들이야말로 내가 직접 관장하는 선택된 백성이니, 그들이 바로 정예 요원의 14만임을 알라.

26 그들이 특별히 구원을 받고 그들만이 영광의 혜택을 받는 것이 아니라, 그들은 십자가를 짊어지고 가는 그와 같은 고통과 어려운 가시밭길을 마다하지 아니하며 나의 법전을 전국에 전하고 전하여, 그를 보고 깨우치는 의인을 육성하는 지도자로서 그들이 선택되는 백성임을 알라.

27 구약과 신약의 시대는 너희들이 구원이 무엇인가 그것을 가르치는 것이며, 그 속에서 너희들이 얼마만큼 변화했으며, 얼마만큼 깨우쳐 왔으며, 바로

나의 뜻을 듣고 너희들이 변하여 왔는
가?
28 곧 심판하는 이 시대요, 제3의 시대에
심판의 기준인 새로운 성경이 내려가
는 그 시대가 열릴 때 그 모든 역사가
이루어짐이니, 14만의 그 정예부대 또
한 나의 아들의 강론을 들으며 나의
법전을 읽고 깨우치며 나의 성령을 듣
는 지금 너의 제자들, 그들서부터 시
작함을 너희들은 알아야 할 것이니라.
29 그 누구도 이와 같은 역사를 이루지
아니하는 자, 이와 같이 깨달으며 공
부를 하지 않는 자, 14만의 정예요원
에 들어갈 수가 없음이니라.
30 새로 내려오는 성경을 보고 깨우치는
자가 당연히 14만의 정예 요원임을
알라.
31 새로운 시대가 열림이니 새로운 시대
의 법에 따르며, 나 여호와가 창조하
는 새 시대의 역사에 발을 맞출 수 있
는 자, 그리고 새로운 성경을 직접 듣
고 깨달음을 받는 그들이 지금 나오기
시작함이니,
32 지금까지 너희들이 믿고 온 백성 중에
서는 절대 있을 수 없음을 너희들은
알아야 할 것이니라.
33 휴거에 아직도 매력과 미련을 가진
많은 백성, 그 꿈에 젖어 있는 백성,
너희들은 깨우쳐야 할 것이니라.
34 휴거요, 들림이라는 것은 나의 법전을
읽고 깨우쳐 나의 뜻을 알며, 나 여호
와가 존재함을 알며, 내가 이루고자
하는 역사의 새 시대를 여는 그곳에
동참하는 자, 그게 바로 너희들이 휴
거됨이니,
35 내가 미리 앞에서 가르쳐 주었듯이 나
의 성령을 전하는 나의 법전을 읽고
깨우치는 그 순간에 너희들이 다시 태
어남이요, 새로 태어나는 자이기 때문
에 너희들이 휴거요, 나의 아들 예수
의 피로써 구원받았다는 그 영광을 얻
게 되는 것이니, 그 외에는 너희들이
구원의 길이 아님을 알라.
36 나의 법전을 접하여 읽어 보도록 그리
하라.
37 너희들이 나의 법전을 받아 읽고 또
읽어 봤을 때 그 뜻을 너희들이 알게
될 것이니, 그러면 너희들이 휴거가
얼마나 잘못된 것인지 알 것이니,
38 휴거라는 그 단어가 너희들의 육이 직
접 들림을 받아 하늘로 올라간다는 생
각을 한 것이 얼마나 어리석고 우매한
속에서 나온 것인가?
39 즉, 성경의 비유의 뜻을 너희들이 모
르기 때문이니라.
40 이 의미를 깊이 깨우쳐 너희들의 마음
을 다스리며, 환상에 젖어 있으며 아
직도 휴거에 휘말려 매력과 미련에 젖
어 있는 백성 너희들을 깨우치고자 내
가 다시 한 번 여기에 기록하여 전하
니, 이 뜻을 읽고 마음속에 깊은 변화
와 너희들이 스스로 변하는 은혜를 받
도록 그리하라, 사랑하는 나의 백성들
아!

4,596 번째 하나님 말씀

2003년 1월 17일 23시 43분

1 사랑하는 나의 아들아!
2 "네, 아버님! 말씀하옵소서."

3 너희들이 부활의 의미를 어찌 두고 있
으며 부활의 의미를 어찌 생각하는가?
4 너희들은 그저 부활이라 하여 죽은 자
가운데서 죽은 자가 다시 태어나 살아
나오는 그와 같은 의식 속에서 벗어나
지 못하고 있음이니라.
5 이제 너희들이 부활이라는 것은 죽어
간 육이 다시 새로 태어난다는 그와
같은 의식을 버려야 할 것이며, 그 의
식 속에서 벗어날 때가 되었음을 알라.
6 너희 육은 죽어 감이니 육은 한 번 죽
으면 썩어짐이니라.
7 그리고 한 줌의 흙으로 돌아감이니 너
희 육의 그 형태는 찾아볼 수 없음이
니라.
8 그 육이 부활한다면, 과연 너희들은
어떤 의미가 있다 생각하는가?
9 그는 부활의 의미가 아님을 알아야 할
것이니라.
10 너희가 육으로써 살 때의 그 자체요,
그와 같은 형국으로 너희들이 죽어서
다시 태어남이 아님을 알라.
11 부활이란 바로 무엇이던가?
12 너희들이 육으로써 살아가며 세속에
살아가는 그 삶 속에서 알고 지은 죄,
모르고 지은 죄, 그 죄의 대가를 지옥
에 가서 반드시 갚아야 할 것이며, 그
벌에 따라 그 대가를 치르는 것이 너
희들이 벗어날 수 없는 길이니라.
13 그러나 너희들이 그와 같은 지옥 불로
가는 그 잘못된 삶 속에서 십계명을
지키는 마음으로 변하며 나의 법전을
읽고 깨우치는 마음으로 변하며 나 여
호와의 심성이요, 성품을 닮아 가고자
아름답게 변해 가는 그 백성이 다시
태어남이니,
14 육이 존재하는 속에서 너희들의 마음
이 악한 마음에서 선한 마음으로 완전
히 바뀌어 새사람이 되는 것이 바로
부활의 의미임을 알아야 할 것이니라.
15 그리하여 육의 세상에서 사악한 마음
을 버리고 새로 태어난 사람으로서 새
롭게 변화되는 것이니, 육의 세상에
그 부활의 의미를 너희들이 거기다 두
어야 할 것이며,
16 너희들이 죽어서 나에게 와 심판을 받
고 거듭 태어나는 부활이라고 그리 생
각하지 말라.
17 너희들이 죽어 나에게 와 심판을 받으
며 다시 태어나는 것에 부활의 의미를
두지 말라.
18 그리고 그와 같은 생각을 너희들이 이
제는 거둬들여야 할 때가 되었음을 알
아야 할 것이니라.
19 육의 세상에서 부활이요, 그리하여 그
와 같이 사람이 하얀 마음이요, 천사
와 같은 마음으로 너희들이 사악한 마
음을 다 뽑아 버리며 그리 변화되었을
때 부활이 시작되는 것이며, 그와 같
이 육에서 부활을 얻은 자, 영원히 구
원하는 길에 너희들의 영혼이 또한 부
활됨을 알아야 할 것이니라.
20 이제 부활의 그 의미를 너희들이 깨우
쳐야 할 것이니라.
21 육의 삶에서 너희들이 얼마나 행함이
중한가! 그 행함으로 인하여 너희들
이 죽은 자 가운데서 다시 태어나는
그와 같은 역사가 이루어지는 것을 알
아야 할 것이니라.
22 너희들은 하루에도 수백수천 번씩 죽

어 가는 자들이니라.
23 내가 너희들에게 뭐라 말하였느냐?
24 작은 죄를 하나 짓는 것이 너희들이 사탄이요, 사악한 자가 된다 하였으니, 작은 죄를 짓는 그 순간에 너희는 죽은 자니, 하루에 너희들이 죄를 수십 번, 수백 번씩 지을 때마다 너희들은 죽은 자가 되는 것이니라.
25 그리하여 너희들이 선한 마음으로 또 고쳐 돌아섰을 때 너희들이 사는 것이니, 그게 육의 세상에서 부활의 의미이며 부활임을 알라.
26 그와 같이 육의 세상에 다시 태어나는 사람으로서 부활의 영광을 얻은 자가 영원히 사는 영혼이 부활하는 그와 같은 역사를 이룸이니, 너희들이 부활의 의미를 이와 같은 것에서 찾아야 할 것이며, 이와 같이 깨달아야 할 것이니라.
27 부활이라는 것이 너희들이 죽은 자 가운데서 다시 태어난다 하는, 그와 같이 부활의 의미를 한곳에 묶어 두어 너희들이 깨달음을 얻지 못하는 그와 같은 어리석은 백성으로서 살아가지 말라.

4,597 번째 하나님 말씀

2003년 1월 17일 23시 54분

1 사랑하는 나의 아들아!
2 "네, 아버님! 말씀하옵소서."
3 지금의 믿음의 길을 가는 백성이요, 구원을 받겠다고 울부짖으며 몸부림치는 그 백성, 그리고 저희들이 죄가 되는 줄도 모르며 각종 헌금이요, 십일조요, 재물을 갖다 내 것을 마음대로 남용하며 바치며 그것으로써 하늘의 표를 사고자 발버둥치는 백성들을 이용하여 지금 재물을 갈취하며 끌고 가는 잘못된 종교 지도자들,
4 그들이 성서의 그 의미를 보지도 아니하며 그를 바로 가르치지 못하는 그 행위를 내가 너희들에게 깨우쳐 주었음이니,
5 내가 너희들에게 그리 말하며 지금의 가는 종교 집단이 잘못되었으며 나와는 관계없다 했으며,
6 성경의 비유의 뜻을 모르고 성경에 기록된 그 의미를 어렵고 힘든 것은 몰라라 하며 집어던지며, 저희들에게 유리한 것만을 가지고 그리 가르치며, 하늘의 뜻이니 절대복종하며 따르라, 맹종하라 그리 가르친다 하였음이니,
7 내가 나의 아들 예수를 통하여 너희에게 전하며 가르친 그 한 구절을 어찌하여 그를 읽어 깨우치려 하지 않는가?
8 나의 아들을 통하여 전하기를, '진실로 진실로 너희에게 이르노니 사람이 거듭나지 아니하면 나 여호와의 하늘나라를 볼 수 없다.' 그리 가르쳐 기록되었음이니,
9 너희들이 거듭나지 아니하며 변화되는 삶을 살지 아니한다면 너희들이 하늘나라를 볼 수 없다 그리 말하여 성경에 기록하여 너희들에게 깨우쳐 주었음이니라.
10 그러나 너희들은 그 의미를 만백성에 깨우쳐 주지 아니함이니라.
11 너희들이 그 혼탁한 마음이요, 사악한 마음이요, 욕심이요, 그를 버리지 못

하고 살아가는 너희들의 지금 형태로
써는 나에게 오를 수 없으며 구원을
받을 수 없다는 그 뜻이니,
12 지금에 사는 그 악의 마음에서 천사와
같이 선한 마음으로 나 여호와의 심성
과 같이 거듭나지 아니하면 아니 되
니, 그 거듭나는 고통이 얼마나 험난
하고 힘들고 어려운 길이던가?
13 누구도 감히 견딜 수 없는 그 어렵고
힘든 길이요, 너희들이 지금까지 살아
온 모든 관습이요, 폐습이요, 잘못된
것을 다 버리고 새로운 사람으로 태어
났을 때, 그때만이 너희들이 바로 하
늘에 오르는 길을 볼 수 있다 그리 가
르쳤음이니라.
14 그리고 그리 기록되었음이니라.
15 너희들이 하늘나라를 볼 수 있다 내
가 너희들에게 그리 전하였음이니라.
16 그러니 너희들이 거듭 태어나는 자만
이 하늘나라를 볼 수 있는 것이라 내
가 말하였으니, 내가 뭐라 말하였더냐?
17 나의 법전에 너희들에게 가르치기를,
너희들이 나 여호와가 존재함을 알며
나의 법전을 가슴에 안고 정독하는 자
는 그를 정독하기에 그대로 시행하고
지키고 살아가고자 하는 자이니 그와
같은 백성이 반석 위에 섬이며, 반석
위에 서서 하늘에 오르는 그 길을 볼
수 있는 영광을 얻는다 하였음이니,
18 너희들이 지금까지 살아오던 모든 삶
을 다 뒤바꿔 오른쪽으로 도는 팽이를
왼쪽으로 돌리는 그와 같은 삶으로 거
듭 태어나야 한다 하였음이니, 그와
같이 거듭 태어나는 자만이 하늘나라
를 볼 수 있다 말하였음이니라.
19 하늘에 오르는 것이요, 하늘나라를 쳐
다볼 수 있다 그리 가르쳤음이니, 너
희들은 나의 법전이요, 새로운 성경이
가르치는 그 의미를 깊이 여기서 새겨
야 할 것이며,
20 나 여호와가 너희들에게 기록하여 전
하는 성경의 뜻을 너희들이 알아야 할
것이니라.
21 그러나 지금 너희들의 삶이 어떠하던
가?
22 너희들이 가고 있는 모든 믿음이요,
너희들이 살아가는 그 삶을 반대로 바
꾸는, 그리고 반대로 살아가는 그와
같은 노력 속에서 너희들이 새로 태어
나는 즉, 변화된 삶을 살지 아니하면
너희들은 하늘에 구원을 받는 것이 아
니요, 하늘에 오르는 길을 볼 수 없다
내가 성서에다 그리 가르쳐 놓았으니,
23 너희들이 하늘에 오르는 그 하늘을 보
는 길은, 하늘에 오르는 길이요, 하늘
을 쳐다볼 수 있는 그 영광은 너희들
이 다시 태어나는 그 어렵고 힘든 삶
으로 그를 볼 수 있으며 그리하여도
너희들이 하늘에 오를 수 없음이니,
24 그를 깨달아 행하고 실천하는 삶을 사
는 자만이 이제 하늘에 오를 수 있는
것이거늘, 너희는 지금 어찌 말하는가?
25 너희는 거듭나는 그 고통의 길을 가려
고 생각지도 아니하며, 너희들이 다시
태어나며 거듭나는 그 변화되는 어렵
고 힘든 길을 가려고 생각지도 아니하
며, 천사와 같은 행동과 행함과 마음
을 가지고 살아가는 것이 아니니라.
26 너희들이 그와 같이 얼마나 어렵고 힘
든 길을 가야만 다시 태어나는 그 영

광의 길을 볼 수 있는 것이며 구원의
길을 갈 수 있는 것인가를 한번 돌이
켜 생각해 보지 아니하면 아니 될 때
가 되었음을 알라.
27 너희는 행함도 없이, 실천함도 없이,
베풂도 없이 그저 구원을 받는다 그
리 말하고 있음이니, 너희들이 나와는
관계도 없으며 구원이 아니요, 지옥
불로 간다 내가 그리 너희들에게 전
하였음이니라.
28 너희들이 나의 십계명에 있는 그 내용
을 지키고 살아오는 것이, 그 변화되
는 삶을 사는 자만이 하늘에 오르는
길을 볼 수 있다 하였거늘, 너희들은
지금 뭐라 말하고 어떠한 착각 속에서
살아가고 있는가?
29 너희들은 나로부터 완전히 구원받은
자요, 나의 아들 예수의 보혈로써 구
원을 받았다 하니, 너희들은 나의 아
들 예수의 보혈로써 너희들이 다 구원
받으며 하늘의 천국의 문을 들어올 수
있는 자격을 갖춘 자라 함이니, 이 얼
마나 너희들이 황당한 짓을 하고 있으
며, 황당무계한 짓을 또 가르치고 있
으며, 너희들이 지금 궤변의 헛소리를
지껄이는 것을 알고 있는가?
30 너희들이 상상할 수도 없으며 있을 수
도 없는 그와 같은 허황되고 황당한
말은 누가 만들어 냈으며, 누가 이와
같은 헛소리로 하여금 나의 피조물 만
백성을 가르치는 것인가?
31 그게 옳다 하여 '할렐루야!', '아멘!'이
요, 축복받았다 소리 지르며 울고불고
광란의 짓을 하며 너희들이 만든 성전
에 와서 기도하지 않은 자를 인간으로
서 취급도 하지 아니하며 그를 경원시
하며,
32 그들은 지옥으로 갈 것이며 너희들만
이 특별히 천국에 가는 위대한 백성인
줄 착각하고 살고 있음이니, 그 착각
이 얼마나 무서운 줄 알고 있는가?
33 너희들을 착각 속에 살아가도록 했으
며 그 착각 속에 묶어 놓았으며 그 환
상 속에서 깨어나지 못하도록 그 말을
만들고 전하도록 한 것은 누가 했는지
아는가?
34 사탄이요, 사악한 악마가 만들어 냈음
을 너희들은 알아야 할 것이니라.
35 사탄이요, 사악한 악마들이 그리 만들
어 놓아 나의 백성을 파멸로 인도하며
지옥 불로 인도하며, 구원의 길이 아
닌 사탄이 저희들의 손아귀에 쥐고 너
희들을 그들이 마음대로 흔들고자 이
허황된 소리요, 이 헛소리요, 이 망령
된 소리요, 나 여호와를 능멸하는 이
와 같은 말들을, 그리고 나의 아들 예
수를 고통 속에 몰아넣고 또 더 견디
지 못하도록 몰고 가는 것이 그 사탄
이요, 사악한 자들이 만든 그 말임을
너희들은 알아야 할 것이니, 바로 깨
우쳐 구원의 길을 보도록 그리하라.

4,598 번째 하나님 말씀

2003년 1월 18일 0시

1 사랑하는 나의 아들아!
2 "네, 아버님! 말씀하옵소서."
3 나의 아들을 통하여 너희들을 깨우치
기 위해 성경에 기록하여 전하였음이
니, '진실로 진실로 너희에게 이르나

니 사람이 물과 성령으로 나지 않으면
하늘나라에 들어갈 수 없느니라.' 내
가 그리 명확히 기록하여 너희들에게
전하였음이니라.
4 물과 성령으로 나지 않으면 너희들은
하늘나라에 들어갈 수 없다 그리 전
하였음이니, 너희들은 그 의미를 알고
있는가?
5 너희들이 지금같이 혼탁하고 험악한
삶을 사는 것으로써는 하늘나라에 올
수가 없다는 것을 깨우쳐 주었음이니
라.
6 그러니 너희들은 변화되는 삶이요, 아
름다운 삶을 실천하는 그와 같은 삶을
살아가지 아니하며, 말로써만 구원을
받았다 하며, 너희들이 재물이 가는
곳에 마음이 간다 하여 재물만 그저
너희들이 지은 성전에 많이 바치면 구
원받으며 거기에 따라 너희들이 물건
을 사는 것처럼 은혜를 살 수 있다 그
리 생각하고 어리석은 믿음으로 가고
있음이니,
7 너희들은 여기서 기록되어 말하기를
물은 무엇을 의미함인가?
8 생명수요, 먹어서 쓸 수 있는 그 깨끗
하고 순수한 물을 말함이니, 그것이
너희들의 마음의 자세요, 너희들이 그
와 같은 성격으로 변화되어야 한다는
뜻이며,
9 내가 내린 그 성령이요, 거기에 무엇
으로 변질되지 아니하고 변화되지 아
니한 나의 진정한 성령으로써 너희들
이 합쳐진 사람으로서 되었을 때, 너
희들이 하늘에 오를 수 있다는 의미를
여기서 말함이니라.
10 깨끗한 물이요, 생수에 내가 내린 그
성령과 같은, 그와 같이 아무것도 섞
이지 아니한 그 순수하고 깨끗함만이
너희들이 하늘에 오를 수 있는 길을
얻는 것이라 말하였음이니,
11 지금 나 여호와가 너희들에게 물어보
느니라.
12 너희들이 지금까지 살아오면서 과연
얼마만큼 아름답게 살아왔으며 얼마
나 물과 같이 깨끗한 마음속에서 나의
성령을 받아 너희들이 천사와 나의 심
성으로 변하여져 있는가?
13 곧 이는 천사의 마음이요, 물과 같은
곳에 성령이 내려짐이니, 이것이 곧
나 여호와 창조주의 마음이요, 나의
성품임을 너희들이 알아야 할 것이니
라.
14 그러니 너희들이 얼마나 깨끗하게 살
아왔으며 얼마나 순수하게 살아왔는
가?
15 너희들이 그렇다면 물과 성령으로써
만 된 사람이라면 너희들은 예수의 보
혈로써 그를 찾지 아니하여도 구원을
받을 수 있다는 것을 알아야 할 것이
며,
16 여기서 너희들이 구원을 받는 것은 예
수의 보혈로써 구원을 받음이 아니요,
물과 같이 깨끗한 자 그 속에 성령으
로써 임하여 너희들이 구원을 받는 것
이 하늘에 오르는 길이라는 것을 내가
기록하여 놓았음이니,
17 이 대목을 너희들이 수없이 읽으며 수
없이 봤거늘, 어찌하여 이를 그리 바
로 가르치지 아니하는가? 그리하여
너희들의 행함이 얼마나 아름다워야

될 것인가를 알아야 할 것이니라.
18 너희들이 여기서 물과 같이 깨끗한 삶
을 살라는 것은 무엇이더냐?
19 너희들의 행함이요, 행동함이니라.
20 악의 유혹이요, 악이 원하는 것을 뿌
리치며 선을 선택하여 그 길만 살아가
는 자를 의미함이니, 과연 지금 악을
행하지 아니하며 선만 살아온 자 있는
가?
21 선을 행하지 아니하고 악을 행하고 온
자들이 나의 이름이요, 나의 아들 이
름으로써 구원받는다 그리 울부짖으
니, 그 잘못된 백성 너희들은 오늘의
성서에 기록되어 있는 이 대목을 직접
찾아 읽어 보도록 그리하라.
22 새로운 성경이요, 새로운 나의 법전을
읽지 아니하면 너희들이 물과 같이 깨
끗한 마음으로 변할 길이 없으며 변화
될 수가 없음이니라.
23 그리하여 내가 새로운 성경으로써 너
희들이 천사와 같이 되는 기본이요,
근본을 내려보냄이니, 이를 읽는 자만
이 구원을 받는다는 것이 나의 뜻이니
라.
24 너희들은 이 성경의 구절을 다시 읽어
그 의미를 깊이 깨우치라.
25 너희들이 깨끗하지 아니한 자 구원을
받을 수 없으며 하늘에 오를 수 없다
는 내가 기록해 놓은 그 뜻을 읽고 또
읽어, 너희들이 지금 말로써 수다를
떨며 눈물지으며 광란의 짓을 하며 악
을 쓰고 부르는 그 찬송으로써 구원을
받는 것이 아니요, 너희들이 광란의
짓이요, 정신 나간 광대 노릇을 하고
있는 것을 알아야 할 것이니라.
26 나는 이제 너희들의 그 광대 짓을 더
보고 싶지 아니하며, 그 광대 짓 하는
것을 더 이상 볼 수 없어 내가 심판의
시대를 열어 너희들을 심판하니,
27 이게 곧 새로운 성경이 너희들을 심판
하는 기본이요, 근본임을 잊지 말라.

4,599 번째 하나님 말씀

2003년 1월 18일 0시 25분

1 사랑하는 나의 아들아!
2 "네, 아버님! 말씀하옵소서."
3 성경에 기록되어 너희들에게 전하기
를, '내가 너에게 거듭나야 하겠다 하
는 말을 기이히 여기지 말라.' 하였음
이니, 이는 무슨 뜻인지 알겠는가?
4 너희들이 다시 태어나는 삶을 살지 아
니하면 너희들이 그리 갈구하고 원하
던 그 구원을 받을 수 없음을 내가 여
기다 너희에게 가르쳐 줌이니라.
5 너희들이 다시 구원의 길이요, 나로부
터 세상에 나가 너희들이 나간 그곳으
로 나의 품으로 돌아올 수 있는 것은,
너희들이 악의 뿌리를 뽑으며 선한 마
음으로 선한 자세로 변화되지 아니하
면 너희들은 올라올 수 없다 함을 말
하는 것이니라.
6 너희들은 모두가 살아가는 육의 세상
에서 너희들이 행함을 바르게 하며,
행동이요, 사랑을 실천하는 그 모두를
바르게 하지 아니하면 정녕 구원을 받
을 수 없다는 그 의미를 여기서 너희
들에게 깨우쳐 주고자 함이니, 그리
알아야 할 것이니라.
7 너희들이 다시 태어나는 삶이 얼마나

힘들고 어려운 길인지 알던가?
8 너희들이 나이를 먹으며 세속에서 살
아온 그 모든 경륜이요, 연륜을 다 저
버리며 새로 태어나는 삶을 살아야 함
이니,
9 이는 바로 세상에 아이가 태어나는
그와 같은 마음의 자세가 아니면 너희
들이 변화될 수 없는 것이니라.
10 그러니 너희들이 변화됨이 얼마나 어
렵고 힘들며, 너희들이 또한 살아가는
것이 어찌 살아가며 얼마나 잘못 살기
에 나 여호와가 다시 태어나지 아니하
면 너희들이 구원을 받을 수 없다 그
리 기록하여 전하겠는가?
11 그 뜻의 무서움을 너희들은 알아야 할
것이니라.
12 너희들은 말로써 구원을 받았다 소리
지르며 광란의 짓을 하기 전에, 너희
들의 행동이요, 행함이 얼마나 아름답
게 살며, 다시 태어나는 아이들처럼
천사처럼 살아가는 삶을 살고 있는가
돌아보라.
13 그렇지 아니하고 너희들이 죄를 지으
며 죄 속에서 오늘에 지은 죄를 내일
아침에 빌며 또 내일 지은 죄를 모레
아침에 빌어 다 용서를 받은 것처럼,
너희들이 하얀 천사의 마음이 된 것처
럼 착각 속에 살아가니, 그와 같은 어
리석은 삶을 살지 말아야 할 것이니라.
14 너희들이 한 번 저지른 죄를 회개하
면 두 번 다시 그 일을 반복해서도 아
니 되며, 너희들이 죄라 알고 깨우쳐
행한 것을 너희들이 알면서 반복해서
도 아니 됨이니라.
15 그와 같이 너희들이 잘못된 것을 단절
하며 잘못된 것을 몰아내는 그 강도
높은 훈련의 마음 자세가 아니면 너희
들이 거듭 태어날 수가 없음이니, 거
듭 태어나지 못한 자 구원을 받을 수
없음이니,
16 이와 같은 나의 가르침의 뜻을 너희들
이 깊이 새겨 행하도록 해야 할 것이
니라.
17 내가 또한 성서에 기록하여 너희들에
게 말하였느니라.
18 '바람이 불어 올 때 네가 그 소리는 들
어도 어디서 오며 어디로 가는지 알지
못하나니' 그와 같이 깨우쳐 너희에게
세상사 이치를 가르쳐 주고자 함이니
라.
19 나의 뜻에 따르는 백성이요, 나의 뜻
에 따르는 지도자요, 너희들이 어디서
가는지 알지 못하나니, 성령으로 난
사람은 다 이러한 삶을 사는 것이라
그리 가르침이니,
20 성령으로 잉태해 성령으로 다시 태어
난 백성은 어떠한 삶을 사는가?
21 나 여호와로부터 선택되어 성령으로
써 충만된 자는 다시 태어난 사람을
말하는 것이며 다시 태어난 백성을 말
함이니라.
22 세상사 모든 것을 너희들이 어디까지
알며, 너희들이 과연 무엇이 어찌 되
는지 그 흐름을 아는가? 모르는 너희
들이 세상사 모두를 갖고 시시비비하
지 말며,
23 너희들이 안내하는 자요, 지도하는 자
요, 너희들만이 축복받으며 하늘의 뜻
을 아는 것처럼 너희들 자신이 아무것
도 알지 못하면서 너희 스스로 모두를

다 아는 것 같은 거짓된 행동으로써
나의 백성을 이끌어 가는 것이 아니요,
24 정녕 나의 성령으로써 임한 백성은 그
들이 존재하는지 존재하지 아니하는
지 알지 못하도록, 만백성이 알 수도
없이 높은 데서 물이 흐르듯이 조용히
순리를 따라 흘러가며 나 여호와의 뜻
을 전하며 나 여호와의 뜻을 만백성에
게 깨우치는 그와 같은 삶을 살아가는
백성이니라.
25 내가 너희들에게 일찍 나의 법전에 의
해 깨우쳐 전했음이니라.
26 너희들이 여러 가지 그릇을 놓고 공을
굴려 그를 맞춘다 할 때, 너희들이 한
둘은 알 수 있으나 그게 계속 굴러가
면서 맞추는 것은 알 수 없다 했듯이,
27 너희들이 세상에 흘러가는 그 이치를
하나도 알지 못하면서 아는 것처럼
그와 같이 거짓된 행위로 나의 백성을
지옥으로 이끌어 가는 행위를 하지 말
라.
28 나로부터 성령이 충만된 백성은 있는
지 없는지 모르게 만백성을 깨우치며
나의 백성을 변화되는 그 길로 인도하
는 자들이니, 그들이 바로 너희들과
차별화됨을 알아야 할 것이니라.

4,600 번째 하나님 말씀

2003년 1월 18일 0시 33분

1 사랑하는 나의 아들아!
2 나의 아들 예수를 통하여 너희들에게
기록하여 전하기를, '하늘에서 내려온
자, 곧 인자 외에는 하늘에 올라간 자
가 없다.' 내가 명하여 그리 기록하여
놓았음이니, 너희들은 과연 그 뜻이
무엇인지 알겠는가?
3 너희들은 나의 법전에 기록하여 전하
기를 내가 뭐라 말하였느냐?
4 구원받아 내 앞에 오른 자 한 사람도
없다 말하였으며 그 누구도 온 자 없
다 내가 나의 법전에 기록하여 너희들
에게 일찍이 깨우쳐 주었음이니, 너희
들은 오늘 성서의 한 구절을 읽으면서
그 의미와 그 뜻을 알겠는가?
5 바로 인자가 아니면 하늘에 오를 수
없다 하였음이니라.
6 너희들이 하늘에서 내려온 나의 아들
예수와 같은 그와 같은 백성이 되지
아니하면 정녕 하늘에 오를 수 없다
하였음이니,
7 너희들은 나의 아들 예수가 살아갔으
며 그가 이룬 역사며 그가 행한 그 행
적을 따르고 배워 그와 같이 사는 것
이 아니요, 그가 고통 속에 너희들에
게 멸시와 비웃음과 비아냥 속에서 피
흘려 죽어 간 그 피로써 구원을 받았
다 그리 울부짖고 소리만 지르고 있으
니, 너희들이 얼마나 어리석은 것이며
얼마나 잘못된 백성인가?
8 너희들은 먼저 나의 아들 예수의 그
피로써 구원을 받았다 그리 부르짖지
말며, 행동으로써 너희들이 나의 아들
예수가 살아온 그 행적을 그대로 배우
고 너희 것으로 만들어 예수처럼 인자
의 자세로써 변하는 그 삶이 아니면
너희들이 정녕 하늘에 올라갈 수 없다
는 그 무서운 뜻을 알아야 할 것이니
라.
9 천사와 같은 마음이니라.

10 곧 내가 성서에 수백 번 너희들에게
기록하여 전했듯이, 천사의 마음으로
변하며 나 여호와 같은 심성으로 변
하지 아니하는 자, 너희들은 정녕 구
원을 받을 수 없다 내가 그리 간곡히
전하였느니라.
11 너희들이 티가 묻은 자, 죄를 가지고
있는 자, 천국의 문에 들어올 수 없다
하였음이니라.
12 죄를 지은 자, 죄를 사함을 받지 못한
자, 너희들은 천국에 들어올 수 없으
며, 나의 옆에 갖다 놓아도 너희 스스
로 숨이 막히며 너희들이 견딜 수 없
는 고통 속에서 지옥으로 기어 내려간
다 그리하였으며, 그게 하늘의 법도라
하였음이니라.
13 너희들이 인간 세상에 한 자리를 앉으
며 그 책임자요, 많은 사람을 다스리
는 그와 같은 직위에 있는 자, 그가 그
명함이요, 그 자격을 갖췄을 때 그 자
리에 앉듯이, 자격을 못 갖춘 자 그 자
리에 앉을 수 없다 내가 말했듯이, 너
희들이 천사와 같이 되지 않은 자 천
국에 올 수 없다는 그 엄연한 사실을,
14 너희들은 어찌하여 보혈로써 구원을
받으며 기도하고 경배하며 말로써 울
부짖는다 하여 구원을 받는다 하는가?
15 너희들은 행함이 소중하며 행함이 천
사와 같은 마음으로 하는 것이 구원을
받는다 함이니라.
16 그와 같이 나의 아들 예수의 피로써
구원을 받는다는 착각 속에 사는 백성
이 있기에 너희들은 하물며 휴거로써
너희들이 하늘에 들림을 받는다 그와
같이 깨닫고 그를 믿고 가는 어리석은
백성들이 있다 내가 너희들에게 말하
였느니라.
17 너희들은 아무리 그와 같은 것을 바라
고 원해도 이루어질 수 없는 것이니라.
18 너희들이 휴거를 당한다, 하늘에 오른
다는 그는 너희들의 영혼을 의미함이
니라.
19 그리고 나의 아들 예수의 보혈로써 구
원을 받는다는 그와 같은 황당무계한
소리를 더 이상 부르짖지 말라.
20 너희들이 그와 같이 부르짖는 것이 얼
마나 욕심이요, 사악한 것인지 아는가?
21 남의 소중한 아들이 죽은 그 피로써
너희들이 구원을 받았다며 말로만 '구
원, 구원' 하며 구원받은 착각 속에 사
는 자, 너희들은 그와 같은 착각 속에
서 벗어나야 할 것이니라.
22 너희들이 잘못 살아오고 잘못 온 그
죄가 있는 한 정녕 구원을 받을 수가
없음이니라.
23 너희들이 하나의 잘못을 했을 때 열
배 이상으로써 그를 보상하는 그와 같
은 죄를 사하는 길로써 내가 너희들에
게 사해 주었을 때 너희들의 죄는 떨
어지는 것이며,
24 그와 같은 역사에 내가 용서함이 없이
너희들이 지은 죄는 너희들 주변에서
떠나지 아니함이니라.
25 너희 마음이 흔들리며 마음이 사탄 쪽
으로 조그마한 틈만 있어도 그들은 너
희들을 잠식하여 무너뜨림이니,
26 너희들은 이와 같은 이치와 뜻을 알
며, 이와 같이 나 여호와가 원하는 것
이 무엇이며 내가 행하고자 하는 것이
무엇인가를 알아 정신을 바짝 차려야

할 것이며,
27 지금 정신을 차리지 못하는 그와 같은
상태에서 너희들은 본연의 모습으로
돌아가는 그와 같은 삶을 살도록 하
며, 그리 노력하여 너희들이 본 모습
으로 돌아가지 못하는 자 구원을 받을
수 없음이니라.
28 예수와 같은 삶을 살지 않는 자는 하
늘에 한 사람도 올라올 수 없다 하였
으니,
29 너희들은 말로써 무엇으로써 구원을
받으며, 달라 하면 소원을 이루며, 원
하면 이루어지며, 재물을 갖다 바치면
너희들이 구원을 받으며 하늘로 올라
간다는 너희들의 잘못된 믿음의 관행
을 깨야 할 것이니라.
30 재물로써는 너희들이 나의 재물을 잘
못 쓴 그 죄만 더 무거워진다 내가 수
백 번 말하였음이니,
31 너희들이 인자가 되는 그 행함을 먼저
배우라.
32 그러면 너희들이 하늘에 오르는 길을
볼 수 있음을 알라.

4,601 번째 하나님 말씀

2003년 1월 18일 07시 01분

1 사랑하는 나의 아들아!
2 모두를 사랑하는 마음으로써 세상을
살아가라 하였음이니, 너희들이 네 이
웃의 집을 탐내지 아니하는 자가 과연
얼마나 있으며, 네 이웃보다 네가 더
낫고자, 더 아름답게 더 행복하게 살
고자 하는 생각을 갖지 않은 자 누가
있는가?
3 너희들은 그와 같은 마음을 갖지 아니
한 자가 한 사람도 없음이니라.
4 너희들이 그와 같은 마음을 갖고 그와
같은 상상을 하면서 살아간다는 그
자체도 또한 너희들의 욕심인 것이니
라.
5 너희들이 세상 순리대로 아름답게 살
고 나의 뜻대로 살아가다 얻어지는
것, 이루어지는 것, 그를 감사하며 나
에게 경배의 기도를 드리며 살아가면
그것으로써 되는 것을,
6 너희 마음속으로 생각하며 남의 것보
다 네가 더 좋은 것을 갖고자 하며, 앞
에 가고자 하는 생각을 가지며, 남들
앞에 네가 좀 더 나은 자세를 보이고
자 하며, 네가 더 아름다운 것을 가진
것을 보이고자 하는 그와 같은 마음을
가지고 사는 그 자체도 욕심이니,
7 너희들이 나에게 오르는 계명이요, 나
의 법전을 읽고 깨우쳐 그대로 살아가
면 하늘에 오르는 길을 알 수 있다 하
였지만, 너희들이 꼭 구원을 받아야
되겠다는 생각, 그리고 너희들은 꼭
구원을 이루어야 되겠다는 생각, 그와
같은 생각을 가지고 믿음은 잘못 가는
것과 마찬가지로,
8 너희들이 무엇인가를 더 이루고자, 남
들에게 자랑할 수 있는 것을 갖고자,
그와 같은 위치에 서고자 하는 그 마
음이 다 욕심의 근본의 뿌리이니, 그
근본의 뿌리를 가지고 어찌 사랑이라
는 것을 실천하겠는가?
9 그러한 마음이 너희들 마음속에 없는
자가 사랑을 실천할 수 있는 것임을
알아야 할 것이니라.

10 너희들이 살아가면서 마음속에라도
남보다 나은 것, 그리고 남에게 무엇
인가를 보여 주고자 하는 것, 그리고
네가 남들에게 뒤지지 않는 그와 같은
삶을 살겠다는 생각과, 그리 살고자
그에 연연하여 사는 마음을 가지고 있
다 하면 너희들이 근본의 마음이 욕심
을 버리지 못한 것이니, 그 위에 사랑
을 베풀 수 없음이니라.
11 너희들이 근본의 욕심의 마음을 버린
사람이 사랑이라는 것을 베풀 수 있으
며 내가 원하는 그 사랑을 행할 수 있
는 것이니,
12 내가 오늘 성서에, 나의 새로운 성경
이요, 나의 법전에 기록하여 전하는
이 뜻의 의미를 너희들은 깨달아야 할
것이니라.
13 이제 나의 법전을 읽고 깨우친 자들이
요, 그리고 나의 강론을 수없이 들은
너희들이 그 마음의 변화가 이와 같이
이루어지며, 이곳에까지 오르는 그 마
음의 자세가 너희들이 경지를 따라 하
늘에 오르는 것이며 변화된 삶을 사는
것이니라.
14 지금 너희들이 가고 있는 믿음의 종파
속에는 10년이요, 20년이요, 평생을
다 믿고 따라도 변화되는 것이 없음이
니, 그리하여 잘못된 믿음이라 하였음
이니라.
15 나의 길을 가는 백성은 너희들이 법전
을 읽는 횟수만큼, 강론을 듣는 만큼
변화되는 것이며, 하늘의 뜻이 무엇인
가를 하나 둘 깨우쳐 그리 행하는 것
이 곧 나로부터 선택된 백성이며, 지
도자로서 너희들이 바로 설 수 있는
자들이니라.
16 모든 걸 남들보다 앞에 가고자 하며
남들보다 우월하고자 하며 남들보다
더 가지고자 하는 그와 같은 마음이,
곧 그것이 욕심이니,
17 그를 바라지 아니하고 순수한 나의 뜻
에 따르며 내가 내리는 것을 감사하며
나를 경배하고 계명을 지키며 나의 법
전을 지키고 살아가는 속에서 너희들
도 모르게 스스로 얻어지는 그것이 진
정 마음을 비운 자이니라.
18 먼저 욕심을 가지고 있는 그 자체, 이
루고자 하는 생각을 가지고 있는 그
마음 자체도 너희들의 욕심이니,
19 맑은 물과 같은 마음을 가진 그 속에
나의 성령을 내려보냈을 때 너희들이
구원의 길을 올 수 있는 나로부터 선
택된 백성이라 하였음이니라.
20 그와 같은 마음의 이치를 생각한다면
너희들이 어떠한 생각이요, 욕심이요,
인간의 생각을 가지고 있는 한 맑은
물이 될 수가 없음이니, 너희들이 하
늘에 오르는 그 역사를 이룰 수 없다
는 것임을 알아야 할 것이니라.
21 마실 수 있는 생수와 같이, 깨끗한 물
과 같이 너희들의 마음을 다스리는 곳
에 성령을 심어 살아가는 백성이 하늘
에 오를 수 있다 하였음이니,
22 너희들이 모든 잡생각을 가지고 있는
그 자체가 맑은 물이 될 수 없음이니,
그 뜻을 깨우쳐 너희들은 그리 변하도
록 해야 됨을 알라.
23 남을 시기하며 남을 질투하며 남을 음
해하며, 자기는 실수하지 아니한다 하
며 남이 실수하는 것을 탓하는 그와

같은 마음을 가지고 그와 같은 대화를
할 수 있으며 그로 인하여 언성을 높
이며 시시비비를 가리는 그 모두가 다
제가 우쭐하고자 하며 제가 잘났다 생
각하는 자들이니,
24 그게 다 욕심의 근본이며 깨닫지 못한
자들이 하는 행위니, 그와 같은 행위
자체도 욕심이니라.
25 그를 버리는 것이 맑은 물과 같은 자
의 마음임을 알아서 행동하도록 그리
하라.

4,602 번째 하나님 말씀

2003년 1월 18일 07시 08분

1 사랑하는 나의 아들아!
2 "네, 아버님! 말씀하옵소서."
3 너의 제자들과 나의 법전을 읽는 만백
성은 들어야 할 것이며 깨달아야 할
것이니라.
4 그리고 나의 피조물 만백성에게 나의
법전을 전하여 그들이 보고 읽는 그와
같은 대역사의 변화를 너희들이 쉬지
않고 노력하며 가는 그 길밖에 없음이
니라.
5 나의 아들 예수가 나로부터 명을 받아
만백성을 구하고자 저의 목숨을 바쳐
그 뜻을 이루고자 했던 것처럼, 너희
들이 그보다 열배 백배 더한 노력을
해야 됨을 알라.
6 마지막 시대요, 나 여호와가 직접 임
하는 나의 법전을 만들어 마지막으로
만백성을 심판하며 구원하는 이 나의
법전이요, 새로운 성경보다 더 위대한
것이 없음을 너희들은 알아야 할 것이
니라.
7 나의 아들 예수는 세상에 내려와 사랑
을 실천하고자 하였으며, 사랑이 무엇
인가 하여 나의 피조물 만백성 너희들
을 깨우치고자 하였으며, 그를 증거하
고자 그 삶을 위하여 그가 그와 같이
죽음의 길을 선택하면서까지도 놓지
못했던 그것은 곧 사랑을 실천하는 것
이었음이니라.
8 남의 고통을 제 고통으로 생각하는 사
람들이 사는 이 세상, 괴롭고 억울하
며 슬픔이 있는 그런 사람들과 고통을
같이 나누며 그들과 더불어 살아가는
그와 같은 마음의 자세요, 그 사랑을
실천하고자 하였음이니라.
9 계급 사회요, 주인과 종이 있는 세상
에 기득권을 가지고 있는 그와 같은
사람들이 살아가는 사람들의 그 시대
에 이와 같이 빈부의 차이가 없는 것
을, 사람을 구분하지 아니하며 똑같이
대우하며, 억울해도 슬픔과 괴로움을
겪는 그와 같은 자들의 고통을 덜어
주며 그와 더불어 살아가고자 하는 그
생각을 그 시대의 사람들은 받아들일
수 없었으며, 그 백성들은 그게 적과
같이 보였음이니라.
10 그는 정녕 슬픔이 없는, 억울함이 없
는 그와 같은 평등한 세상을 만드는
것이 곧 만백성을 위하는 사랑하는 길
이요, 사랑하는 마음의 세상을 이루고
자 그는 그와 같이 역사했던 것을 알
아야 할 것이니라.
11 나의 아들 예수는 나 여호와로부터 생
명을 받아 세상에 나간 나의 백성들이
부족한 자, 신체의 어려움을 가지고

세상에 태어난 자, 남들보다 부족한
자, 의사표시를 잘 못 하는 자, 못나고
어리석은 자, 그리고 또 잘났다 하는
자, 똑똑하다 말하는 자, 그와 같은 모
두가 다 똑같이 대우받는 세상을 만들
고자 했던 것이며, 그가 이루고자 한
역사이며, 내가 그를 내보낸 의의가
거기에 있느니라.
12 육신의 소중함을 인정하는 세상, 정신
적으로 너희들이 모두가 다 똑같다 인
정하고, 경제적으로 계급이 없는 사회
를 만들고자 했던 것이니,
13 그 시대의 사회 풍토로써 그와 같은
개혁을 이룬다는 것은 기득권 세력에
의해 얼마나 힘들고 어려운 길이었겠
는가?
14 그는 선구자로서 그것을 이루고자 하
여 나의 뜻을 행하여 역사했음을 알아
야 할 것이니라.
15 나의 백성이 똑같이 사람이 사람다운
대우를 받는 세상을 만들고자 하였음
을 너희들은 알아야 할 것이니라.
16 세상에 나의 백성 너희들이 나로부터
생명을 받아 똑같은 아들딸로 나갔으
니, 똑같은 동등한 자격을 갖추고 나
온 나의 백성이, 사람이 사람 대우를
받지 못하며 차별 대우를 받는 것이,
정녕 그것이 아름다운 세상은 아니었
음이니라.
17 그리하여 이 세상을 높고 숭고한 사랑
의 세상을 만들려 했던 것이 나의 뜻
이니라.
18 나의 아들 예수가 그와 같이 역사했으
며 그가 그를 지키기 위하여 그 목숨
까지 바쳤던 것은 이 높고 숭고한 새
로운 세상을 만들고자 하였음이니라.
19 그러니 기득권을 가지고 있는 그 시대
의 백성들은 이해관계에 얽매인 그들
만의 특권을 버리고 그를 박탈하고자
하는 그와 같은 형국으로 보였음이니,
기득권을 장악하고 있는 세력에게 나
의 아들 예수는 위협을 받았으며 그들
로부터 그 생명을 버리게 되었으나,
20 그를 단죄하고 그를 십자가에 매다는
그와 같은 사악한 자들은 나 여호와를
믿는 그 백성이 앞장서서 그와 같이
사악한 짓을 하였음이니,
21 저희들이 믿음의 집단의 그 기득권을
상실하게 되는 그와 같은 것을 지키기
위하여 그들은 옳고 그름을 따지지 아
니하며, 나 여호와가 존재하고 존재하
지 아니함을 따지기 전에, 그리고 참
진리의 말씀이 무엇인가를 따지기 전
에, 저희들이 종교 집단의 기득권을
박탈당할 것이 두려워 그 사악한 행위
를 했음을 알아야 할 것이니라.
22 지금 내가 나의 아들을 통하여 밤과
낮을 가리지 아니하고 새로운 성경이
요, 만백성을 심판하고 너희들을 구원
할 자, 버릴 자를 구분하는 기본인 나
의 법전을 세상에 내려보낸다 하였음
이니,
23 이를 세상에 존재치 못하도록 하며,
이를 사탄이요, 이단이라 그리 말하는
그와 같은 자들이야말로 그 역사의 시
대에 나의 아들을 죽게 한 자들과 똑
같음이니라.
24 지금 차라리 믿음이라는 것을 모르며
나 여호와를 모르는 자들은 나의 법
전을 보면서 그와 같이 사악한 행동

을 하지 아니하며 이 참진리가 세상
에 나오지 못하도록 하지 아니하느니
라.
25 그들은 진정한 아름다운 말씀이요, 창
조주의 말씀이 과연 이러한 것인가
하여 고개를 갸우뚱하며 스스로 법전
을 읽고 또 읽어 깨우칠 수 있는 기회
가 있으나,
26 나 여호와를 믿으며 나 여호와의 존재
함을 믿으며 내가 있는 하늘에 오르
겠다는 그 믿음을 가지고 있는 종교
집단이 저희들의 이해관계요, 기득권
때문에 나의 아들을 세상에 존재치 못
하도록 하는 사악한 행위를 하고자 하
며, 나의 법전을 태워 버리고 찢어 버
리며 세상에 존재하지 못하도록 그와
같은 행위를 하고 있는 것이 너희들이
니,
27 지금의 너희들이 그때의 백성보다 더
사악한 형태에서 나의 아들을 핍박할
것이며, 나의 법전을 핍박하는 그와
같은 대환란의 역사가 이룰 것이니,
28 너희들이 핍박하는 만큼 너희들이 고
통 속에 심판을 받게 될 것이며, 너희
들이 나의 아들을 세상에 존재하지 못
하도록 하는 만큼 너희들의 모든 잘
못 가고 있는 종교 집단의 그 문에 거
미줄을 치는 시간이 단축된다는 것을
잊지 말라.

4,603 번째 하나님 말씀

2003년 1월 18일 07시 14분

1 사랑하는 나의 아들아!
2 "네, 아버님! 말씀하옵소서."
3 너와 너를 따르는 제자들과 그리고 나
의 법전을 읽고 깨우치는 만백성 너희
들과, 지금 어찌하여 하늘이 존재하며
나 여호와가 존재한다 존재하지 아니
한다 갑론을박하는 백성, 그리고 저희
들이 구원의 길에 들어섰다 몸부림치
고 있는 그 모든 백성, 너희들은 들어
야 할 것이니라.
4 지금 내가 만든 이 세상에 하늘과 같
이 땅에 역사하고자 하는 것이 나의
뜻이었으며, 너희들이 아름다운 마음
으로 천사와 같은 백성들이 이 세상에
살도록 그리 내가 역사하고자 했던 것
이니라.
5 그리하여 내가 인간인 너희들을 바로
잡고자 하여 많은 기적과 역사를 보였
지만, 지금 나 여호와의 뜻에 따라 하
늘에 오르겠다는 그 기득권을 가지고
있는 지금의 믿고 있는 종교 세력들과
그들을 이끌어 가는 지도자들, 그들이
지금 이 세상에 이해관계에 얽매여 있
으며,
6 저희들이 나의 백성들로부터 고혈을
빨아먹으며 힘 안 들이고 재물을 긁
어모으며 우리 부자의 이름만을 잘 팔
아 그 이름만을 들먹거리면 금화와 은
화가 들어오는 그와 같은 세상의 삶
속에 젖어 있어,
7 그들은 지금 어떤 것이 진정한 길이
요, 진정한 믿음의 길인지 그 자체도
구분하지 못하도록 그리 타락한 것이
지금의 종교 집단들이 가고 있는 형국
이니라.
8 그리하여 그들의 그와 같은 행위로 인
하여 나의 피조물 만백성들이 사악한

시대에 살고 있으며, 나의 백성의 마
음까지도 너희들이 옳고 그름을 구분
하여 행하지 못하며, 선과 악을 구분
하지 못하는 이와 같은 형국으로 만든
것이니,
9 그 원흉의 집단들이 지금 종교 집단임
을 너희들은 알아야 할 것이니라.
10 그들이 지금까지는 우리 부자의 이름
을 팔아 쉽게 재물을 긁어모으며 만백
성을 저희들의 종과 같이 그리 부려
왔음이니라.
11 이를 지금 단죄하고자 하는 것이 나
여호와의 뜻임을 너희들은 알아야 할
것이니라.
12 그를 단죄하기 위하여 내가 밤과 낮을
가리지 아니하며 나의 아들을 통하여
160권의 법전, 새로운 성경을 세상에
내보냄이니,
13 너희들은 그들에게 도전해야 될 것이
며, 그들과 더불어 너희들이 있는 힘
을 다하여 굴하지 말며 용기 있는 삶
을 살아가야 할 것이며, 그들을 깨우
치는 그와 같은 대변화의 역사를 이
루어야 함을 잊어서는 아니 될 것이니
라.
14 그들의 도전이요, 그들이 밀어붙이는
그 힘에 너희들이 굴복하며 쓰러지는
그와 같은 현상이 되어서는 나의 백성
을 영원히 구원하는 길이 있을 수 없
음이니라.
15 이제 그들이 아무리 어떠한 힘으로,
강한 물질적인 것으로, 집단의 힘으로
써 너희들에게 도전해 오며 너희를 쓰
러트리고자 하여도 너희들은 굴하지
않는 마음으로써 굳건히 서야 됨을 잊
어서는 아니 됨이니라.
16 예수가 고통 속에 죽어 갔던 그 죽음
보다도 더 심한 시련과 고통이 너희들
에게 닥쳐온다 하여도 너희들은 이루
어내야 함이 너희들이 가야 할 길임을
알아야 할 것이니라.
17 너희들의 모두를 다 저버린다 하여 너
희들이 억울하게 생각하지 말며, 너희
자신이 나약한 자라 생각하지 말며,
두려워하지 말아야 할 것이니라.
18 모두를 다 버린다 하여도 너희들이 굳
건히 지키는 그와 같은 삶의 길을 가
는 것만이 너희들이 만백성을 구하는
길이요, 나에게 올 수 있는 길이며, 내
가 너희들을 영원히 가슴에 안고 있음
을 너희들이 알게 되는 그와 같은 깨
달음을 얻게 될 것이니라.
19 너희들은 무너져서는 아니 됨이니라.
20 만백성을 구하고자 함이며, 그 만백성
을 구하는 것은 너희들밖에 없으며,
지금 너희들이 고통스럽고 힘들게 가
고 있는 이 길밖에는 만백성을 구하는
길이 없음이니 그리 알아야 할 것이니
라.

4,604 번째 하나님 말씀

2003년 1월 18일 11시 57분

1 사랑하는 나의 아들아!
2 "네, 아버님! 말씀하옵소서."
3 너희들이 세상에 나갈 때 나로부터 그
아름다운 마음을 갖고 나가니, 너희들
이 육의 세상에 살아가면서 부닥치고
접하는 모든 것들에 대하여 너희들이
얽히고설킨 삶을 사느니라.

4 본의가 아니게 또 타의에 의하여 너희
들이 거짓 하며 잘못 살아온 것들이
얼마나 많이 누적되었으며, 나이를 먹
으면 먹은 것만큼, 머리가 희면 흰 것
만큼, 인생의 얼굴에 주름살이 진 것
만큼 그 주름살에 따라서 너희들은 잘
못 살아온 사람들이 많으니라.
5 그리고 그러한 나이가 먹을수록 너희
들이 잘못 살아온 것을 깨닫고 반성해
야 할 너희들의 죄목은 너무나 많고도
많음이니라.
6 본의 아니게 또는 알면서 습관에 젖어
온 그 습성을 너희들이 다 버리고 깨
끗한 물과 같이 변하는 그것만이 하늘
에 오르는 길이라 함이니, 너희들이
얼마나 힘들고 어려운 것인가를 나 여
호와는 잘 알고 있음이니라.
7 그러나 너희들이 물과 같이 깨끗하게
되지 아니하면 하늘에 오를 수 없으며
나의 성령이 너희들에게 임할 수 없음
이니, 이를 과연 어찌해야 하겠는가?
8 너희들 자신을 씻어 내고 또 씻어 내
고, 또 씻고 또 벗겨 내도 너희들이 다
벗을 수가 없으며,
9 너희들이 회개하고 반성하고 깨우쳤
다 하여 너희들이 잘못된 길이요, 잘
못된 생각을 하지 아니하고 살아가는
자가 없음이니 어찌하겠는가?
10 그리하여 너희들이 몸부림치며 괴로
워하고 고통스러워함을 아느니라.
11 그러나 너희들은 변화되는 삶을 사는
것을 포기하는 것보다, 어렵고 힘들어
도 변하는 그 삶을 살아가는 것이 너
희들의 자세가 아니던가?
12 낮고 낮은 자세로 살아가라.
13 낮고 더 낮은 자세로 너희들이 살아가
다 보면 그 낮음에서 진리가 있으며,
그 낮은 곳에서 깨달음이 있으며, 그
낮은 곳에서 아름다움이 있느니라.
14 낮으면 낮을수록 실수가 없으며, 낮으
면 낮을수록 죄를 짓지 아니하며, 낮
으면 낮을수록 너희들이 나의 뜻을 거
역하는 것이 아니요, 나의 뜻을 순종
하며 살아가는 그와 같은 삶으로 변화
됨이니, 낮은 자세로 살아가라.
15 그리고 너희들 스스로 지은 죄요, 많
이 가지고 있는 잘못된 삶의 그 수를
정녕 지우기 힘들거든,
16 그저 너희들은 눈을 감고 나 여호와가
존재함이며, 너희들이 고통스런 죄의
대가를 치르는 것보다는 오늘의 고통
의 삶이 행복하다는 마음으로 모든 악
에서 내려오며, 악이 명하는 그 모두
를 버려 버리며, 그에게 돌려보내는
그와 같은 용기 있는 삶으로써 너희들
이 다시 나는 삶을 살라.
17 거듭나는 삶을 살고 또 살 때, 그 속에
서 너희들도 모르게 변하여지며 씻겨
진 아름다운 너희들의 모습을 볼 수
있을 것이니라.
18 조급히 서두르지 말라.
19 조급히 생각하며 서두르지 말라.
20 그리되면 못 감이니라.
21 너희들이 오늘에 얼마만큼 변했다 자
부하지만 내일에 실수하며, 또 내일에
너희들이 해서는 안 되는 행위를 저지
르면서 너희들은 후회하고 또 반성하
느니라.
22 그러면서 서서히 그를 중단하게 되며
그를 버리게 됨이니라.

23 내가 너희들에게 가장 잘못된 악습 하
나를 버리라는 것도 단시일 내에 너희
들이 버리기는 참 힘든 것이니라.
24 단시일 내에 버릴 사람도 있는가 하
면, 또한 너희들은 서서히 그를 줄여
가며 또 깨달아 가며 너희들 자신을
다스려 가면서 변해 감이니,
25 노력하고 또 노력하여 서서히 나의 뜻
을 향하여, 나를 향하여, 나의 계명에
의하여 나의 법전대로 살아가는 그 삶
을 노력하고 또 노력하고, 연구하고
또 연구하여 너희 것으로 만드는 그와
같은 변화되는 삶을 살도록 하라, 사
랑하는 나의 아들딸들아!
26 그러다 보면 너희들이 나에게 오를 수
있음이니라.

4,605 번째 하나님 말씀

2003년 1월 18일 12시 10분

1 사랑하는 나의 아들아!
2 "네, 아버님! 말씀하옵소서."
3 지금의 믿음을 가고 있는 많은 백성들
이, 구약과 신약의 그 역사를 흘러오
며 그 조상으로부터 배우고 전해 들
어 지금까지 흘러온 나의 백성들이,
저희들은 구원을 받으며 하늘에 오르
는 길이라 하는 그 백성들이 진정한
나의 뜻이요, 나의 진정한 진리를 찾
아 하늘에 오르는 그 믿음의 길을 가
고 있다 생각하는가?
4 나와는 정녕 관계도 없는 길을 가고
있는 것이 지금 너희들이 가고 있는
믿음의 자세이니라.
5 너희들이 속한 그 종교 집단에 속해
있는 자만이 나로부터 선택받은 자요,
나로부터 택함 받은 자요, 내가 너희
들을 하늘에 들림을 받아 구원해 주는
그와 같은 구원을 받을 수 있으며 받
았다는 그 백성 너희들이 그와 같은
착각 속에서 헤매기에, 너희들의 정신
자세요, 너희들의 마음은 어디에 빠져
있는지 아는가?
6 우물 안 개구리처럼 거기에서 제왕 노
릇을 하며 제가 세상 것을 다 지배한
다 하는 어리석은 자보다도 더 무서우
리만큼 너희들이 우월주의에 빠졌으
며 우월주의 병이 든 자들이니라.
7 스스로 우월주의에 빠져 그 우월주의
환상에서 벗어나지 못하며 그 세계에
서 지금 헤매고 있는 것이 너희들이니
라.
8 저만이 위대하다는 그 착각 속에서 저
희들이 갈 길을 모르고 지금 헤매고
있는 것이 나의 백성 너희들이니라.
9 저희가 스스로 지은 성전에 주일이라
는 날에, 기타 많은 시간에 가서 기도
하고 경배하며 재물을 바치며 금화와
은화를 바쳐 축복을 받으며, 축복을
사며, 하늘에 오르는 그 표를 살 수 있
다 그리 말하며,
10 그리하여 너희들은 나의 아들 이름을
광적으로 부르며, 술 취한 자가 막말
하듯이 나 여호와의 이름을 수없이 부
르고 외쳐 대며, 너희들이 찬송이라고
부르며 광란의 짓을 하고 나와서 너희
들은 구원받았다 그리 말하느니라.
11 그러나 너희들이 그와 같이 광란의 짓
을 하며 찬송을 부르며 너희 몸을 비
틀어 오도방정을 다 떨며 눈물을 흘

리고 너희들이 지은 성전에서 나왔을
때, 너희들은 밝은 태양을 바라보는
순간에 네가 무엇을 했으며 무엇을 깨
달았는지 너희 머릿속에 남는 것이
하나도 없음이니라.
12 그는 참진리의 가르침이 아니기 때문
임을 알라.
13 지금 저 자신이 속해 있는 종교 집단
만이 절대적이요, 그 종교 집단만이
무조건 하늘에 오르는 길이요, 그것만
이 구원의 길이요, 나에게 오를 수 있
는 길이라 너희들이 수천 년 동안 전
해 내려오고 전해 듣고 들어 왔으며,
14 그리고 하늘에서 구원할 자가 올 것이
며 너희들을 건져 주는 자가 올 것이
라 너희들이 몸부림치고 부르짖으나,
15 몇천 년의 역사가 흐른 지금에 와서
과연 그러한 것이 있었던가?
16 그는 있지도 아니한 것을 너희들이 바
라며 그와 같은 소망을 가지고 살아감
이니,
17 너희들이 잘못 가르치는 종교 지도자
에게 속으며 너희 자신이 속아서 살아
감을 알아야 할 것이니라.
18 그리하여 지금 너희들이 속해 있는 종
교 집단에, 무조건 그곳에 가서 기도
하고 경배하는 것이 너희들이 구원을
받는 절대적인 길이며 다른 길은 지옥
으로 간다는 그 우월주의에 빠져 병들
며 병자가 되어 있는 백성이 바로 너
희들이니라.
19 그리하여 너희들이 나의 피조물 만백
성을 차별하며, 너희들과 그들과는 인
간을 인간으로 보지 않고 경원시하는
그와 같은 삶을 사는 것이니라.
20 나의 아들 예수가 와서 이루고자 한
것이 무엇이었더냐?
21 사랑이었음이니라.
22 가난하고 불쌍한 자, 병들고 쓰러져
가는 자, 그리고 몸이 성하지 못하여
남들이 볼 때 불구라 하는 자, 그와 같
은 자들이 똑같은 대우를 받으며,
23 배우고 배우지 못한 자, 권위가 있고
없는 그 모든 백성들이 종과 주인의
관계를 벗어나 똑같이 인간 대우를 받
는 그와 같은 세상을 만들고자, 그것
이 사랑이라 하여 그를 깨우치고자 했
거늘,
24 너희들은 어찌하여 몇천 년 동안에 흘
러온 지금, 나의 아들 예수가 이루고
자 한 그 뜻에 위배되는, 남을 차별하
는 그와 같은 삶을 살며, 너희들만의
우월주의에 빠져 그와 같은 환상에 젖
어 있는 삶을 사는가? 이는 너희들이
나의 아들 예수가 이루고자 했던 그
뜻을 거역함이 아니던가?
25 너희 지상에서 사는 많은 백성 중에
저희들 백성만이, 저희들 민족만이 우
월하다 하여 나의 사랑하는 백성을 무
참히 수백만 명을 죽인 그와 같은 간
악한 자들이 있었음이니라.
26 그들은 인간 생명의 존엄성을 알기 전
에 그들을 살상하고 살육하며, 그리고
인간으로서 무엇인가를 연구하며 개
발하기 위해 무참히 죽였으며,
27 저희들 자신만이 우월한 백성이며, 타
민족이요, 타 백성은 우월하지 아니하
다 하여 그들을 도륙 내는 그와 같은
사악한 만행을 저질렀던 그 악랄한 백
성의 우월주의 병자들보다도 지금 더

무서우리만큼 우월주의에 빠져 있는
것이 종교 집단에서 가르치는 종교 지
도자요, 거기에 가서 배워 구원을 받
았다 울부짖으며 소리 질러 찬송하며
저희들이 모든 은혜와 영광을 받았다
몸부림치는 자들이니,
28 너희들이 과연 그러고 나서 받은 것이
무엇이 있으며 얻는 것이 무엇이 있는
가?
29 나는 하나도 준 일이 없음이니라.
30 창조주인 나는 너희들에게 준 것이 없
느니라.
31 인간이 저희들 우월한 종족만이 세상
에 존재한다 하여 남의 귀중한 생명이
요, 다른 종족을 무력으로 죽여 살육
하고 도륙했던 그 사악한 자들보다 너
희들이 더 무서우며, 그들과 분별할
수 없는 그와 같은 형국에 와 있는 것
이 지금 너희들이 속해 있는 믿음 속
에서 가는 것만이 구원을 받는 것이며
절대적으로 그 길 외에는 구원을 받을
수 없다 그리 말하는 너희들이니라.
32 세상에서 저희보다 더 위대한 백성이
요, 저희들이 깨우치는 것이 잘못되었
고 잘못 가는 길이기에 진정한 하늘에
오르는 길이요, 참하늘의 빛을 보며
나 여호와의 음성을 들을 수 있으며
나의 형체를 볼 수 있는 그 길을 가라
하거늘,
33 너희들은 그 길을 선택하지 아니하고
높은 경지에 있는 백성들의 가르침도
듣지 아니하며 내가 내리는 나의 법전
이요, 새로운 성경을 보지도 아니하니,
34 저 자신이 우월주의에 빠져 헤매다가
지옥으로 간다는 그 엄연한 사실을 지
금이라도 깨우쳐 너희들이 바로 서고
바로 보지 아니하면 너희들이 그리 갈
구하고 원했던 그 구원을 받을 수 없
음이니,
35 영원히 영원히 죽을 수도 없으며 너희
들이 버릴 수도 없으며 도망갈 수도
없으며, 육의 세상의 삶처럼 백 년 살
다 죽는 것도 아니요, 영원히 영원히
너희들이 그 죄의 대가를 받는 그 무
서운 지옥의 세계에서 살게 된다는 것
을 잊지 말라.
36 나는 너희들에게 다 전해 주었느니라.
37 그리고 깨우쳐 주었느니라.
38 나의 법전에 기록되지 않은 사항이 없
으며, 하늘이요, 천국이요, 지옥에서
이루어지는 그 험악하고 무서운 죄의
대가의 방법을 내가 너희들에게 다 깨
우쳐 주었으며,
39 어찌 깨닫고 하늘에 오르는 길이 진정
한 구원의 길인가를 내가 너희들에게
다 명해 주었으니,
40 너희들이 따라 행하고 아니 하는 것,
너희들이 행하지 아니하여 지옥 불에
가는 것을 나를 원망하지 말라.
41 내가 이를 너희들에게 명함이니, 너희
스스로 나를 원망하는 그때 눈물을 흘
리며 애걸복걸 애원하지 말라.
42 그때는 너희들을 돌아다볼 수도 없으
며 그것을 또한 들을 수도 없는 나 여
호와이니라.
43 나를 아버지라 부를 자격도 없는 너희
들이니, 그때 가서 너희들은 전혀 길
이 없음을 알라.
44 오늘에 살아 있는 육의 삶이 존재하는
이 세상에서 나의 계명을 지키고 아름

답게 사는 삶으로 변하도록 그리하라.

4,606 번째 하나님 말씀

2003년 1월 18일 12시 17분

1 사랑하는 나의 아들아!
2 "네, 아버님! 말씀하옵소서."
3 예수가 부활했다 하며, 너희들은 구원
된다, 또 구원되지 아니한다, 그와 같
은 갑론을박을 하고 있는 것이 지금의
믿음의 길을 가는 백성이요, 내가 창
조해 낸 만백성이 가지고 있는 생각이
니라.
4 그러나 너희들은 알아야 할 것이니라.
5 그 부활의 의미를 너희들이 정확히 알
아야 할 것이며, 또한 너희들이 거듭
나는 그 부활의 역사는 있음을 알라.
6 이제 나 여호와가 지금 바로 너희들을
심판하는 시대를 열어 가고 있음이며,
너희들을 버릴 자와 구원할 자를 지금
나의 법전을 내려보내어 새로운 성경
으로써 구분하고 있음이니,
7 지금 심판의 시대가 열리고 있음이니,
여기서 너희들이 구원을 받는 자는 부
활되는 자요, 구원받지 못하는 자는
부활되지 못하는 것을 알아야 할 것
이니라.
8 나 여호와가 나의 법전을 접하지 않은
백성이요, 그들은 심판대에 설 수 없
으며 심판을 받을 수 없다 말한 그 뜻
을 너희들은 알아야 할 것이니라.
9 이제 나 여호와 하나님의 말씀이라 하
여 '하나님! 말씀하옵소서' 하는 이 법
전, 새로운 성경이 세상에 내려와 나
여호와가 직접 너희들을 심판할 때,
이를 믿고 따르며 이를 보고 깨우치는
백성이 예수의 시대에 구원의 부활을
받았듯이 다시 태어나는 그 역사가
시작됨을 너희들은 알아야 할 것이니
라.
10 너희들이 죄를 짓고 잘못 살아가는 그
마음을 바로잡아 육의 세상에서 아름
답게 살아가는 그와 같은 변화의 역사
를 이루는 그 자체가 너희들이 부활의
의미임을 알아야 할 것이니라.
11 너희들이 부활의 의미를 안다면 다시
태어나는 그와 같은 삶을 살지 아니하
면 너희들이 부활될 수 없으며 다시
날 수가 없다는 것을 알아야 할 것이
니라.
12 내가 너희들에게 성경에 기록하여 뭐
라 가르쳤느냐?
13 날마다 너희들은 죽는다 하였으니, 죽
는다는 그 의미를 너희들은 어찌 알고
있는가?
14 너희들은 바로 이것이 부활의 의미가
같이 있음을 알라.
15 너희들이 죽는다 말하는 것은 날마다
너희들의 육이 죽어 가는 것이 실제로
너희들의 삶을 다 마치는 것이 아니니
라.
16 너희들이 육의 세상에서 지금 살아가
면서 늙는 것처럼 죽어 가는 것이 아
니요, 나이 들어 죽고 병들어 죽듯이
그리하여 너희들이 날마다 죽는다는
그런 의미가 아니니라.
17 너희들이 육의 세상을 살아가다가 순
간적으로 잘못하는 일을 저질렀을 때,
죄를 지으며 추한 짓을 했을 때, 너희
들은 사탄으로 전락된다 하였음이니

라.
18 너희들이 살아가면서 하나의 실수요,
하나의 오류를 범하며, 너희들이 고의
든 아니든 남에게 누를 끼치며 죄를
짓는 행위요, 나 여호와가 보기에 부
끄러운 행위를 하는 자, 그것이 바로
너희들이 지옥으로 감이니,
19 사탄의 자식이 되며 사탄의, 지시에
따라 너희들이 사탄이 되는 것이 바로
죽음이니라.
20 그러나 너희들이 그 사탄의 지옥에서
또다시 깨우쳐 선한 일을 행하며 착한
일을 행하고자 발버둥치고 노력하여
악을 제거하며 선한 일을 할 때 너희
들이 또한 나로부터 선택받는 백성이
니, 너희들이 죽음의 길에서 살아나는
것임을 알아야 할 것이니라.
21 그러니 너희들은 하루에도 수십 번,
수백 번씩 죽었다 다시 사는 그 인생
이니,
22 너희들이 다시 사는 그와 같은 삶으로
변화되는 삶을 살 때, 너희들이 부활
의 그 영광이요, 은혜를 입는 것을 너
희들은 잊지 말아야 할 것이니라.
23 선한 일에서 선한 일을 반복하여 쌓이
는 것이 너희들의 부활의 길이요, 악
행을 하면서 악행을 반복하는 것은 너
희들이 죽음으로 가는 것임을 알아야
될 것이니라.
24 그리하면서 너희가 거듭나게 됨이니
라.
25 너희들이 악으로 갔다가 선으로 다시
오는 그와 같은 속에서 거듭나게 됨이
니, 그 거듭나는 너희들이 악의 명령
을, 악이 지시하는 것을 악에게 돌려
주는 그 용기 있는 삶을 사는 것만이
너희들이 거듭나는 것임을 알아야 할
것이니라.
26 그와 같이 악으로부터 너희들이 존재
하며 지키는 싸움에서 이기고 살아갈
때, 내가 너희들을 거둬들이며 너희들
을 하늘에 들어 올리는 그와 같은 역
사가 이루어지는 것을 너희들은 알아
야 할 것이니라.
27 너희들은 하루하루 삶을 회개하고 반
성하며 깨우치고, 너희들이 후회할 일
을 두 번 다시 하지 않는 백성으로서
살아갈 때 그것이 바로 부활의 대상이
요, 부활임을 알라.
28 죄를 짓고 용서를 빌면서 빌고 또 빌
어 아름답고 착한 백성으로 살아가는
그것이 바로 부활의 의미임을 알라.

4,607 번째 하나님 말씀

2003년 1월 18일 13시 28분

1 사랑하는 나의 아들아!
2 "네, 아버님! 말씀하옵소서."
3 너의 제자들과 이를 읽고 깨우친 만백
성에게 전하며, 이를 보고 깨우치는
백성 너희들은 들어야 할 것이니라.
4 내가 너희들에게 말했으며 그 제자들
에게 뭐라 말하였느냐?
5 가장 깨끗한 마음, 아름다운 마음을
갖고 너희들이 나의 아들 옆에 와 주
는 것이 가장 큰 상이요, 가장 큰 은혜
라 내가 그리하였으며, 너희들이 그
은혜를 나에게 갚는 것이라 말하였음
이니, 어찌하여 너희들은 그와 같은
뜻을 모르는가?

6 지금 너의 제자들이요, 나의 법전을
읽고 깨우쳤다는 나의 아들을 따르는
만백성 너희들이 나의 아들을 무너트
리며 그를 쓰러지도록 가고 있는 것을
모르는가?
7 그리하여 너희들이 잘못 가고 잘못 행
함으로써 나의 아들이 쓰러지는 것을
막기 위하여 너희들이 아름다운 마음
으로 변한 자, 선한 자가 내 아들 주변
에 오는 것이 나 여호와의 가장 큰 기
쁨이라 하였음이니라.
8 너희들은 어찌하여 지금 나의 아들에
게 다른 종파의 종교 지도자들이 행하
는 그와 같은 절차를 밟고자 하는가?
9 지금 모든 종교 집단은 저희들이 지은
성전을 운영하며 그 모두를 운영하기
위하여 금화를 수없이 거둬들여야 하
며, 그리고 능력 있는 자를 불러들여
야 함이니라.
10 그러니 그들은 재물을 많이 바치는 자
가 잘못해도 그들을 탓하지 못하며 눈
감고 그냥 넘어가는 것이며, 제 속이
뒤집혀도 그냥 참고 넘어가며,
11 저희들이 그 금화의 능력에 따라서 그
를 함부로 하지 못하며, 그가 원하는
기도를 해야 되며, 그가 원하는 행사
를 행해야 되는 것이 지금 종교 지도
자들이 가는 길이니라.
12 그리고 너희들은 능력 있는 자, 권력
있는 자, 힘 있는 자가 나오기를 바라
며, 그가 너희들의 옆에 있어 주기를
원하여 그들이 잘못하고 실수해도 그
것은 잘못함이 아니요, 그를 바로잡지
못하며,
13 불쌍하고 돈 없고 능력 없으며 재물을
바치지 못하는 자가 잘못했을 때는 온
통 그것을 광고하며 그를 가지고 시시
비비하는 것이 지금의 종교 집단들이
가고 있는 추한 형태의 모습이 아닌가?
14 너희들은 어찌하여 나의 아들 앞에 와
너희들이 책을 많이 구입하여 전하고
재물을 갖다 주고 많은 사람을 데려왔
다 하여 그 대우를 받고자 하는가? 그
대우를 해 주지 아니한다 하여 나의
선지자를 원망하며 그 앞을 떠나는 그
와 같은 행위를 하는 것이 지금 너희
제자들이 하고 있는 행위이니, 그게
너희들이 나의 아들을 바로 서게 하는
것이던가?
15 나의 아들도 지금의 종교 집단처럼 능
력 있는 자에게 아부하며, 그의 잘못
을 단죄하지 아니하고 그를 다스리지
아니하며, 그의 뜻을 따르며 그는 눈
감아 주며, 힘없고 약한 백성이 하는
것은 탓하고 나무라며 그를 꾸중하는
그와 같은 지금의 종교 지도자들과 똑
같은 나의 아들이 되기를 바라는가?
16 너희들이 금화를 많이 갖다 성전을 운
영하며 책을 많이 구입했으며 나의
아들이 운영하는 이 성전을 도와주었
다 하여, 너희들은 필요한 사람이라
하여 너희들이 잘못하는 것을 나무라
며 꾸짖는 나의 아들이 잘못된 것인가?
17 나의 아들은 그를 용서하지 아니함이
니라.
18 나의 아들이 꾸짖는 것을 듣기 싫거든
너희들이 떠나면 될 것이며, 두 번 다
시 나의 성전에 발을 들여놓지 말라.
19 나의 아들도 너희들 종교 지도자처럼
그와 같은 형태로 간다면, 이는 어찌

하여 나의 아들이며, 내가 새로운 역
사를 이룰 수 있는 선택된 나의 아들
이라 말하겠는가?
20 그는 그를 용서하지 아니함이니라.
21 너희들이 책을 많이 구입하든, 성전을
운영한 공을 세우든, 나의 아들이 가
는 길을 너희들이 도와주든, 그렇다
해서 너희들이 잘못하는 것을 그냥 눈
감고 그것을 덮어 주는 그와 같은 나
의 아들이라면 내가 오늘 당장 나의
아들을 거둬들일 것이니라.
22 너희들은 그와 같은 기대를 하지 말
며, 그와 같은 생각을 하지 말며, 너희
들 스스로 변하라.
23 저희들이 공로가 있으며 역사가 있다
하여 그 대우를 해 주지 아니한다 하
여 나오지 않는 백성, 그리고 등 돌리
고 가는 백성, 그와 같은 자는 어디를
가든 그와 같은 인간 세상의 대우로서
제가 존속하는 자며, 그 입에 발린 사
탕발림 소리에 제가 왔다 갔다 하는
자니,
24 그는 믿음의 길을 가는 자도 아니요,
깨우침의 길을 가는 자도 아니요, 그
가 아무리 높이 깨달음이 있으며 아무
리 높이 안다 해도 그는 아무런 쓸모
가 없는 것이니라.
25 너희들은 이제 나의 법전을 읽고 알라.
26 너희들이 어떤 공이 있고 어떤 역사가
있으며 많은 제자요, 신도를 데려왔다
해도 나의 아들은 너희들이 잘못하는
자 용서 안 할 것이며 그는 과감히 너
희들을 다스릴 것이며, 나 또한 나의
아들이 원하는 그대로 너희들을 다스
릴 것이니, 그와 같은 생각을 너희들
이 하지 말라.
27 그와 같은 마음을 가지고 오만한 생각
을 가지고 나의 아들 옆에 있는 자, 나
의 아들을 쓰러트리고자 함이니,
28 너희들이 일반 종교 지도자들처럼 나
의 아들이 변하기를 바라며 그와 같은
행위를 해 주기를 바라나, 나의 아들
은 나의 아들임이니라.
29 만백성을 구하여 나의 성령을 받아 기
록하며 모든 백성을 구하는 새로운 시
대의 역사를 이루며, 새로운 성경을
만들어 수천 년, 수억 년 동안 지구가
존재하는 한 나의 백성을 다스리며 천
국에서 이루어진 것같이 지상에서 이
루어지는 그 역사를 이루는 나의 아들
이 누구던가?
30 이는 나의 아들이니라.
31 내가 내려보낸 나의 목자이니라.
32 그에게 너희들이 종교 지도자들이 가
는 것처럼 그와 같이 재물에 눌려, 권
력에 눌려, 다수의 힘에 눌려 그들과
타협하며 그들과 더불어 가는 그와 같
은 것을 바라지 말며 나의 아들에게
그와 같이 요구하지 말라.
33 그러한 자 내가 용서치 아니하며, 또
한 나의 아들 그를 용서하지 아니하며
그를 받아들이지 아니할 것이니라.
34 이를 너희들이 깊이 깨우쳐 각자가 처
신할 것이며,
35 너희들이 오만한 자, 교만한 자, 그리
고 능력 있다 하여 자만하는 자, 너희
들이 가지고 있는 능력이 누구 것이
며, 너희들이 가지고 있는 재물이 누
구 것이며, 너희들이 가지고 있는 권
력이 과연 무엇이던가?

36 다 부질없는 것을 가지고 나의 아들을 현혹하려 하지 말라.
37 나의 아들은 절대로 그와 타협하지 아니하며 그를 용서하지 아니할 것이니라.
38 아무리 능력이 없는 자도 잘못한 것은 잘못한 것이요, 잘한 것은 잘한 것이요, 아무리 능력 있는 자도 그는 가차 없이 너희들의 뺨을 후릴 것이니라.
39 이 뺨이 아파 너희들이 창피하고 고통스러우며 자존심이 상하며 마음이 상하거든 스스로 떠나라.
40 그것이 너희가 선택할 길이니, 나의 아들을 물고 늘어지는 사악한 행위를 하지 말라.

4,608 번째 하나님 말씀

2003년 1월 18일 13시 40분

1 사랑하는 나의 아들아!
2 "네, 아버님! 말씀하옵소서."
3 만백성을 구하는 나의 법전이요, 새로운 세상을 구하기 위함이요, 새 시대를 열기 위함이요, 만백성을 구하기 위하여 내가 새로운 성경이요, 나의 법전을 내려보냄이니,
4 너희들은 이를 만드는 데 귀중한 시간을 낭비하지 말며, 주저하지 말며, 너희들이 함부로 시간을 쓰지 말라.
5 시간이 없음이니라.
6 나의 법전을 만들어 만백성을 구하는 그 귀중한 대업을 맡은 자들이며 그 역사를 이루는 너희들이 어찌하여 시간을 낭비하며 너희들 스스로 시시비비를 가리는 그와 같은 말들을 하며 언쟁을 하는가?
7 나의 법전을 만들어 가는 백성들이 서로 시시비비하는 것이, 정녕 나의 법전을 만드는 그 역사를 왜 너희들이 갑론을박하는가?
8 너희들 인간의 삶이요, 자존심이요, 너희들의 이름 석 자에 너희들이 기분이 좋고 안 좋은 그와 같은 것을 가지고 시시비비하는 그와 같은 시간을 낭비하고 있음이니, 어찌 그와 같은 시간을 낭비할 수가 있는가?
9 너희들이 모여 만나면 나의 법전을 만드는 것이며 세상에 전하는 것에 그 귀중한 시간을 쪼개 쓰고 쪼개 써도 못할 그 시간에, 너희들의 인간적인 자존심에 기분에 의한 말을 가지고 시시비비하며 감정을 내며 언성을 높이니, 그와 같이 어리석고 감히 행할 수 없는 그 무서움을 모르고 지금 행하고 있는 것이 너희들이니,
10 내가 오늘 너희들에게 전함이니, 내가 내려 준 너희들의 그 시간은 너희들 것이 아님이니라.
11 나의 법전을 만들어 만백성을 구하고 전하는 거기에 써야 될 그 귀중한 시간을 너희들 임의대로 너희 기분에 맞춰 수많은 그와 같은 죄를 짓지 말라 내가 너희들에게 경고함이니,
12 이후에 너희들이 나의 법전을 만들고 전하는 것 외에 인간적인 자존심이요, 너희들의 인격이요, 기분에 좌우되는 그와 같은 걸로 너희 형제지간에 시시비비하는 것은 용서치 아니할 것이니라.
13 인간 세속에 살아가는 것도 너희들이

부모 앞에서 자식들이 언성을 높이고
고성을 지르며 서로 멱살 잡으며 치고
받는 싸움은 할 수 없는 것이 인간의
도리요, 그는 불효자가 하는 것이거늘,
14 어찌하여 나의 백성이요, 나로부터 선
택되었으며 만백성을 구하는 나의 법
전을 만들고 세상에 전하는 그와 같은
대명을 맡은 너희들이 나 여호와 앞에
서 인간적인 그 뜻이 다르다 하여 남
의 이름을 거론하여 그를 비방하며,
그의 아픈 상처를 들춰내며 그의 단점
을 감히 나의 성전에서 너희들 형제지
간에 비방하고 말하는 그와 같은 행위
를 하고 있는가? 그게 너희들이 얼마
나 무서운, 나 여호와에게 거부하며
나를 능멸하는 죄인 줄 아는가?
15 인간의 부모 앞에서 자식끼리 싸우는
것도 그 부모를 무시하며 낳아 주고
길러 준 부모의 은혜를 모르고 하는
행위이거늘, 감히 나의 법전을 보고
배우며 이를 가지고 만백성을 구하기
위해 만들어 내는 너희들이 시시비비
하는 말이 있을 수 있는가?
16 차후에는 내가 너희들을 용서하지 못
함이니, 어찌하여 형제지간에 그 허물
을 덮어 주지 못할망정 그 허물을 들
춰내는가?
17 너희들은 어려서 듣고 배우지 아니했
는가?
18 시골의 촌부가 그 농사지은 볏가마를
가지고 형은 동생 집으로, 동생은 형
네 집으로 갖다 주는 그와 같은 아름
다운 미덕의 삶을 너희들은 듣고 배워
왔으면서도 어찌하여 너희들이 행하
는 데는 그리도 인색한가?
19 나의 법전을 가지고 공부하는 것이며
나의 뜻에 따라 행하며 나의 뜻을 만
백성에게 전하기 위해 한자리에 모인
너희들은 피를 나눈 육을 가지고 있는
형제보다도 더 소중하며 위대한 자들
임을 알라.
20 이는 창조주인 나 여호와의 뜻이요,
나의 사업을 너희들이 나를 대신해서
행함이니, 그러한 자들이 어찌 감히
얼굴 붉히는 말을 할 수 있으며 대화
를 할 수 있는가?
21 이제는 너희들이 나의 이 뜻을 알아서
마음이 하나가 되어 그 시간을 귀히
쓰도록 하라.
22 게을리하지 말라.
23 게을리해서도 아니 되며 나의 법전을
전하는 데 너희들이 여유를 가져서도
아니 됨이니라.
24 나의 법전이 지금 너희들로 하여금 세
상에 나갔으니, 그 한 권의 법전으로
한 사람의 생명을 구하며 만백성의 생
명을 구할 수 있는 나의 새로운 성경
이 지금 각처에서 모욕당하고 있으며
짓밟히고 있으며 태워지고 있으며 찢
어져 가고 있는 것을 모르는가?
25 너희들이 나의 법전을 만들어 세상에
전하고 또 전함으로 감히 그를 찢어
버리며 그를 모욕하지 못하며 그를 우
롱하지 못하며 능멸하지 못하며 그를
사탄이요, 이단이 한 역사라 감히 말
할 수 없거늘,
26 너희들이 지금 시간을 소중히 쓰지 아
니하며 게으름을 피우며 노력하지 아
니하고 안일한 생각을 가지는 지금
나의 법전이 모욕을 당하며 능욕을 당

하며 짓밟히고 태워지며 쓰레기통에
던져지는 그와 같은 수난을 겪고 있음
이니, 이 모두가 너희들의 죄임을 알
라.
27 너희들이 어찌하여 이리도 태만하며
이리도 안일한 자세로 갈 수 있는가?
28 지금 나의 법전이 수없이 버려지며,
그 한 사람의 생명을 구할 수 있는 새
로운 성경이 세상에 전해지지 못하며,
악마요, 사탄들의 장난에 의하여 지금
태워지고 찢어짐을 너희들은 알아야
할 것이니라.
29 너희들은 알아야 할 것이니라.
30 나의 새로운 성경이 나의 법전이 세상
에 나가 펴지고 전해짐으로 인해서
악마요, 사탄들의 그 시대가 줄어들며
그들이 존재하는 것이 지금 숨이 막힐
정도로 조여 가며 시간이 없는 것을
그들이 알고 있음이니라.
31 그러니 자신을 지키고 존재하기 위해
갖은 수단과 방법을 가리지 아니하고
나의 법전을 찢어 버리며 태워 버리며
세상에 존재치 못하도록 그 모든 사탄
과 악마들은 잠을 자지 아니하며 지금
그와 같은 역사를 하고 방해를 하고
있거늘, 너희들은 어찌하여 안일한 자
세로 지금 그리 가고 있는가?
32 이 세상을 다 지배하고자 나의 법전이
나오는 것을 못 나오도록 하며, 법전
이 나옴으로 사탄이요, 악마요, 저희
들이 생명이 줄어들며 저희들이 존재
할 수 있는 땅이 없다는 것을 알기에
그들은 지금 잠을 자지 아니하고 밤낮
을 가리지 아니하며 이를 방해하고 무
너트리고자 하는 것이거늘,
33 어찌하여 너희들이 그들에게 안일한
방법으로써 상대하여 그들을 이길 수
있다 생각하는가?
34 나의 백성 너희들은 들어야 할 것이
니라.
35 악마들이 지금 설치고 있으며, 악마들
이 이 세상을 지배하고 있으며, 악마
들이 잠을 자지 아니하며 나의 잠자는
백성까지 두드려 깨워 그들이 저희들
을 따라오도록 지금 그들을 이끌고 깨
우쳐 끌고 가고자 유혹하며 현혹하는
그와 같은 실정에,
36 너희들이 과연 나의 백성을 구원하고
자 얼마나 노력하며 너희들은 무엇으
로써 그를 전하고 깨우쳐 가고 있는가?
37 너희들이 이리도 태만하며 안일한 자
세를 가지고 가며, 너희들 형제끼리
반목하며 언성 높여 그와 같이 시시비
비할 시간이 있다 말하는가?
38 이 불쌍하고 가련한 나의 백성들아!
39 너희들이 쓰러지며 너희들이 무너졌
을 때, 이 법전은 세상에 나와 빛을 보
지 못한다 내가 하였거늘, 어찌하여
너희들이 그리도 어리석은 삶을 살아
가는 백성들이냐?
40 너희들 자신이 깨우쳐 시간을 아끼라.
41 그리고 잠을 자지 아니하며 밤과 낮을
가리지 아니하고 이를 못 나오도록 말
리며 나의 백성을 유혹하여 저희들에
게 끌어들이는 사탄의 그 움직임보다
도 너희들이 열배 백배 더 뛰는 그와
같은 모습으로 살아가지 아니하면 아
니 됨을 알라.
42 이제 너희들은 사탄들의 그 속에서 나
의 백성들이 벗어날 수 있도록, 그들

에게 끌려가지 못하도록 그들을 다스
려야 할 것이니라.
43 지금 사탄들의 사악한 마음이 선한 마
음을 가진 백성을 억압하며 그를 짓
누르고 있으며, 그리하여 그들이 참진
리요, 나 여호와의 뜻이요, 새로운 성
경이요, 나의 법전이 세상에 나가 그
들의 생명을 구하는 것을 구하지 못하
도록 하며, 그 빛을 보지 못하도록 그
빛을 차단하는 데 최선을 다하며, 밤
과 낮을 가리지 않고 움직이고 뛰고
있는 그 사탄들의 뭉쳐진 그 힘을 본
다면, 감히 두려워 잠을 잘 수 없는 것
이 너희들임을 알라.

4,609 번째 하나님 말씀

2003년 1월 18일 13시 58분

1 사랑하는 나의 아들아!
2 "네, 아버님! 말씀하옵소서."
3 나의 법전을 읽고 깨우치며 내가 나의
아들에게 직접 내리는 성령의 강론을
직접 듣는 너희들 백성이야말로, 그리
고 선택된 나의 아들의 제자인 너희들
이야말로 얼마나 순수하고 아름다운
백성이며 사람들인 줄 아는가?
4 너희들이야말로 사람들이 마실 수 있
는 생수와 같이 맑은 마음으로 변해
가고자 하는 그와 같은 깨달음을 가는
것이니라.
5 너희들은 모르나 너희들이 그리 변해
가고 있음을 알아야 할 것이니라.
6 그리하여 나의 법전을 읽고 깨우치는
사랑하는 나의 백성 너희들을 지금 사
탄이요, 사악한 자들이 수없이 온갖
방법으로써 유혹하며 너희들을 무너
트리려 하며, 그 수많은 시험을 너희
들이 당하고 있는 것을 알아야 할 것
이니라.
7 사탄과 마귀가 어찌하여 너희들같이
나의 법전을 읽고 깨우쳐 맑고 깨끗한
나의 백성들을 유혹하며 그리 끌어가
려 온갖 정성을 다 들이며 가장 사악
한 방법으로써 모든 권모술수를 다 써
서 너희들을 무너트리려 하는가?
8 너희들은 알아야 할 것이니라.
9 인간 세상에 너희들이 살아가는 속에
서도 너희들이 능력이 있고 실력이 있
는 사람들을 어찌하는가?
10 다른 기업이요, 다른 직장에서 다른
사람들이 그와 같이 능력 있는 자를
많은 대우와 예우를 해 주며 데려다가
쓰지 아니하던가?
11 그 사람의 능력도 너희들이 금화와 은
화로 계산하며 재물로써 계산하여 그
를 데려다 쓰고자 함이니, 능력 있는
자와 능력 없는 자의 차이가 얼마나
크면 그렇겠는가?
12 너희들이 깨우쳐 깨끗한 마음으로 변
한 너희들이야말로 사탄들이 너희들
하나를 무너뜨림으로써 그들이 얼마
나 너희들을 쓸 수 있으며, 너희들이
얼마나 유용하게 쓰일 수 있는지를 아
는가?
13 그러니 그들은 지금 가고 있는 너희
들 하나가 넘어짐으로 그가 사탄이요,
사탄들이 가는 길이 옳은 길이라 그리
부르짖을 수 있으니, 그와 같이 너희
들을 이용하며 써먹고자 함을 알아야
할 것이니라.

14 너희들은 자유주의 국가에서 공산주
의 국가로 한 사람이 갔을 때 그 사람
을 도구로 써먹지 아니하는가?
15 공산주의의 장점이요, 공산주의 좋은
점, 그리고 민주주의 적대국의 나쁜
점을 그를 이용하여 홍보로써 써먹지
아니하는가?
16 그보다도 더한 것이 너희들 하나를 무
너트리며 너희들을 쓰러트리고자 하
는 것이 그 사탄들의 욕심이며, 너희
들 하나를 얻고자 온갖 방법을 다하며
갖은 유혹을 다하는 것이 사탄임을
알아야 할 것이니,
17 그리하여 사탄들은 수없이 잠도 자지
아니하며 쉴 사이도 없이 너희들의 마
음을 흔들어 놓고 유혹하며 너희들을
시험하고 당기고자 하는 것임을 알아
야 할 것이니라.
18 깨우침이 높은 너희들을 무너뜨려 쓰
러트리고 그리하여 저희들로 하여금
끌어들이려 하며 너희들을 유용하게
쓸 수 있기에 항상 너희들을 쓰러트리
고자 기회를 엿보는 것이 악마요, 사
탄들이 지금 하는 짓임을 알라.
19 너희들을 쓰러뜨렸을 때 악마의 힘은
강해지게 되며 그들을 입증하게 되며,
지금 나의 아들을 통하여 내리는 나의
새로운 성경이 사탄이요, 사악한 자가
내리는 것이라 역이용하는 데 너희들
을 써먹고 활용하고자 하며 너희들이
필요하기 때문에 너희들을 쓰러트리
려 하니,
20 너희들이 완벽한 경지에 오르기 전까
지 지금의 깨달음이 높으면 높을수록
너희들은 하루에도 수십 번씩 너희들
을 넘어트리고 유혹하는 사탄과 사악
한 자들이요, 악마들이 있음을 잊어서
는 아니 되느니라.
21 거기서 너희들이 견디지 못하고 넘어
진다면 너희들은 구원의 길을 볼 수
없으며 악마의 자식으로 전락함을 알
아야 할 것이니라.
22 그리하여 그들은 너희들이 경지가 높
아 나의 법전을 읽고 깨우쳐 깨끗한
너희들 하나를 유혹하고 무너뜨려 쓰
러뜨림으로 인하여 나 여호와에게 대
적하도록 그리하려는 것이며,
23 만백성을 구하는 나의 지도자 너희들
이 탄생치 못하도록 그를 역이용하여
써먹으며, 너희들을 공격하며 너희들
을 비방하는 선전 도구로서 쓰고자 하
는 것이 사탄들이기에, 너희들 하나를
쓰러뜨림으로, 너희들 하나가 사탄으
로 넘어짐으로 그들은 그 쾌재를 부르
는 것이니,
24 너희들은 항상 긴장하며 정신을 바짝
차려 항상 나에게 기도하고 경배하는
마음으로 지탱하지 못하면 너희들이
악마의 유혹에 악마에게 쓰이는 도구
로 넘어짐을 잊어서는 아니 될 것이니
라.
25 나의 지도자 너희들이 그 모두를 지탱
치 못하도록, 그리고 너희들이 서지
못하도록 하는 것이 그들이니라.
26 그러하니 너희들은 깨어 있어야 하며,
항상 긴장하여 있어야 하며, 마음을
놓아서도 아니 된다는 것이 나의 뜻이
니라.
27 너희들은 나의 법전을 읽으며 항상 회
개의 기도를 하며 스스로 마음을 다스

리며, 나 여호와의 심성과 같은 마음
으로 닮고 천사와 같이 변하고자 하는
그 노력을 게을리해서는 아니 되며,
항상 너희들이 마음을 다스리며 나 여
호와를 섬기며 굳건한 마음을 가지고
살아야 할 것이며,
28 너희들이 믿음이 더 강하고 더 굳어질
때까지 너희들은 어떤 유혹에도 넘어
져서는 안 됨이니, 나의 법전을 읽고
깨우치며 정독하는 데 최선을 다하며,
29 너희들이 살아가기 힘들 때 모든 삶의
근본을, 너희들의 믿음의 모든 마음
자세를 나 여호와에게 연결하여 나와
직결해 놓고 나와 같이 항상 생각하며
내가 존재하며 너희들과 같이하고 있
다는 것을 잊지 않는 마음으로 살아가
라.
30 그리하여야만 너희들이 바로 설 수 있
고 이길 수 있으며, 너희들 하나를 얻
기 위하여 온갖 방법과 수단을 다 동
원하는 사탄들에게 너희들이 넘어지
지 아니함을 알라.
31 지금 떠나며 너에게 등 돌리고 간 백
성, 너희들 형제들이 모두 다 사탄의
유혹에 넘어진 자들이니, 그들이 지금
사탄에게 도구로 쓰이고 있는 그 엄
연한 사실을 너희들은 알아야 할 것이
니,
32 또 그와 같이 넘어가는 자가 있어서는
아니 됨을 알라.

4,610 번째 하나님 말씀

2003년 1월 19일 09시 17분

1 사랑하는 나의 아들아!
2 "네, 아버님! 말씀하옵소서."
3 네가 지금 많은 나의 성령의 뜻을 받
아 기록하여 책으로 만들고 있음이니,
세월로 말하면 너희들이 3년이라는
세월이며, 나의 법전의 3분의 1인
5·60권을 지금 네가 이렇게 만들어
가고 있지 않으냐?
4 그러한 네 마음의 자세가 과연 어떠하
던가?
5 내가 네 마음을 보여 준 그것은 어찌
너를 내가 보고 있는가?
6 "네, 아버님!
7 저는 하나도 변화된 것이 없으며 깨달
음이 없사옵나이다.
8 제가 평소에 원하고 갖고 싶었던 그와
같은 소중한 것을, 남의 것을 훔칠 수
있는 마음이, 그리고 남의 것을 도둑
질해서도, 아니 제가 길거리에서 주워
도 주인을 찾아 주지 아니하며 그저
그냥 제가 가지려 하는 그 마음이 아
직도 저 자신에게 남아 있음을 알고
있사옵나이다.
9 그리고 아버님께서 보여 주신 제 마
음의 본심이 제가 그리도 갖고 싶고
소중하게 소유하고 싶었던, 평생에 원
했던 그와 같은 물건을 제가 길거리에
서 주웠으니, 그것을 주인을 찾아 주
며 남에게 돌려주는 것이 아니요, 남
이 볼까 봐 그를 가지고 제가 제 것으
로 챙기는 그와 같은 부끄러운 마음이
아직도 저 자신 속에 흐르고 있으며
남아 있음을 알았사옵나이다.
10 필요도 없는 것이요, 제 몸에 맞지도
아니하는 것을 제가 갖고 챙기고자 하
는 그 마음을 부끄러워하며 죄인 줄

알면서도, 갖고 싶었던 그 보석이, 그
리고 끼고 싶었던 그 모형의 반지가,
또 끼어 보니 두 손가락 세 손가락을
끼워 봐도 맞지 않는 그와 같은 것을
그래도 제가 소유하고 싶은 마음에
주인을 찾아 주지 아니하고, 부끄러운
마음일지언정 그를 갖고자 하는 것,
그러면서 후회하는 저 자신을 보았사
옵나이다.
11 제가 아직도 그리 변하지 못하였으며,
아직도 원심의 마음이 변함이 멀고도
먼 것을 또 보았사옵나이다."
12 사랑하는 나의 아들아!
13 네 마음이 그러하니 너의 제자들의 마
음이 또한 어떠하겠는가?
14 그러니 너는 서서히 그들을 깨우치며
서서히 그들을 달래 데리고 가야 할
것이니라.
15 너무 빠른 시간 내에 네가 변하며 급
격히 변하며 완벽하게 변하기를 원한
다면, 바로 네가 그와 같이 소중하고
평생에 가져 보고 싶었던 것을 보고
그 순간에 이것저것 따지기 전에 네가
그저 소유하여 챙기고 싶은 마음이 있
듯이, 그들의 마음이 그리 수시로 변
할 수 있으며,
16 가는 길이 너무 힘들고 어렵기에 그들
이 내일에 받는 은혜보다는 오늘의 고
통스러움에서 벗어남을 먼저 생각할
수 있는 마음이 있음이니, 네가 너무
다그치지 말며 깨달음의 경지에 올라
와 주기를 너무 강요하지 말라.
17 그들이 지침이니라.
18 서서히 순리대로 다스려 가며, 서서히
그들이 깨우쳐 법전을 읽고 또 정독하
는 속에서 그들의 입에서 아름다운 마
음, 깨우치는 마음의 이야기를 할 수
있도록 하라.
19 너 자신도 네가 그리 가지고 싶어 했
던 것을 순간에 챙기려 하듯이, 그들
의 마음이 또한 너를 따라오지 못함이
니, 수시로 무너질 수 있는 그와 같은
마음속에서 아직 그들이 허덕이고 있
으며, 완벽히 의인으로서 변한 사람이
없음이니, 그를 잘 참작하여 다스리라
하는 의미에서 내가 네 마음을 보여
주었으며,
20 네 마음이 또한 더 깨끗해지며 더 완
벽하게 변하여야 하며, 지금의 변함이
완전한 변함이 아니라는 것을 내가 너
를 가르치고자 네 마음을 그리 보여
주었으니 그리 알라, 사랑하는 나의
아들아!

4,611 번째 하나님 말씀

2003년 1월 19일 09시 25분

1 사랑하는 나의 아들아!
2 "네, 아버님! 말씀하옵소서."
3 너희들이 나 여호와의 뜻에 따라 참진
리의 길이요, 하늘에 오르는 길이요,
내가 내린 십계명을 지키며 내가 내린
법전을 읽고 깨우쳐 그대로 깨달아 그
리 행하고자 그 길을 가기도 너무나
힘들고 어려운 삶을 살아가는 것이 너
의 제자들이니라.
4 지금까지 살아왔던 그 모두의 혼탁했
던 자신을 깨끗이 씻어 내고 씻어 내
는 그와 같은 힘든 길을 가고 있느니
라.

5 너희들이 비누라는 것으로써 너희 몸을 깨끗이 씻을 수는 있으나 너희들의 마음은 어떤 것으로도 씻을 수 없음이니, 그 마음을 씻고 닦는 것이 지금 너희들이니, 얼마나 고달프고 힘든 길을 가고자 하는 것인지 나 여호와는 너희들의 마음을 알고 있느니라.

6 그러한 너희들에게, 자신이 지탱하기도 힘들고 어려운 길을 가는 나의 아들딸들에게 사탄이 너희들을 도구로 쓰고자 하여 온갖 방법으로써 잠시도 쉬지 않고 수시로 너희들을 노리고 있으며, 너희들의 마음을 흔들어 놓아 저희들 쪽으로 돌아서는 그와 같은 역사를 이루고자 지금 그들이 호시탐탐 노리고 있으며, 잠도 자지 아니하고 밤낮을 가리지 않고 선택된 나의 아들딸을 저희들이 노리고 있음이니라.

7 그와 같은 생활 속이요, 그와 같은 환경 속에서 지금 견디고 살아가는 것이 너희들이니, 잠시 마음이 흔들리는 그때 너희들의 마음을 낚아채는 것이 사탄이요, 악마들이 지금 기다리고 있는 것이니라.

8 너희들은 이 길을 가는 데 고통의 눈물이, 그리고 괴로운 눈물이 너희들의 눈물이 아니요, 피가 되어 쏟아진다 해도 너희들은 넘어져서는 아니 되며, 그들의 유혹에 너희들 자신을 팔아서는 아니 됨을 알아야 할 것이니라.

9 너희들 인간 세상에서 기업이라는 것을 하며 사업을 운영하는 자, 무엇을 중히 쓰며 무엇을 소중히 쓰는가?

10 무엇보다도 너희들이 남자든 여자든 나의 아들딸인 백성 너희들이 유능한 직원을 원하는 것이며, 그들을 쓰기 위해서 너희들은 남의 회사에서 사람을 데려오며, 어떠한 대가를 치르더라도 남의 직원을 데려와 너희 직원으로 만들어 그 능력을 활용하여 쓰고자 하는 것이 인간 세상에 살아가는 너희들 속에서 이루어지는 것이 아니던가?

11 그리하여 남의 직원을 데려오기 위해 너희들이 얼마나 많은 노력을 투자하며 얼마나 많은 자본을 투자하는가?

12 남의 마음을 사고 남이 가진 그 능력을 사려면, 다른 곳에서 일하는 자를 너희 집단으로 데려오기 위해 얼마나 많은 공을 들이며 얼마나 많은 노력을 하여 그를 하나 데려오는 그 수고로움을 갖는가?

13 그래도 너희들이 많은 사람보다는 하나의 똑똑하고 유능한 직원이 너희들 기업이요, 너희 자신에게 도움이 되며, 그만큼 공을 들여 얻은 것만큼 너희들이 열배 백배 얻을 수 있기에 그를 데려오는 것이 아니던가?

14 사탄이 너희들의 마음을 사려 함이 바로 그러하니라.

15 깨끗하고 아름답게 성장한 너희들 하나를 넘어뜨려 그들이 너희들을 데려옴으로 인하여 너희들은 나의 아들을 공격할 수 있으며 나의 법전을 공격할 수 있기에, 그들이 너희들을 넘어트리고 너희들을 하나 얻고자 수많은 공과 정성을 들이고 있음을 알아야 할 것이니라.

16 그리하여 이곳에 와 나의 법전을 읽고 나 여호와의 뜻이요, 참진리요, 나의 성령이라 말하며 깨닫고 울고불고한

백성이 바로 이곳에서 떠난 것이 무엇
인 줄 알겠는가?
17 그들이 바로 그들의 유혹에 견디지 못
하여 순간에 넘어진 자들이며, 나의
성전에 와 고성방가를 하며 이 법전에
의해 너희들이 공부할 수 없도록 너희
들을 방해하는 자, 그리고 너희들에게
고통을 주는 자, 그와 같은 자들이 사
탄의 지시에 따라 그리 움직이고 있음
을 너희들은 알아야 할 것이니라.
18 나의 아들로 하여금 나의 성전을 떠나
게 하며, 이 성전을 지키지 못하게 하
며, 기도하지 못하도록 하여 나의 법
전이 세상에 나오지 못하게 하는 것
이 바로 너희들이 순간에 마음을 잘못
먹기에 사탄의 유혹과 사탄이 유혹하
는 그 순간에 너희들이 넘어짐이요,
그의 조건에 따라 너희 자신이 분별하
지 못하고 그 사탄의 자식으로 전락하
는 그와 같은 행위를 하는 것이니라.
19 여기에 와서 깨우치고 깨달은 자, 그
리고 마음이 깨끗하고 아름다운 자,
그와 같은 자 하나를 사탄이 데려감으
로 인하여 그 힘으로 하여 이곳을 공
격하도록 하는 것이며, 나의 아들을
쓰러트리려 하는 것이며, 나의 법전을
세상에 나오지 못하도록 하는 데 크나
큰 힘이 되기에 그와 같은 사악한 짓
을 하느니라.
20 너희들이 서로 알고 있는 자가 무섭
듯이, 나의 아들이 가는 길이요, 나의
법전이요, 내가 가는 뜻을 알고 있는
자, 여기에 와서 등 돌리고 사탄의 자
식이 될 때는 그를 생각하며 하나하나
거기에 반박하여 이 법전이 세상에 나
오지 못하도록 그 자료를 만들어 주는
사악한 자로 변하게 됨이니, 그리하여
그를 사감이니라.
21 남의 비밀이요, 남의 정보를 알아 그
를 쓰러트리고자 할 때 그를 잘 아는
자를 인간 세상에서 너희들이 매수하
여 데려가듯이, 그와 같은 형국이 지
금 사탄들이 너희들을 노리고 있음이
니, 너희들이 언제 어떻게 넘어질지
모르는 것이니라.
22 항상 기도하고 마음에 흔들림이 있어
서는 아니 되며, 오만하지 말며 자만
하지 말며 교만하지 말라.
23 교만한 자가 제일 먼저 쓰러짐을 알라.

4,612 번째 하나님 말씀

2003년 1월 19일 09시 33분

1 사랑하는 나의 아들아!
2 "네, 아버님! 말씀하옵소서."
3 지금의 믿음의 길을 가는 백성, 모든
종파에 속해 있는 너희들은 어찌 생각
하고 살아가는가?
4 자신이 믿고 있는 종파만이 최고이며,
너희들이 거기에서 있는 것이 구원을
받는 길이요, 그리하여 오로지 그곳에
만 하늘에 오르는 길이 있다 하여 너
희들은 지금 목숨을 걸고 그를 지키려
하며, 그리 강의하며, 그 뜻을 갖고 만
백성에게 그리 가르치려 하느니라.
5 그러나 너희들은 목숨을 바쳐 지키려
하며 목숨을 바쳐 그 길을 가고자 하
는 그 종파에 입문하게 된 동기는 어
찌하여 입문했는지 그를 한번 돌이켜
보라.

6 너희들은 어떠한 것이 진정한 종파요, 너희들이 목숨을 바쳐 그와 같이 지켜야 할 것인가, 그리고 그 길만을 갈 것이라는 각오와 그와 같은 연구 분석도 없이, 그저 너희가 사는 주변에 그 종파가 존재하고 있기 때문에, 때로는 친구나 이웃의 권유에 의하여, 부모 형제의 권유에 의하여 그 종교 집단에 간다는 가벼운 마음으로 발을 들여 놓게 되며 그곳에 가 가르침을 듣게 됨이니라.

7 그리고 나서부터 너희들은 어찌 되는가?

8 서서히 아름다운 참진리요, 하늘의 뜻을 배우는 것이 아니요,

9 자신도 모르게 가르치고 설교하는 종교 지도자들의 그 뜻에 따라 서서히 너희들이 그 종교 집단이 세상에 다시 없는 최고요, 그 집단에서만이 너희들이 구원을 받는다는 생각으로 돌변하게 되며, 그를 위하여 목숨을 바치고자 하는 그와 같은 생각으로 변화되며,

10 같은 길을 가지 아니하는 사람을 경원시하며 인간으로 생각지 아니하며, 너희들이 우월주의에 빠져 차등을 두는 그와 같은 마음으로 변하게 됨이니,

11 그러면서 서서히 너희들은 세상과의 문을 닫게 되며 세상과의 인연의 고리를 끊으려 하는 것이니라.

12 너희들이 정당한 참진리요, 아름다운 뜻을 배우는 곳이라면, 너희들이 그 속에서 공부하고 깨우치는 만큼 너희들만이 구원을 받는다, 너희들이 최고라고 하기 전에,

13 스스로 세상사 살아가는 사람들의 잘못된 점이며 그들이 깨닫지 못하는 점과, 그리고 깨달은 자와 깨닫지 못한 자의 그 차별화됨을 알게 되며, 그를 전하며 그를 행하고 너희들이 바로 살아가는 것이 그 모습이거늘,

14 너희들은 맹종으로써 그저 그 종교 집단이 최고라는 생각으로 완전히 세뇌되어 버리니, 세상을 보지 못하며 우물 안 개구리와 같은 인간으로 변화되는 것을 알아야 할 것이니라.

15 제가 속해 있는 종교 집단이 최고라는 주장에 무서우리만큼 전투적인 돌격형으로 변하게 되며, 그를 위하여 너희들은 모두를 다 바치며,

16 그리하여 가정이요, 모든 주변의 형제요, 어떤 것도 다 버리고 갈 수 있다는 그와 같은 무서운 돌격형으로 변하느니라.

17 나 여호와는 너희들이 의식주를 해결하며 너희들 자신이 가정을 지키며 사회를 지키며 형제지간에 화목하며 부모를 사랑하며 오는 길이 나에게 올 수 있는 길이라 그리 가르쳤건만, 지금의 모든 종교 집단 너희들은 그러하지 못함이니라.

18 그저 그 길을 위하여 모두를 다 바치며 생사를 거는 돌격형으로 저희들이 믿음이라는 길을 가며, 찬송 부르고 경배하며 광란의 짓을 하는 것으로 그리 가는 줄로 착각하고 있음이니라.

19 아름답게 행함이 소중하며, 너희들이 사랑을 베푸는 것이 얼마나 소중한 것인가 그 근본은 저버리고, 그저 '내가 믿는 종교만이 옳소. 아름다운 것이

요, 그 길밖에는 없소.' 하고 무조건
그 길을 가지 아니하는 자 적대시하며
돌격형으로 변하게 됨이니, 세상의 아
름다움이요, 참진리를 볼 수가 없음이
니라.
20 진실한 믿음과 참진리를 볼 수 없으
니, 너희들은 또한 알지도 못하며 깨
닫지도 못하며 그를 보지도 못하느니
라.
21 너희들은 음식을 만들어 놓고 그 맛을
보지도 못하는 그와 같은 백성이니라.
22 그것을 먹고 너희들의 육이 지탱하며
에너지를 발산하여 살 수 있는 것을,
너희들은 남들이 만드는 것을 보면서
도 너희들은 맛을 보지도 못하며 그를
음미하지도 못하며, 그저 너희들이 먹
고사는 음식만이 최고라 울부짖고 살
아가는 그와 같은 형국이 되어 있음이
니, 너희들이 그와 같이 하나밖에 모
르는 백성으로 전락되어 있음을 알라.
23 또한, 너희들 것이 최고라, 그리고 그
다른 것은 아니라 그리 부르짖는 너
희들이 얼마나 지금 생각이 부족한 것
인가?
24 하나를 잡고 오로지 그것만이 최고라
매달리는 그와 같은 어리석은 자가 되
지 말라.
25 세상에는 아름답고 능력이 있는 것이
있으며, 그리고 참진리요, 아름다움이
있다는 것을 알아야 할 것이니, 제 손
에 쥐고 있는 제 것만이 최고라면서
그를 쥐고 발버둥치고 몸부림치는 그
와 같은 행위를 하지 말라.
26 너희들은 날 수 없는 나무토막을 잡고
날 수 있을 것이라, 그리고 하늘에 오
를 것이라 지금 몸부림치는 자들이니
라.
27 그와 같은 너희들이 어리석음에서 벗
어나라.
28 너희들이 나무토막을 잡고 올라갈 수
있으며 날 수 있으며 천국에 갈 수 있
으며 나 여호와에게 갈 수 있다, 이 나
무는 날 것이다 말하나, 그 나무는 날
수 없으며 뜰 수가 없음이니라.
29 날지 못하며 뜰 수도 없는 것을 잡고
날며 뛰어갈 수 있는 것이라 그리 생
각하는 어리석음에서 하루라도 빨리
벗어나는 백성이 되지 아니하면 아니
됨을 알라.

4,613 번째 하나님 말씀

2003년 1월 19일 09시 41분

1 사랑하는 나의 아들아!
2 "네, 아버님! 말씀하옵소서."
3 내가 내려 준 이 세상이 얼마나 아름
다우며, 얼마나 너희들에게 모두를 다
주며 그 영광과 축복이던가?
4 그 속에서 나의 뜻에 따라 계명을 지
키며 순종하며 살아오도록 내가 너희
들에게 그리 말하였음이나
5 지금에 너희들이 나의 아들을 위하여
나를 위하여 부르짖으며 그 길을 가는
것이 구원의 길이라 하여, 그 종파에
속하여 믿음의 길을 가는 백성이 어
찌 변하여 가고 있는가?
6 모두를 사랑하며 모두를 볼 수 있는
그와 같은 마음이 아니요, 저희들이
가고 있는 그 믿음만이 최고라는 생각
을 버리지 못하고, 그것을 보고 그리

가르치는 백성과 그를 배워 또 따라가
는 백성들이 그 착각 속에 삶이니,
7 그 고정관념을 버리지 못하여 지금 이
아름다운 세상이 평지풍파를 이루고
있으며, 사탄이요, 사악한 자들이요,
말세의 시대가 이 세상을 지배하고 있
으며,
8 인간이 인간을 두려워하며, 너희들이
가장 신뢰하고 살아야 할 인간이 가장
무서운 적으로 변화되었으며, 세상에
믿을 자 하나 없으며 마음 줄 자 하나
도 없다는 그와 같은 험악한 세상의
삶이 되어 있음이니라.
9 너희들이 서로 믿고 사랑하며 살아가
야 할 너희 인간이 너희들의 그 마음
을 알 수 없으며 믿을 자 하나도 없으
며 믿고 싶은 자가 하나도 없어 불안
과 공포 속에 인간관계를 형성하며 살
아가고 있으니,
10 그와 같은 천 갈래 만 갈래 인간을 의
심하며 의혹하는 그 마음속에서 이 세
상은 평지풍파를 이루고 있으며,
11 사탄이요, 사악한 자들이 그 틈바구니
를 비비고 너희들을 사악한 쪽으로 끌
어가고 있음이니라.
12 너희들이 아름다운 자를 사탄이 유혹
하여 너희들을 사탄의 자식으로 만들
어 쓰고자 호시탐탐 노리고 있다 내가
하지 아니하였는가?
13 그와 같은 형국 속에서 너희들의 마음
이 흔들리며 인간이 인간을 신뢰하지
못하며 사랑하지 못하고 사는 그 마음
속에 사탄은 너희들을 천 번 만 번 그
저 바람 한 번 불면 넘어지듯이 너희
들을 넘어뜨려 필요한 사람을 쓰는
그와 같은 형국임을 알아야 할 것이니
라.
14 그리하여 너희들이 사랑이 없기에, 지
금은 사랑이 메마르며 황폐한 세상을
만들어 놓고 너희들이 황폐한 속에서
무엇을 얻고자 하는 그와 같은 어렵고
힘든 삶을 살아가는 것이 너희들임이
니라.
15 이제는 너희들 자신이 지금까지 믿음
에 온 길이 최초에 나 여호와가 세상
에 너희들을 구원하고자 내렸던 그 뜻
이 잘못 전해지고 잘못 전해졌음이니,
16 너희들이 입는 옷에 첫 단추가 잘못
끼워져 지금까지 잘못 흘러오고 있음
을 너희들은 알아야 할 것이니라.
17 첫 단추를 잘못 끼고 입은 옷은 그 옷
의 형태가 얼마나 잘못된 것이던가?
18 그 잘못된 것을 바로잡는 것이 너희들
이 해야 할 길이며 너희들이 구원을
받는 기본이요, 근본이거늘,
19 너희들은 잘못 끼워진 것을 알면서도
이제는 그를 바로잡으려 하지 아니하
며,
20 오로지 그렇게 잘못되어 끼고 입은
그 옷이 너희들은 최상의 옷이며 그
이상의 더 좋은 방법은 없다 하여 너
희들이 믿는 것이 세상의 최고라 그리
말하며 최상의 것이라 그리 너희들이
부르짖고 있으며,
21 나의 피조물 만백성이 첫 단추를 잘못
끼고 입도록 그리 가르침이니, 너희들
은 알면서 그 길을 가고 있음이니라.
22 정녕 너희들이 사악하고 잘못 가는 백
성이며, 사탄과 마귀에게 너희들이 넘
어간 그 형태임을 알아야 할 것이니라.

23 잘못된 것을 바로잡으면 될 것을 그
고집을 부리고 있으니, 이것이 너희들
이 가는 지금의 집단의 형태이며 믿음
을 가고 있는 백성의 대표적인 행위임
을 알아야 할 것이니라.
24 너희들은 미래를 위하여 지금 잘못 끼
워져 있는 그 첫 단추를 바로잡는다면
단정하고 아름다운 모습으로써 그 가
치를 발휘할 수 있는 옷의 형태가 되
거늘,
25 너희들은 미래의 앞을 생각하지 아니
하며 오늘의 너희들의 그 고집 때문에
그리고 관념 때문에, 너희들이 버릴
수 없는 그 교만과 오만 때문에, 바로
입으면 될 것을 바로 입으려 하지 아
니하고 그저 그것이 옳다 고집을 피우
고 그를 지키고 가고자 함이니,
26 이제 나의 피조물 만백성이 그를 알
때가 있음이니라.
27 그리고 잘못된 것을 그들이 스스로 볼
수 있으며 바르게 입을 수 있는 그와
같은 백성이 세상에 나옴이니라.
28 그들을 깨우치며 바로잡을 수 있도록
하기 위하여, 첫 단추가 잘못 끼워진
옷을 바로 입게 하기 위하여 나의 법
전이 세상에 나가 너희들을 기초요,
근본에서부터 다스려 나가는 그 대역
사가 이루어질 것이니,
29 너희들이 더 이상 고집을 부리지 말며
그 고집을 접어야 할 것이며, 그리고
그 고집을 접고 너희가 바로 옷을 입
을 때, 첫 단추를 바로잡아 끼웠을 때,
너희들이 나를 볼 수 있는 기초가 깨
달아지며 너희들이 다져짐을 잊어서
는 아니 될 것이니라.

4,614 번째 하나님 말씀

2003년 1월 19일 12시 32분

1 사랑하는 나의 아들아!
2 "네, 아버님! 말씀하옵소서."
3 지금의 나의 피조물 만백성 너희들은
겸손하며 사랑하며 나누며 사는 그와
같은 마음으로 살아가는 것이 도리이
거늘, 모든 종파의 믿음의 길을 가는
백성이나 또한 너의 제자들 그 모두가
자만과 오만 속에 빠져 있는 그와 같
은 마음을 버리지 못하고 사는 것이
나의 백성 너희들이 가진 생각임을
알아야 할 것이니라
4 너희들은 마음속에 스스로 오만과 자
만함이 있는가 그를 두드려 너희들이
바로 서지 아니하면 아니 될 것이니라.
5 오만과 자만으로 하여금 너희들이 모
두를 다 멸망케 하며, 너희들이 바른
세상을 보지 못하며 바른 참진리의 뜻
을 보지 못하는 그와 같은 형국이 됨
을 알아야 할 것이니라.
6 오늘 너희들이 많은 나의 뜻에 따라
갑론을박하며 나의 법전을 읽으며 나
의 성령의 가르침을 들으나, 너희들이
오만한 마음을 저버리지 못한다면 아
무것도 너희들이 너희 것으로 얻을 수
없음이니라.
7 너희들이 스스로 상대방과 경쟁하며
시시비비할 때도, '내가 저와 같은 자
는 이길 수 있으며, 너는 나의 상대가
되지 아니한다.' 하여 너희들은 그 결
과를 모르면서 대들어 피해를 보며 씻
을 수 없는 치욕적인 것을 얻으며 그
와 같은 삶에 젖어 가는 것이 너희들

이니라.
8 국가의 만백성을 죽이고 살리는 전쟁
이라 함도 너희들이 이길 자신이 있으
며 오만함이요, 너희들이 개발한 그
무기만을 가지고 세상을 다 지배할 수
있다는 생각이 오만과 자만이니, 상대
방이 가진 위력적인 그 무기의 성능
과 그가 지닌 그 전력을 모르는 자니,
그게 바로 오만으로 하여 만백성을 죽
게 하는 그와 같은 어리석음을 행하는
것이니라.
9 너희들이 남들을 깨우치고 가르치는
것도 오만해서는 아니 됨이니라.
10 지금 믿음의 길을 가고 있는 백성이
잘못 가고 있으며 그들이 잘못 깨달아
가고 있음이니라.
11 그러나 너희들이 그들을 바로 세우는
것도 그들보다 너희들이 더 오만한 마
음의 자세로써는 아니 됨을 알라.
12 지금의 가고 있는 모든 종파가 오만
과 자만이요, 제가 믿는 것만이 절대
적이요, 제가 가는 길만이 구원을 받
는다는 그 관습과 폐습에서 벗어나지
못함이니, 결국 그는 무엇이더냐?
13 오만함과 자만함이니라.
14 그리하여 그들이 나의 참진리요, 나의
법전이 세상에 내려가는 것이며 이를
보지 아니하는 자 심판을 받지 못한다
그리 부르짖어도 이를 보지 아니함이
니,
15 너희들은 오만과 자만하는 마음을 먼
저 버리는 그와 같은 백성이 되어야
할 것이니라.
16 오만과 자만이 너희들이 나의 법전을
전하며 새 역사를 이루는 데 실패의
근본이 됨을 알아야 할 것이니, 항상
겸손하며 낮은 자세로 가야 할 것이니
라.
17 너희들은 여기서 하나 깨달으라.
18 너희들이 지나가면서 하나의 오물을
버린다 할 때 너희들이 그 오물을 멀
리서 통에 담는다 하면 그 통에 들어
갈 수 있더냐?
19 너희들이 한 발짝, 두 발짝 거리에서
던져도 그 통에 들어가기 어려우니,
너희 몸을 굽혀 그 뚜껑을 열고 오물
을 거기에 집어넣는다 하면 너희들은
실수가 있겠는가?
20 너희들이 그와 같은 마음으로 살아가
야 함을 잊어서는 아니 되며, 그것이
낮은 자의 갈 길이니라.
21 너희들이 길거리에 침을 한 번 뱉을
때, 그저 쓰레기통이요, 그냥 어떤 하
수구에 뱉을 것이니라.
22 그리고 너희들은 멀리서 그리 뱉고 지
나가는 것이 지금 나의 선택된 백성
너희들이 가고 있는 자세이니라.
23 너희들이 작은 구멍에, 오물이 흘러가
는 그곳에 침을 뱉고자 한다면 자세를
낮추고 또 낮춰서 거기다 대고 뱉었을
때 그 침이 그리 흘러갈 것이거늘,
24 너희들은 멀리서 그냥 오물이 흘러가
는 구멍이라 하여 뱉고 지나가는 것이
너희들의 마음이니, 그러한 형태를 가
지고 너희들이 무엇을 알며, 무슨 하
늘의 뜻을 알아 만백성을 구하며 너희
들이 무엇을 갑론을박할 수 있겠는가?
25 너희들이 작은 구멍에 침을 뱉어 넣을
수 있도록 그와 같이 허리를 굽히며
낮은 자세요, 네 코를 가까이 댈수록

그 침은 흘러가는 오물의 하수구에 들
어가지 않겠는가?
26 이 하나의 간단한 이치를 보고 너희들
은 깨우치라.
27 너희들은 멀리서 하수구를 향하여 침
을 뱉음으로써 남들과 차별화되었으
며, 남들은 그저 길거리에 뱉는 것을
너희들은 멀리서 그곳을 향해서 뱉는
다 하나, 그것이 옆에 떨어지면 너희
들이 그냥 길거리에다 뱉는 자와 무엇
이 다르겠는가?
28 너희들이 얼마나 낮춰야 그 작은 하수
구에 오물을 집어넣어 흘러가게 하겠
는가?
29 낮추면 낮출수록 코와 눈이 가까워지
며 허리를 구부리면 가까워지는 것을,
그것 하나도 행하지 못하는 너희들이
어찌 감히 갑론을박하는가?
30 그와 같은 행위를 너희들이 한번 직접
해 보라.
31 거기서 낮은 자의 그 위대함이요, 진
실됨을 알게 될 것이니, 그때 내가 너
희들에게 상을 내릴 것이니라.

4,615 번째 하나님 말씀

2003년 1월 19일 15시 14분

1 사랑하는 나의 아들아!
2 "네, 아버님! 말씀하옵소서."
3 모든 백성들이 가시적인 어떠한 역사
의 변화는 위대한 것으로 알고 있으
나, 네가 나의 성령을 받아 밤과 낮을
가리지 아니하며 법전의 160권을 만
들어 만백성을 구하고자 이 대업을 이
루는 그 역사에 힘들고 어려운 길을
가는 것은 그들은 모르느니라.
4 너희들이 말하는 한 권의 책을 쓰기
위하여 평생 그 아름다운 말을 하나
남기지 못하고 가는 자들이 수없이 있
으며, 그를 본업이요, 직업으로 하는
자들도 네가 많은 법전의 책을 기록하
여 만든 것처럼 너와 같이 역사할 수
없을 것이니라.
5 그러나 그들은 너의 고충과 네가 가는
어렵고 힘든 길을 가지 못함이니, 그
들은 또한 그를 알지 못함이니라.
6 내가 너희들에게 무엇을 내리고 역사
하고자 하며 기적을 이루고자 하나 너
희들의 마음이요, 제자들이 가지고 있
는 자세며 그들의 생각이 어떠한 것인
가를 자신들을 돌이켜 봐야 할 것이니
라.
7 아무것도 모르는 백성이요, 나의 법전
이 잘못된 것이요, 이단이요, 사탄이
라 말하는 지금의 믿음의 길을 가고
있는 종교 집단 속에 있는 지도자요,
그 속에서 배우는 신도라 하는 그들
도 너희들처럼 법전을 접하며 나의 성
령의 기도를 직접 들으며 나의 아들을
통하여 내리는 기도며 성령의 가르침
을 그와 같이 많은 시간을 들었다 하
면,
8 그들은 너희들보다 더 아름다운 사람
으로 변해져 있을 것이며, 그들은 아
름다운 쪽뿐만 아니라 깨달음의 높이
의 경지가 너희들보다 훨씬 더 높을
것이니라.
9 너희들이 지금 마음의 자세가 흔들리
고 있으며, 너희들이 나 여호와의 뜻
이 얼마나 무서운 것이며 얼마나 소중

한 것이며 얼마나 귀한 것인가 그 자
체를 지금 알지 못하고 있음이니,
10 모르는 백성이요, 이 법전을 찢어 버
리고 태운 백성이 이를 보고 읽어 그
와 같은 강론과 그와 같은 법전을 읽
고 깨우쳤다면 그들이 너희들보다 더
앞에 가 있으며, 그들이 깨달으며 행
함이 더 높을 것이니라.
11 너희들은 너희들 자신을 지금 돌아다
봐야 하며, 너희들의 마음자리가 과연
어디에 있으며,
12 너희들이 행하고 있는 것이 과연 나
여호와로부터 사랑을 받을 수 있으며,
나로부터 선택된 백성이요, 만백성을
지도하는 지도자로서 그 자세를 갖추
고 있으며 그 품위를 유지하고 있으
며, 너희들이 말씀의 깨달음을 그만큼
깨달아 누구 앞에 가서 갑론을박한다
해도 나의 법전을 자신 있게 대답하고
말하며 밀리지 않을 자들이 있는가?
13 내가 너희들을 사탄이요, 사악한 자들
과 언쟁의 싸움을 시켰을 때, 너희들
을 보는 내 마음이 불안하지 않은 마
음으로써 너희들을 믿고 기다릴 수
있는 그와 같은 깨달음이요, 그와 같
은 일에서 너희들이 행하고 있는가?
14 너희들 자신을 이제 돌이켜 볼 때가
되었음이니라.
15 너희들은 '소귀에 경 읽기'라는 말이
있느니라.
16 그보다도 더한 것이 지금 너희들임을
알아야 할 것이니라.
17 나 여호와가 내리는 그 성령의 나의
가르침을 단 한 번도 듣지 못한 백성
들이, 나를 향하여 믿음을 향하여 달
려가는 자들이 너희들과 같이 그 많은
기도요, 그 많은 성령의 가르침을 들
었다 하면 아마 이보다도 몇백 배 그
들은 더 변했을 것이니라.
18 그러한 너희들이 오늘의 선택됨의 소
중함을 모르며, 나의 강론이요, 나의
법전이 전해지는 것이 무엇인가를 모
르고 너희들이 마음의 끈을 놓치고 있
으며, 인간 세속의 살아가는 그 생각
에서 벗어나지 못하는 너희들이니,
19 그러면서 기적을 이루며 너희들이 원
하는 그 역사를 이루고자 하는 것이
너희들의 마음이니, 이는 절대 있을
수 없음이니라.
20 이제 너희들은 나의 법전을 읽고 깨우
치고 다지고 가슴에 새겨들은 그 모
두를 끌어내어 변화되는 삶, 아름다운
삶으로써 그리고 내가 믿을 수 있는
나의 백성으로 너희들 스스로 변하는
것만이 너희들이 나로부터 멀어지지
아니하는 길이며,
21 영원히 너희들이 내 품에 오고 못 오
는 것은 너희들에게 달렸음을 알아야
할 것이니라.

4,616 번째 하나님 말씀

2003년 1월 19일 15시 21분

1 사랑하는 나의 아들아!
2 "네, 아버님! 말씀하옵소서."
3 나의 피조물 만백성, 그리고 너를 따
르는 너의 제자들이요, 나의 법전을
읽고 공부해 깨우친 백성 그들에게 물
어보라.
4 너희들이 지금까지 살아온 그 모습을

하나하나 기록하여 재판을 받으며 심
판을 받을 때, 과연 너희들은 남으로
부터 칭송을 받을 만한 그와 같은 아
름다운 삶을 살았는가, 너희들이 무죄
라는 판결을 받을 수 있는 그와 같은
경지의 삶을 살았는가, 그렇지 않으면
너희들이 유죄 판결을 받는 그와 같은
삶을 살았는가?
5 너희들 스스로 지금까지 살아온 것을
하나하나 백지에 기록하여 그 죄목을
나열해 보며, 너희들이 선하게 살아온
것이며 사랑을 베풀며 산 것을 기록하
여 견주어 볼 때,
6 너희들이 과연 유죄 판결을 받을 사람
인가 무죄 판결을 받을 사람인가, 그
리고 많은 백성에게 칭찬을 들을 수
있는 그와 같은 삶을 살아왔는가 너희
들 스스로 재판하며 한번 너희 자신을
다스려 보는 그와 같은 깨달음을 얻어
야 할 것이니라.
7 나 여호와는 정녕 사랑하는 나의 아들
딸이 유죄 판결을 받는 것을 원하지
아니하며, 너희들이 유죄 판결을 받아
그 죄의 대가를 치르는 것을 원하지
아니함이니라.
8 육의 세상에서 살아가는 너희 부모들
도 자식이 죄를 짓고 살기를 원하지
아니하며, 남에게 부끄러우며 남에게
해를 끼치는 그와 같은 삶을 살아가는
자식의 삶을 말리며 그를 원하지 아니
하는 것이거늘,
9 너희들을 창조한 나 여호와는 영원히
살고 살지 못하는 그 심판대에서 영
원히 사는 나의 나라에 와 너희들이
유죄 판결을 받아 그 대가를 치르는
것을 원하지 아니함이니라.
10 너희들 인간사에서 부모와 자식 관계
에도 너희들이 그 자식이 죄를 짓고
사는 것을 원하지 아니하며 죄인으로
서 살아가는 것을 원하지 않는 것이
너희 부모가 아니던가?
11 백 년도 못 사는 인간의 형태에서 자
식이 유죄 판결을 받는 것을 원하지
않는 것이 육의 부모요, 너희들 부모
가 지닌 마음이니,
12 창조주인 나 여호와는 너희들이 백
년이 아니요, 영원히 영원히 너희들이
존재하고 살아야 하는 그 속에서 유죄
판결을 받아 그 죄의 대가를 치르는
그 삶을 너희들이 살기를 원하지 아
니하며, 그를 내가 택하고자 아니 함
이니,
13 그리하여 나의 백성 너희들이 만인으
로부터 칭송을 받는 자로서 판결문을
받지 못한다면 너희들이 그 무죄 판
결의 재판이라도 받을 수 있도록 하
고자 하는 것이 나 여호와의 뜻이며
바람이니라.
14 너희들이 유죄 판결을 받기를 원하지
아니함이니라.
15 내가 창조주인 아버지이니, 영원한 너
희들이 사는 그 세상에서 유죄 판결을
원하지 아니하느니라.
16 백 년이 안 되는 육의 인간의 부모도
유죄 판결을 받아 너희들이 고통스러
운 삶을 살지 않게 하려고 온갖 정성
을 다 들이듯이,
17 내가 너희들이 영원히 사는 세상에서
너희들이 유죄 판결을 받지 않도록 하
고자 나의 아들을 통하여 법전을 내려

보내며 나의 뜻을 기록하여 세상에 전
함이니,
18 너희들이 무엇을 얻고자 무엇을 이루
고자 하며 너희들의 뜻을 이루지 못
하여 불평불만을 하며 너희들의 가슴
아픈 마음을 토로해서는 아니 될 것
이니라.
19 너희들이 얼마만큼 노력하며 얼마만
큼 바로 섰느냐에 따라서 너희들이 다
얻을 수 있는 것이거늘,
20 지금까지 너희들이 다 잘못 살아와 생
활이 어려우며 삶이 어려우며 의식주
가 어려우며 처자식을 다스리기가 어
려운 너희들이 나의 법전을 읽고 깨우
쳤다 하여 그것으로부터 벗어날 것을
바라며, 내가 너희들에게 상을 주기를
바라는 것은 공평하지 못함이니라.
21 너희들이 나의 법전을 보고 구원의 길
이요, 하늘에 오르는 길을 깨우친 그
것으로써 너희들은 나에게서 받는 더
이상 큰 은혜가 없거늘, 너희들이 나
의 법전을 읽고 깨우쳐 하늘에 오르는
길은 너희들의 소관이니 너희들이 구
원을 받고 못 받는 그와 같은 일에, 어
찌하여 너희들이 나의 법전을 읽고 깨
우친다 하여 내가 너희들에게 재물을
내려 주며 상금을 주며 권위를 주며
너희들이 말하는 모든 부귀영화까지
도 내려 주는 그와 같은 길이 있어야
하는가?
22 이는 공의의 하나님이 아니요, 나 여
호와의 뜻이 아니요, 하늘의 뜻이 아
님이니라.
23 너희들이 육에서 변하고 얻고 얻지 못
하는 것은 너희들 자신에게 달렸으며,
너희들이 다만 나의 법전을 읽고 깨우
쳐 구원의 그 찬란한 빛을 보는 그 한
가지로써 너희들이 더 이상 받을 은혜
가 없으니,
24 나는 그 이상 너희들에게 무엇을 주고
안 주고 하는 그와 같은 나 여호와가
아님을 스스로 알아서, 너희들이 나로
부터 섭한 마음, 지울 수 없는 마음을
가진 자, 법전을 버리고 떠나면 될 것
이니, 그를 갖고 시시비비하며 무엇을
바라고자 하지 말라.
25 얼마나 그것이 너희들이 무서운 욕심
이요, 큰 욕심이던가?
26 법전을 보고 깨우친 그것 하나로써도
너희들은 세상 것과 바꾸지 못하거늘,
너희들이 너희 구원을 받기 위하여 나
의 법전을 읽고 깨우치는 것을,
27 거기서 나 여호와가 특별히 선택된 백
성이요, 나의 법전을 읽는 너희들이
감사하고 황송하고 고마워서 내가 너
희들에게 재물과 은혜를 또 내린다는
그와 같은 기대를 하지 말라.
28 이는 다 너희들의 부질없는 욕심의 생
각임을 알라.

4,617 번째 하나님 말씀

2003년 1월 19일 15시 27분

1 사랑하는 나의 아들아!
2 "네, 아버님! 말씀하옵소서."
3 너희들이 그리 갈구하는 구원의 길이
요, 하늘에 오르는 길이요, 영혼을 구
원하며 영원히 사는 나의 나라에 와
살고자 하여 그리 몸부림치고 발버둥
치는 백성들이, 어찌하여 나의 참진리

요, 나의 뜻이 세상에 내려갔거늘 너
희들이 이를 모욕하며 이를 짓밟으며
이를 욕되게 지금 하고 있는가?
4 지금 나의 피조물 만백성 너희들이 하
는 행위가 그러한 행위로써 흘러가고
있음을 알라.
5 내가 나의 아들을 통하여 160권의 법
전을 세상에 내려보내니, 이는 나 여
호와의 성령이요, 나의 뜻이요, 하늘
의 뜻이라 내가 그리 너희들에게 말하
였거늘, 어찌하여 이를 사탄이요, 이
단이요, 사악한 자라 그리 말하는가?
6 지금 그와 같은 생각을 가진 것이 나
의 백성들이니라.
7 그리하여 나의 법전을 읽고 깨우치고
또 공부하는 제자 너희들은 어떠하던
가?
8 너희들도 그들과 똑같은 마음에서 벗
어나지 못하고 있음을 알아야 할 것이
니라.
9 너희들이 나의 법전을 접하고 공부하
며 그 뜻을 깨우치는 것은 너희들이
스스로 바로 서고자 하는 것이며, 너
희들이 나의 법전을 읽고 깨우치는 그
것만이 정도요, 너희 자신이 원점인
상태로 돌아가는 것이니라.
10 너희들 자신이 원점으로 돌아가 그 원
점의 상태에서 너희들이 아름다움을
베풀어 행하고 하늘에 오르고 못 오르
는 것은 너희들의 뜻이라 하였거늘,
11 나 여호와가 나의 아들을 통하여 법전
이라 하여 세상에 내려보내 너희들이
원심이요, 인간 본연의 내가 내려보내
준 그 원점으로 돌아오는 것이 너희들
이 무엇이 그리 위대한 것이며 대단한
자들이며, 너희들이 그 길을 간다고
하여 나 여호와에게 무엇이 관계있겠
는가?
12 다만, 나의 백성들이 바른길을 와 원
점의 그 상태에서 너희들이 나에게 돌
아오는 것은 나에게 기쁨을 주는 것이
요, 구원을 받고 못 받는 그 형태는 너
희들에게 관계된 문제이니라.
13 너희들이 깨달아도 아직 하늘에 오르
는 것이 아니요, 나의 법전을 읽고 정
독하여 그를 깨닫고 그리 행할 때, 내
가 내려 준 인간의 본성인 그 원상태
로 돌아오는 것이거늘,
14 그 원상태로 돌아오는 것이 무엇이기
에 너희들이 온갖 오만하고 방자한 생
각을 하고 있는가?
15 이를 너희들은 깨우쳐야 할 것이니 그
리 알라.
16 나로부터 선택되어 나의 법전을 읽으
며 강론을 듣는 너희들이 얼마나 축복
된 백성이던가?
17 축복된 백성인 너희들이 감사와 그 기
쁨을 모르며 너희들이 거기에서 육의
무엇을 얻고 구원하고자 한다면, 광란
의 소리를 지르며 두드리면 열릴 것이
라, 구하라 그리하면 얻을 것이라 하
여 그 말을 믿고 달라 하며 소원을 이
루고자 기도하는 그들과 너희들이 다
른 것이 무엇이 있는가?
18 하나도 다른 것이 없으며 그들과 너희
들이 똑같으니, 똑같은 믿음을 가지고
가는 것이 바로 너희들이니라.
19 무엇을 얻고자 이루고자 소원하는 마
음을 갖지 말라 하였거늘, 내가 이를
수없이 너희들에게 전하여 법전에 기

록하였건만, 그를 읽고 깨우친 너희들
이 어찌 그 뜻은 모르고, 부귀와 영화
요, 나로부터 은혜를 입을 수 있는 그
와 같은 대목이요, 그와 같은 것만을
뒤져서 말하는가?
20 바로 성서를 읽고 깨우치는 것은 가장
어려운 길이요, 가장 나쁜 것이요, 가
장 지키기 힘든 것이요, 자기에게 불
리한 것이 너희들 것이라 내가 말했으
며, 그와 같은 쪽으로 해석하고 깨우
치라 하였거늘,
21 어찌하여 그 많은 가르침을 들은 나의
백성들이 그와 같은 행위를 하지 못하
고, 보통 종교 집단이요, 일반 백성들
이 생각하는 그 범주에서 벗어나지 못
해 거기에 잣대를 맞춰 불평불만을 하
며 온갖 생각을 다 하는가?
22 너희들이 나의 성전에 와 나의 법전을
읽고 깨우치는 것이, 나의 아들의 강
론을 듣는 것이 너희들을 위해서 함이
요, 나를 위해서 함이 아니니, 이 엄연
한 사실을 깨우쳐 너희 스스로 선택하
도록 하라.
23 싫은 자 떠나면 될 것이며, 깨달음이
아니라 하는 자 떠나면 될 것이니라.
24 너희들은 나 여호와는 만백성을 무조
건 사랑하며, 만백성을 구하기 위해
너희들이 나를 모독하고 나를 짓밟아
도 나는 인내하고 참아야 하는 그와
같은 하나님으로 보지 말라.
25 너희들 중에서 부활하지 못할 자 버릴
자 엄히 버리며, 다스릴 자 엄히 다스
림이니라.
26 사탄의 생각을 가진, 마귀의 생각을
하며 마귀와 더불어 가는 그 인간을
놔둠으로 나의 피조물 만백성 다른 백
성까지 지옥 불로 인도하니 그를 용서
할 수 없듯이,
27 나는 너희들을 벌할 자와 벌하지 아니
할 자를 아니, 너희 스스로 벌을 받고
자 자청하는 백성으로서 살지 말라.

4,618 번째 하나님 말씀

2003년 1월 19일 15시 38분

1 사랑하는 나의 아들아!
2 "네, 아버님! 말씀하옵소서."
3 너희들에게 가르쳐 이르기를, 나의 법
전을 읽고 깨우치는 자 구원을 받으며
심판을 받음이라 하였음이니라.
4 이를 읽고 깨우치지 않은 자는 심판을
받을 수 없으며, 너희들이 구원이 무
엇인가를 모르며 그 길을 볼 수가 없
다 내가 말하였음이니라.
5 이 세상에 말 못 하는 짐승이요, 동식
물까지도 나의 법전이 나의 성령이요,
이것만이 오로지 만백성을 구하고 구
하지 못하는 그와 같은 심판의 기준이
라는 것을 다 알고 있다 내가 너에게
말하였음이니라.
6 어찌하여 말 못 하는 동물까지도 이
법전이야말로 너희들을 구하고 못 구
하는 것이며 창조주 나 여호와의 뜻이
라는 것을 알건만, 가장 지혜를 높이
주어 살아갈 수 있도록 만든 인간 너
희들만이 이를 모르고 있음이니, 이
나 여호와의 아픈 마음을 너희들은 과
연 알고 있는가?
7 너희들은 말하기를 세상의 모두가 존
재하는 것은 나 여호와의 뜻이며, 내

가 주관하지 아니하는 것은 세상에 존
재하지 아니한다 그리 말하였음이니
라.
8 그리고 너희들은 그리 아느니라.
9 그리고 너희들 생활 속에서 그를 알고
있지 않은가?
10 너희들이 물리면 또 입에 대면 죽는
그 독소가 있는 동식물까지도 이 세상
에 존재하도록 나 여호와가 만든 그
뜻을, 그것이 존재하기에 너희들이 살
아가는 이 세상에 톱니바퀴 같은 것이
틀리지 아니하고 그 위치를 다 지키며
그 자리에 있어야 하기 때문에 필요하
여 만든 것이라 내가 수없이 너희들에
게 가르쳤으며, 너희 또한 그리 알 것
이니라.
11 그렇다면 내가 160권이라는 대장정의
나의 성령의 새로운 성경을 기록하여
전하는 이 역사가 너희들은 과연 사탄
이 할 수 있으며 악마가 할 수 있으며
사악한 자가 할 수 있다 생각하는가?
12 이 법전이 너희들이 지금까지 믿고 오
는 성경보다도 더 깊은 의미요, 너희
들이 깨닫고 행함을 기록하여 주었으
며, 그리고 그 많은 160권의 법전이
세상에 나오거늘,
13 이는 나 여호와만이 이룰 수 있으며
그 누구도 이룰 수 없는 길이거늘, 어
찌하여 너희들이 나 여호와이기에 이
와 같은 역사를 이룬다는 그 생각 하
나를 갖지 못하며, 마음 한 자리를 돌
리고 바꾸지 못하는가?
14 정녕 이를 보지 아니하고 구원의 길에
오를 수 있다는 생각을 너희들은 지워
야 함을 알라.
15 모든 동식물까지도 나의 법전이 마지
막 나의 성령이요, 만백성을 구하기
위해 오늘에 역사하는 것을 다 알고
있음이니, 그들을 붙잡고 너희들이 물
어보라.
16 지금 너희들이 모르고 헤매며 살아가
는 그 모습을 보고 그들이 말 못 하고
비웃고 있음을 알아야 할 것이니라.
17 너희들이 그들을 통제하며 만물의 제
왕이요, 만물의 왕이라 말하는 것이
거늘, 가장 어리석고 불쌍한 것이 너
희들이라 동식물이 생각한다면 너희
들은 믿겠는가?
18 나로부터 생명을 가지고 나간 그 모두
는 다 그를 알고 있음이니라.
19 그 속을 알고 있음이니라.
20 그것을 너희들만 모르는 것이니, 너희
들이 어찌하여 이리도 나 여호와의 마
음을 아프게 울리는가?
21 너희들이 새로 내려오는 성경이요, 내
가 지금 심판하는 새 시대에 심판을
받게 되어 있음이니,
22 구약과 신약의 몇천 년의 역사가 흘러
오는 것은 심판의 시대가 아니요, 너
희들이 구원의 빛을 볼 수 있도록 하
는 그 역할을 했으며, 너희들이 죄요,
죄가 아님을 깨달아 그와 같은 하늘에
오를 수 있는 빛을 볼 수 있도록 너희
들을 인도하는 것이었으며,
23 이제 너희들이 행함에 따라 내가 심판
하는 시대이니, 곧 그리하여 나의 법
전이라 하여 새로운 성경을 너희들 손
에 쥐여 주어, 그대로 행하고 사는 자,
내가 구원하고 구원하지 않는 그 역사
를 시작한다 하였음이니,

24 이를 보지 않고 듣지 아니하는 자는
심판의 자격도 없다는 나의 뜻을 너희
들이 깊이 깨우쳐 행하도록 그리하라.

4,619 번째 하나님 말씀

2003년 1월 19일 15시 49분

1 사랑하는 나의 아들아!
2 "네, 아버님! 말씀하옵소서."
3 너희들이 나로부터 생명을 받아 세상
에 나감이니, 너희들이 세상에 밝은
빛 속에서 너희 이름 석 자를 걸어 놓
는 그 순간부터 너희들은 어떠한 길을
가고 있는가?
4 육의 죽음의 종착역을 위하여 너희들
은 그때서부터 가며 달려가기 시작함
이니, 그는 벗어날 수도 없으며 돌아
갈 수도 없는 것이니라.
5 너희들이 세상에 밝은 빛을 보며 태어
나는 그 순간부터 너희들은 육의 죽음
의 그 시간을 위하여 그를 준비하여
그를 향하여 달려가는 것이니라.
6 그는 너희들이 인정할 것이며, 그를
거부할 자 없으며, 그를 거부하고 그
와 같은 것을 반대로 이야기할 수 있
으며 그렇지 않다 말할 수 있다 하면
그는 잘못된 자요, 정신 나간 자라 너
희들은 말할 것이니라.
7 그러나 엄연한 사실이니라.
8 세월이 지나면 지날수록 너희들은 쇠
퇴해져 결국은 죽음의 문턱에서 그 선
을 넘지 않는 사람이 없음이니, 이 엄
연한 사실보다 더 정확한 것이 무엇인
줄 알겠는가?
9 너희들이 지금 바로 나에게 와 심판을
받으며 그 심판에 따라 그 죄의 대가
를 치르며 그에 대한 상을 받고 하는
그와 같은 것이 있음을 알아야 할 것
이니라.
10 너희들이 지금 말하는 그 육의 삶이
죽어 가는 것은 부정할 수 없으나, 그
는 너희들이 여유가 있는 믿음이요,
여유가 있는 깨달음이요, 여유가 있는
생각이라 할 수 있을 것이니라.
11 그리고 혹시나 죽지 않는 방법이 없을
까 하며 온갖 생각을 대비해 볼 수도
있음이니라.
12 그러나 보이지 않는 너희들의 영혼의
심판이요, 나에게 너희들이 지은 죄의
대가를 받고 안 받는 것은 그보다도
더 정밀하며 그보다도 더 엄밀한 것이
니라.
13 그러한 것을 부정하며 믿으려 하지 아
니하는 것이 바로 너희들이니라.
14 그리하여 그 길이 있는 것을 알고 그
길의 믿음으로 가는 것이 너희들의 육
의 삶보다도 더 소중하다 말하는 자,
그들은 또 과연 어찌 가는가?
15 내가 그들에게 지키고 살아가는 길은
무어라 했느냐?
16 믿음과 소망과 사랑이라는 그중에서
도 가장 소중한 것이 베풀고 사는 사
랑이라 하였음이니, 너희들이 사랑을
베풀고 그와 같이 살면 되는 것을,
17 너희들 자신이 사랑이라는 것을 너희
가슴에서 다 지워 버렸음이니, 황폐한
땅이요, 모든 동식물이 살아갈 수 없
는 그와 같은 형국으로 만들어져 있는
것이 너희들의 가슴이니라.
18 이를 내가 바로잡고자 하는 것이며,

내가 그 너희들의 황폐한 땅에 생수를
넣어 모든 동식물이 살아갈 수 있는
그와 같은 기틀을 마련해 주는 역사를
이루기 위하여 나의 법전이요, 나의
새로운 성경을 세상에 내려보내나 너
희들이 이를 보지 아니하며 듣지 않으
려 함이니 어찌하겠는가?
19 너희들이 육의 삶에서 죽음이라는 것
을 벗어날 수도 없는 그것보다 더 정
확한 것이 너희들이 나에게 와 심판을
받음임을 알아야 할 것이니라.
20 너희들이 죽어 와 그 영혼이 갈 곳이
없음이니라.
21 그리고 나에게 와 심판을 받는 그 외
에는 어떠한 것도 존재할 수 없으며
어떠한 형태로도 너희들이 견딜 수 없
는 것이 다음의 사후의 세상에 너희들
이 사는 것이며 겪어야 한다는 것을
잊지 말라.
22 이 하나를 너희들이 깨닫고 이 깨달음
을 안다면, 세상의 모든 것은 나 여호
와가 내린 것이며 내가 다 역사하는
것이니, 소중하지 아니한 것이 없으며
귀하지 아니한 것이 없는 것이 이 세
상의 모두이니라.
23 지금 나를 믿지 아니하고 평범하게 사
랑을 실천하며 살아가고자 하는 그 백
성은 남을 미워하지 아니하며, 남을
저주하는 삶을 살지 않느니라.
24 지금 믿음이라는 것을 가지고 사랑을
베풀며 믿음과 소망과 사랑이라 부르
짖는 너희들만이 인간 자체를 차별하
고 살아가는 것이니라.
25 이 세상의 모두는 나 여호와가 창조했
음이니, 다 너희들이 사랑하며 한 형
제요, '우리'라는 개념을 갖고 살라 내
가 그리 말하였음이니, 그것이 하늘에
오르는 길이라 하였음이니라.
26 모든 자연 속에 있는 것을 사랑하며
동식물을 사랑하며 그와 같이 이 세상
에 존재하는 모든 것은 내가 나의 뜻
에 의해 세상에 나온 것이라 말하였거
늘,
27 너희들은 가장 소중한 형제요, 너희들
이 피를 나눈 같은 형제요, 나의 아들
딸로서 세상에 태어난 것은 육의 피를
나눈 형제보다 더 가깝고 소중한 형제
이거늘, 너희들이 그 형제를 경멸하며
그 형제를 저주하며 그 형제를 너희와
같은 믿음이 아니라 하여 인간으로서
생각하지 않는 그와 같은 마음을 가지
고 사니,
28 너희들이 어찌 세상 것을 다 사랑하
며, 세상 것을 다 나의 것이라 말할 수
있으며, 너희들이 실천할 수 있는가?
29 그것 하나만 보더라도 너희들이 천 가
지, 만 가지를 다 잘못 가고 있으며 근
본이요, 기초가 아니 된 삶을 살아가
는 백성이라는 것을 알아야 할 것이니
라.
30 이제 내가 나의 법전에 기록하여 너희
들에게 전함이니, 너희들은 아직 이
세상의 그 모두를 사랑할 수 있는 마
음이 없으며 그 마음이 열려 있지 아
니함이니라.
31 모든 종파 속에서 구원을 받는다 하여
그 길을 달려가는 백성 너희들은 문이
닫혀 있으며 고립되어 있음이니라.
32 그러니 너희들은 하늘에 오르는 길이
요, 참진리요, 너희들이 말하는 성서

를 보며 울부짖으며 찬송을 부르면서
광란의 짓을 하며 구원을 받으며 무엇
을 달라, 이루어 달라 기도하기 전에,
너희들의 가슴부터 열어 만백성을 사
랑하는 그 기초적인 마음부터 다스리
도록 하며 그 훈련부터 하도록 전하라.
33 모든 백성 너희들은 들으라.
34 믿음의 길을 가는 백성이요, 나의 아
들을 따르는 제자들이요, 믿음을 향하
지 않은 백성이요, 너희들이 다 똑같
은 형체를 가진 모든 백성을 사랑하
는 마음, 그리고 그 모두보다 더 소중
하고 귀한 것은 세상에 없다는 것을
먼저 깨우치는 그 마음의 문부터 열도
록 그리 전하라.
35 그 마음을 열고 봤을 때 너희들이 진
리를 알며, 기도할 자격이 있으며, 나
를 부를 수 있으며 하늘에 오를 수 있
는 그 기초가 다져진다는 이 무서운
사실을 부정하지 말라.
36 이는 너희들이 나이를 먹으며 죽어 오
는 그 문턱을 넘지 않을 수 없는 자가
없듯이, 넘지 않는 자가 없으며 넘어
피할 수도 없는 그 문턱, 너희들이 도
저히 어찌할 수도 없는 그 문턱을 넘
는 것보다도 더 정확한 것임을 잊지
말라.
37 내가 너희들에게 죽음에 대비하여 오
늘에 깨우침은, 너희들이 아무리 손에
쥐여 주고 깨우쳐도 믿으려 하지 아니
하며 너희들이 그 무서움을 알지 못하
며, 그저 너희들은 시간이 지나면 모
두를 접어 두고 또 죄에 대한 행위를
반복하고 또 눈물로써 회개하면서 또
다시 그 죄에 대한 것을 반복하며 또
사악한 짓, 추악한 짓을 하고 있음이
니,
38 그리하여 너희들의 그 마음을 잡고 다
스릴 길이 없기에 내가 너희들이 죽
음보다도 더 피할 수 없는 것이 나에
게 심판을 받는 것이며, 너희들이 사
랑하는 마음이요, 만백성을 똑같이 사
랑하는 그 마음을 갖는 것이 더 정확
하고 더 위대하고 소중하다는 것을 내
가 가르치고자 함이니라.

4,620 번째 하나님 말씀

2003년 1월 19일 15시 53분

1 사랑하는 나의 아들아!
2 "네, 아버님! 말씀하옵소서."
3 너를 따르는 제자들이요, 내가 사랑하
는 나의 아들딸이요, 나의 법전을 읽
은 만백성 너희들은 알아야 할 것이니
라.
4 너희들이 깨우치기 위하여 변화되며
너희 스스로 다스려 나가는 그 정경을
보는 나 여호와의 기쁜 마음은 이루
말할 수 없으나, 너희들은 그것이 원
뿌리의 마음의 변화까지 지금 도달하
지 못하고 있음이니, 이를 어찌해야
하겠는가?
5 너희들이 변하는 그 마음이 원 뿌리까
지 도달해 그 뿌리가 변화되었을 때
세상 것 내가 못 줄 것이 없으며 이루
어 주지 아니할 것이 없거늘, 너희들
은 마음의 뿌리를 버리지 못하고 있는
것이니라.
6 지금 너희들이 먹을 수 없는 물을 정
화하여 생수로 바꾸는 그 과정을 거친

다면, 그 과정을 거쳐 완벽한 생수로
서 변화되는 그 여과 과정이 이루어지
지 않은 것이 너희들이니라.
7 너희들이 말할 때 인간으로서 이만큼
변했으면 되며 이와 같이 경지에 올랐
으면 머지않아 너희들이 참진리요, 하
늘의 뜻을 알아 경지에 오를 완벽한
사람이라고 말할 것이나, 아직은 너희
들이 근본의 뿌리는 하나도 흔들리지
아니하였음을 알아야 할 것이니라.
8 근본의 그 뿌리가 흔들리지 아니하였
으니 너희들이 지금 아무리 변하였다
해도 그것은 건수에 지나지 않은 것이
며, 수백 미터 깊은 곳에서 품어 내는
아주 깨끗한 생수처럼 너희들의 그 모
두가 정화되어야 할 것이거늘, 너희들
이 아직 근원의 뿌리는 건들지 못하고
있음이니라.
9 너희들이 병이 발생한 그 원인의 뿌리
를 고치지 못하고 임시 처방하는 그와
같은 형국이니, 진실한 그 병의 뿌리
를 알지 못한다면 그는 결국 어찌 되
어 가는가?
10 세월이 지난 다음에 그는 죽어 가지
아니하겠는가?
11 너희들이 죽을 병이 지금 너희들 몸
에서 발생하며 그 병균이 퍼져 나가
니, 그것이 너희들이 고달프고 힘든
것이라 생각하여 너희들이 잠시 피로
한 것을 쉬고 나서 그것으로써 치료했
다 생각하면 그 병균은 더욱 뿌리를
깊이 내려 감이니, 바로 그와 같이 너
희들이 원뿌리를 뽑지 못하고 있음이
니라.
12 너희들이 근원의 뿌리를 뽑아야 하며,
근원의 뿌리가 완전히 변화됐을 때 나
여호와가 너희들에게 무엇을 못 주겠
는가?
13 근원의 뿌리를 뽑지 않은 너희들에게
부귀와 영화요, 명예를 주었을 때 너
희들은 부귀와 명예에 의하여 인간으
로 돌아가 쓰러짐이니, 영원히 큰 병
을 미리 발견하지 못하여 죽을 때 그
병의 무서움을 알아 그 병마에 쓰러지
는 그와 같은 너희들이 되기 때문이
니, 이를 내가 다스리고자 함이니 나
의 뜻을 알라.

4,621 번째 하나님 말씀

2003년 1월 20일 0시 29분

1 사랑하는 나의 아들아!
2 "네, 아버님! 말씀하옵소서."
3 너로 하여금 모든 기적의 역사를 이루
며, 내가 예수에게 임했듯이 네가 또
한 그와 같은 역사를 이루기를 너의
제자들이 바라고 기대함이니, 그 또한
욕심이며 그들이 잘못 생각하고 있음
을 알아야 할 것이니라.
4 과연 받을 만한 사람, 그와 같은 역사
의 은혜를 입을 수 있는 사람, 죽은 자
가운데 살릴 수 있으며 앉은 자 일으
켜 세울 수 있는 그와 같은 은혜와 영
광을 받을 수 있는 자가 과연 있다 생
각하는가?
5 너희들은 그것을 또한 생각하며 저 자
신을 돌아다보는 그와 같은 삶을 살
아야 함을 먼저 그들에게 깨우쳐 주라.
6 너희들이 살아가면서 지금 깨우치고
깨달음이요, 너희들이 죄를 지은 것을

회개하며 반성하는 그와 같은 삶을 살
아가는 데도 너희들이 저 자신의 제
위치에 돌아오지 못하는 그와 같은 삶
을 살고 있는 것이 지금 너희들이니라.
7 너희들이 지금 수없이 살아오면서 너
희들이 안고 있는 그 모든 잘못된 너
희들의 죄의 대가를 치르고 털어 버리
는 그것 하나를 먼저 생각해야 함을
잊지 말라 전하라.
8 너희들이 지금까지 살아오면서 남을
속이고 잘못하며 부끄러운 그 죄의 삶
을 산 것을 어찌 용서받을 수 있는가
를 생각하며 그를 어찌하여 용서를 받
는가를 한번 생각해 보도록 그들에게
가르쳐 주라.
9 너희들이 지금까지 지고 온 그 죄를
나 여호와로부터 용서를 받으며, 너희
들이 심판을 받을 때 그 죄사함을 받
는 것은 너희들이 지금 살아가면서 죄
를 짓지 않고 살아가는 방법 그것 하
나밖에 없음이니라.
10 그러하거늘, 너희들이 살아가는 그 길
이 과연 어찌 살아가는가?
11 너희들이 얼마나 깨끗하고 아름답게
살아가는 그 모습인가를 한번 자신을
들여다보라 전하라.
12 너희들이 정녕 나 여호와가 있음을 알
며 너희들이 지은 죄에 대한 벌을 받
으며 심판을 받아 그 대가를 치른다는
것을 생각할 때, 지금까지 살아오면서
죄짓고 잘못하며 너희들의 가슴에 안
고 있는 그 죄에 대한 벌을 어찌 받으
며 어찌 감당할 수 있다 생각하는가?
13 너희들이 정녕 감당할 수 있다 생각
하는가?
14 감당할 수 있다면 너희들은 나로부터
고통스러운 그 길을 갈 수밖에 없으
나, 너희들이 그를 감당할 수 없다 생
각하면 지금서부터 살아가는 삶을 죄
를 짓지 아니하고 살아가는 것이 너희
들이 지은 그 죄를 감면받는 길이며,
15 너희들이 이다음에 나에게 와 심판을
받을 때 지금서부터 아름답게 사는 것
만이 그 모두를 덮는 길이라는 걸 내
가 일찍이 깨우쳐 주었거늘, 너희들은
과연 어떠한 마음으로 살아가는가 생
각을 해 보라.
16 너희들이 지금 지난날의 삶을 사죄받
으며 그를 너희들 말대로 용서받으며,
그를 용서받아 구원의 길에 올 수 있
다면 너희들은 목숨을 다 바쳐서라도
바른길을 가야 할 것이며, 너희들이
목숨을 던져 죽음의 길을 선택한다 해
도 죄를 짓는 행위를 해서는 아니 될
것이며,
17 너희들이 목숨을 바쳐 스스로 지키는
그와 같은 아름다운 각오와 결심이 아
닌 다음에는 너희들이 구원을 받을 수
없으며 나로부터 어떠한 역사를 얻을
수 없는 것이거늘,
18 어찌하여 너희들은 기적과 역사를 생
각하며, 너희들 자신이 서 있는 위치
는 생각해 보지 아니하는가?
19 조용히 너희들이 가슴에 안고 각자의
살아온 과거요, 너희들이 살아온 그
형태를 돌이켜 보도록 하라 너의 제
자들에게 일깨워 주라.
20 너희들이 지금부터 살아가면서 하나
의 죄를 지었어도 너희들이 짓고 짓는
죄는 그리하여 벗어날 수 없으며, 너

희들이 선하고 아름다운 삶을 사는 것
이 지금까지 지고 온 그 무섭고 두려
운 죄를 감면받을 수 있으며,
21 앞으로 또 남들에게 추한 짓, 죄를 지
으며 남을 속이며 거짓 하는 그와 같
은 행동을 하게 될 때, 너희들은 목숨
을 바쳐서 그것을 바로 지킨다는 그
와 같은 무서운 각오와 결의를 하고
살지 않는다면 바로 설 수 없는 것임
을 알라 하라.
22 너의 제자들에게 전하라.
23 너희들이 목숨은 바쳐도 죄짓고 부끄
러운 짓을 하지 아니하고 살겠다는 그
와 같은 굳은 결의의 마음을 하루에도
수십 번씩 다짐하고 또 스스로 다짐하
는 그와 같은 변화의 삶을 살지 아니
하면 너희가 바로 설 수 없다는 것을
그들에게 반드시 심어 줘 그리 살도록
전하라.

4,622 번째 하나님 말씀

2003년 1월 20일 0시 34분

1 사랑하는 나의 아들아!
2 "네, 아버님! 말씀하옵소서."
3 너희들이 믿음의 길을 가는 것은 너희
들의 마음과 성격대로 그리 급하게 달
려간다 하여 그가 이루어지는 것이 아
님이니라.
4 너희들이 먹기 위하여 기르는 모든
식물에 물을 주어서 서서히 기름이니,
그 시간에 따라 물을 서서히 줌으로
인하여 그 식물은 자라나게 되는 것
이니, 보이지 않는 속에서 그 식물은
자라 너희들이 섭취할 수 있는 것이
아니던가?
5 식물에 물을 주어 너희들이 정성을 다
하여 기르듯이, 너희들이 나 여호와
요, 나의 뜻에 의하여 하늘에 오르는
길을 오고자 한다면, 내가 너희들에게
명한 십계명이요, 나의 아들을 통하여
내리는 법전을 읽고 깨우쳐, 식물에
물을 주어 그를 기르듯이 그와 같이
서서히 나의 성령이요, 나의 가르침을
들으면서 각자 그 책임 있는 생활 속
에서 서서히 변화되는 그와 같은 삶을
살아가야만 되는 것이니라.
6 그와 같은 기다림이요, 인내하며 살아
가는 삶이 아니면 너희들이 정녕 그
아름다운 깨달음이요, 영원히 구원의
세상을 볼 수 없음을 알라.
7 너희들이 먹는 식물에 물을 주어 서
서히 가꾸면 그 식물이 서서히 몰라보
게 자라서 그를 취할 수 있듯이, 믿음
이란 그와 같이 흘러가는 것이니라.
8 그리하여 그리 성장한 나의 백성 너희
들은 각자 분담하여 행하고 역사할 것
이 있음을 알아야 할 것이니라.
9 지금 네 밑에 와서 배우는 너의 제자
들이요, 나의 법전을 읽고 깨우쳐 나
의 성전에 와서 나의 강론을 직접 듣
는 너희들은 법전을 만드는 자의 책임
이 있는가 하면, 법전을 전하는 자가
있으며, 나의 법전을 가지고 강론하며
설교하여 만백성에게 전하는 자가 있
는가 하면, 복음이라 하여 보이지 않
는 그 끝까지 듣고 전하는 자가 있으
니, 그와 같이 역할이 분담되어 있음
을 알아야 할 것이니라.
10 또한, 나의 아들이요, 나의 목자요, 선

지자를 따르며 그를 수행하며 그 옆에
서 더불어 가는 자가 있는가 하면, 너
희들이 모두가 각자 직분이 따로따로
정해져 있는 것이 지금 나의 아들의
제자로 선택된 자들이요, 나의 법전을
읽고 깨우쳐 내가 내리는 강론을 직접
듣고 있는 너희들이니라.
11 너희들은 각자 해야 할 것과 역사해야
할 것이 다 분담되어 있음을 너희 스
스로 알아 행하는 그와 같은 깨달음이
되어야 할 것이니라.
12 너희들이 바로 서며 책임을 다할 때
내가 그 책무를 줄 것이며, 지금 책무
를 받지 못한 자, 아직 깨달음의 경지
에 올라서지 아니하였으며 불어오는
환란에 버티고 견디고 인내할 수 있는
그와 같은 너희들이 되어 있지 않기
때문에 내가 내리지 아니함을 알아야
할 것이니라.
13 지금 나의 법전이 세상에 나와 매도당
하며 모욕당하며, 한 장의 종이쪽지나
너희들이 쓰는 그 아름다운 책이요,
또한 소설이라는 책이요, 너희들이 음
담패설을 기록하여 책으로 전하는 것
만큼도 관심을 두지 아니하고 들여다
보지 아니하는 이와 같은 형국에서,
내가 이루고자 내가 구원하고자 하는
나의 법전을 정독하여 그들이 바른길
을 갈 수 있도록 하는 것은,
14 너희들이 변화되었을 때 각자 임무를
맡아 모든 기계가 제 기능을 다하듯이
너희들이 하나의 팀워크가 이루어져
돌아가야만 되는 것이니라.
15 너희들이 변하여 빨리 내가 원하는 그
깨달음의 경지에 올라 너희들이 맡은
바요, 만백성에게 나의 법전을 전할
때, 내가 많은 나의 백성에게 무죄 판
결을 내릴 것이니,
16 그들에게 유죄 판결을 내리고 안 내리
는 것 또한 너희들의 책임임을 깊이
깨우쳐 행하여야 함을 잊지 말라.

4,623 번째 하나님 말씀

2003년 1월 20일 0시 39분

1 사랑하는 나의 아들아!
2 "네, 아버님! 말씀하옵소서."
3 이 아름다운 지상을 내가 만들어 너희
들에게 취하며 살아갈 수 있도록 하였
으며, 너희들이 생명을 유지할 수 있
도록 에너지를 발산할 수 있는 동식물
을 세상에 다 주었음이니, 그들이 번
식하고 존재하는 것은 어찌 존재해 가
는가?
4 너희들이 식물로 말하면 그 식물의 씨
앗이 썩어졌을 때 그 식물이 거듭날
수 있으며 태어날 수 있으며 새로운
생명을 세상에 발아할 수 있다 생각하
는가?
5 썩은 씨앗은 생명력이 없으며 그 기능
을 다하지 못하며 그는 아무런 가치가
없어지는 것이니라.
6 동물 또한 제가 생식 기능이 마비되었
으며 생식 기능을 상실하였을 때 그는
어떠한 결과가 오는가?
7 그들의 종족은 씨가 마르며 죽어 가는
것밖에는 더 이상 없는 것이 이 세상
에 살아가는 이치인 것이니라.
8 썩은 씨앗은 절대로 새로운 생명을 탄
생시킬 수가 없으며, 그 열매를 맺을

수가 없으며, 많은 백성에게 생명의
힘이 되어 줄 수 없느니라.
9 여기서 지금 믿음의 길을 가는 모든
종교 집단이요, 너희들을 내가 다스리
고자 하며, 내가 그 문을 닫고자 하며,
너희들이 6천 년의 긴 역사 동안 가지
고 하늘에 오르는 길이라 배우고 깨
달았던 그 모두를 덮으며, 새로운 성
경을 세상에 내려보내 너희들을 깨우
치고자 하여, 내가 나의 아들을 통하
여 '하늘에 오르는 길'이요, '하나님!
말씀하옵소서'라는 이 160권의 이 대
장정의 책을 엮어 세상에 내보내는
것이 바로 무엇이던가?
10 지금 믿음의 길을 오고 있는 자, 너희
들이 구원의 길이라는 그와 같은 종파
들이 물질 만능에 젖어 있으며, 너희
들은 상술적으로 변했으며 상업적으
로 다 타락하고 전락되어, 너희들의
그 씨앗은 하나도 쓸 수가 없게 다 썩
어져서 버릴 수밖에 없는 그와 같은
씨앗으로서 너희들이 버려져 있음이
니라.
11 하나도 건져 쓸 수 있는 것이 없음이
니, 이를 어찌해야 하겠는가?
12 식물의 씨앗처럼 너희들의 생명력이
다 죽었으며 다 썩어져 오염될 대로
오염되었으니, 그 형상을 과연 어찌해
야 하겠는가?
13 도저히 생식기능을 발휘할 수 없으며,
다시 태어날 수 있는 그와 같은 씨앗
으로서의 자격이 없는 것이 지금 너희
들의 형국이니라.
14 그러니 내가 어찌 너희를 구원하며,
어찌 너희들이 그 속에서 나의 성령을
받으며 나의 메시지를 받아 너희들로
서, 너희들의 종교 집단에 새로운 역
사를 이루는 새로운 목자요, 새로운
지도자요, 나의 아들을 그곳에 보낼
수 있단 말이던가?
15 너희들의 집단의 형태로써는 그리할
수가 없음이니라.
16 그리하여 내가 새 씨앗이요, 생명력이
있는 씨앗을 세상에 내려보내니, 이것
이 바로 내가 내리는 나의 법전이요,
새 성경이니라.
17 이 성경이야말로 너희들을 구원할 수
있는 빛이요, 너희들이 하늘에 올 수
있는 그것이기에, 내가 이를 보고 깨
우치는 자 반석 위에 서서 하늘에 오
르는 찬란한 빛을 보는 영광을 얻게
된다고 그리 말하였음이니, 이 의미를
너희들이 깊이 알아야 할 것이니라.
18 지금의 모든 종교는 죽은 씨앗이니라.
19 그들은 생식기능이 없으며 번식기능
이 없으며, 새로운 생명을 탄생시킬
수 있는 자질이 없음이니라.
20 저 자신이 썩어져 죽어 있기 때문임을
너희들은 알아야 할 것이니라.
21 그곳에서 나는 악취요, 그곳에서 나는
냄새가 하늘에 진동하며 너희들이 행
하는 것이 짐승만도 못한 그 사악한
행위를 하기에 내가 너희들을 바라보
며 그 냄새를 맡기가 역겹다 하였음이
니,
22 지상에서 오염시킨 자, 나의 백성을
우롱하고 사는 너희들이 감히 하늘까
지 오염시키려 하지 말라 함이 나의
뜻이니 그리 알라.

4,624 번째 하나님 말씀

2003년 1월 20일 0시 47분

1 사랑하는 나의 아들아!

2 "네, 아버님! 말씀하옵소서."

3 너희들이 세상에 나가 살아가는 그 육의 삶을 마치고 나 여호와에게 심판을 받아 너희들이 유죄 판결을 받느냐 무죄 판결을 받느냐 할 때, 너희들에게 유죄 판결을 내리고 싶지 아니하는 것이 나 여호와라 그리 말하였음이니라.

4 너희들이 선하고 착한 아름다운 말과 행동을 많이 하여 나로부터 칭찬받는 그와 같은 백성이 되기를 바라며,

5 무죄 판결로써 너희들이 제로인 상태도 원하지 아니하며, 더욱이 너희들이 유죄 판결을 받아 죄를 지으며 그 대가에 대한 고통스러운 삶을 사는 것을 나 여호와는 볼 수가 없음을 알겠는가?

6 그리하여 아름다운 마음으로써 내가 너희들에게 보낸 인간의 본성이요, 근본의 인성을 갖고 아름답게 살다 나에게 오르면 될 것을,

7 너희들은 그와 같이 살지 못하며 너희 스스로 수많은 죄 속에서, 악행 속에서, 너희들이 나 여호와를 향하여 한 점의 부끄러움이 없는 그와 같은 삶을 살지 못하며, 고개를 들 수 없는 수많은 죄를 짓고 살아왔음이니라.

8 그리하여 너희들이 하는 말이 무엇이던가?

9 이제 나 여호와로부터 무서운 재앙이 내릴 것이라 그리 말하느니라.

10 세상이 환란 속에 뒤집히며, 너희들이 물의 재앙이요, 불의 재앙이요, 병균의 재앙이요, 그리하여 너희들이 지금 손으로 지은 성전에 가서 울고불고 재물을 바치며 구원을 바라며 나의 아들 예수의 보혈로써 구원받아 나의 아들의 이름을 부르며 나 여호와를 부르며 울부짖는 너희들이 이 세상에 곧 재앙이 내릴 것이라 그리 생각하고 있음이니라.

11 그는 너희들이 살아온 지난날의 그 죄에 대한 대가를 당연히 받을 것이며, 너희들은 그 죄의 대가가 너무나도 무겁고 두터워 재앙으로 다스리지 아니하면 너희들이 바로 설 수 없는 그와 같은 것이라는 걸 스스로 인정하기 때문일 것이니라.

12 그러나 너희들은 여기서 알아야 할 것이니라.

13 너희들은 내가 재앙을 내린다는 것이, 지상에 존재하는 모든 백성에게 무서운 재앙을 내리며 환란으로써 다스리며 고통으로 다스리면서 만백성을 파멸로 몰아가는 그와 같은 벌로써 내가 너희들에게 내리는 것이 재앙이라 그리 말하며,

14 지금의 믿음의 길을 가고 있는 너희들만은 구제받을 것이라 생각하며 너희들은 그와 같은 재앙과 관계없다 생각할 것이니라.

15 믿지 않는 자, 너희들과 다른 종교 집단, 그리고 너희들과 생각을 같이하지 않는 자들에게만 재앙을 내리는 것이며, 너희에게는 재앙을 내리지 않는 것이라 그리 착각하고 있음이니라.

16 나는 재앙을 내리지 않는다 하였음이
니라.
17 그러나 너희들이 여기서 알아야 할 것
이니라.
18 내가 모든 백성에게 재앙을 내리는 것
이 아니요, 지금 나의 백성을 기만하
며 나의 아름다운 성품을 가지고 사는
백성까지도 종교 집단에 끌어들여 그
들을 지옥 불로 인도하는 그와 같은
잘못 믿고 가는 그 종교 집단에 속한
그 백성이요, 그 집단에 내가 철퇴를
내리고자 하는 것이며, 철퇴를 내려
바로잡아 개혁하고자 하는 것이 지금
너희들이 가는 종교 집단이니,
19 재앙이 내린다면 너희들에게만 내려
질 것이니 그리 알라.
20 너희들이 지금까지 믿어 왔던 것이 잘
못 믿음을 깨우치며 모든 종교 집단이
문을 닫는 그와 같은 형국이 바로 곧
너희들에게는 재앙이 내려지는 것이
며,
21 순박하고 단순하게 살아가는 나의 백
성은 나의 진리요, 나의 참뜻에 귀를
기울여 그들이 변화될 수 있기 때문에
나의 법전이 세상을 덮었을 때 그들은
자연스럽게 나 여호와를 믿게 되며 나
여호와가 존재함을 알게 될 것이니라.
22 너희들만이 이를 거부하며 고집스레
구태의연한 지난날에 흘러왔던 그 관
행이요, 관습에서 벗어나지 아니하려
하기 때문에 너희들에게 그 무서운 철
퇴요, 재앙이 내려지는 것임을 알아야
할 것이니라.
23 너희들의 지금의 형태가 지속된다면
너희들이 선량한 나의 백성까지도 지
옥으로 인도하는 그와 같은 역사가 계
속되기 때문에,
24 나 여호와가 버리려 하는 것은 바로
지금 잘못 가는 종교 지도자요, 나의
백성을 잘못 인도하여 지옥 불로 이끌
어 가는 너희들이 재앙의 대상이라는
것을 잊어서는 아니 될 것이니라.
25 그리하여 선량한 백성이 읽고 깨우치
며 변화하도록 지금 내가 160권이라
는 대장정의 법전을 만드는 이 새로운
역사를 시작하였으며, 이로 인하여 내
가 나의 백성을 구원하고자 하는 것이
나의 뜻임을 너희들은 알아야 할 것이
니라.
26 그러나 지금 잘못 가는 종파요, 잘못
가는 그 종파에 속해 있는 백성 너희
들은 정녕 진리를 전하여 깨우칠 수가
없는 백성이기에,
27 너희들이 지금 살아가는 그 형태가 거
미줄처럼 얽히고설킨 그와 같은 형태
로써 도저히 벗어날 수도 없는 그와
같은 짜이고 짜여 있는 너희들의 집단
속에서는 정녕 도저히 나의 뜻을 전할
수 없으며 깨닫는 자가 없기 때문에,
28 내가 지금 다스리는 것은 바로 잘못
가는 너희들 믿음의 그 백성임을 알아
야 할 것이며,
29 내가 너희들에게 단죄해 내리는 그 증
거로써는 너희들이 지금 손으로 지은
성전이요, 죄의 온상인 그 성전의 문
에 거미줄을 치도록 하여 그를 폐허로
만드는 그와 같은 것이 시작되었을
때, 너희들이 바로 심판을 받으며 재
앙의 철퇴가 내려지는 것임을 알아야
할 것이니라.

30 내가 모든 재앙을 내리며, 너희들이
말하는 그 무서운 불의 심판이요, 이
와 같은 것은, 믿지 않는 백성을 상대
로 모두를 다 내가 재앙으로 다스리는
것은 없음이니라.
31 너희들은 재앙이라 하면 그 모두가 다
죽어 가며 너희들이 다 환란과 고통
속에서 지상에서 존재하지 못하는 것
을 생각하나, 그와 같은 재앙은 없음
을 너희들은 알고 있을 것이니라.
32 다만, 지금 너희들이 잘못 가는 그 종
교 집단을 단죄시킴으로써, 너희들이
바로 섬으로써, 나의 법전을 읽고 이
것이 새로운 성경이라는 것을 깨달은
대개혁의 변화를 이루는 것은 너희들
을 상대로 하여 내가 이루고자 하는
것임을 알아야 할 것이니라.

4,625 번째 하나님 말씀

2003년 1월 20일 0시 54분

1 사랑하는 나의 아들아!
2 "네, 아버님! 말씀하옵소서."
3 많은 나의 피조물 만백성이 한 번의
심판은 있을 것이며 대변화의 역사는
있을 것이며 새로운 시대가 열릴 것이
라는 생각을 할 것이니라.
4 그리고 이와 같은 세대로 흘러가서는
서로 인간관계가 잘못되며, 자식이 부
모를 살해하며 또한 부모가 자식을 버
리는 이와 같이 사악한 시대가 이대
로 흘러가는 것은 인간의 세상사가 아
니요, 삶도 아니요, 지옥이라 너희들
이 생각하고 살 것이니라.
5 그리하여 믿지 않는 백성까지도 단 한
번 정녕 하나님, 나 여호와 창조주가
있다면 심판의 하나의 결과는 이루어
질 것이며, 너희들이 견디지 못할 그
옳고 그른 자를 선별하는 무서운 시대
가 올 것이라는 것을 너희들도 그리
생각하고 있을 것이니라.
6 그러나 지금 믿음의 길을 가고 있는
백성은 좀 더 그를 더 잘 알고 있으며
그 깊이를 알고 있음이니라.
7 성서에 기록되어 전하는 그 내용을 읽
고 깨우쳐 그 의미를 아는 자, 너희들
은 알고 있을 것이니라.
8 너희들은 구약과 신약이 끝나는, 6천
년의 세월이 끝나는 그 시점부터 나
여호와로부터 무서운 대심판이요, 새
로운 변혁이요, 새로운 개혁의 바람이
불 것이며 그는 시작될 것이라 너희들
은 그리 알고 있을 것이니라.
9 그리하여 너희들이 그 심판의 기간이
7년이라는 세월이 걸려 너희들이 심
판의 준비 기간이요, 그 안에 심판이
끝나는 것이라 그리 생각하며 알고
있음이니라.
10 그러나 너희들은 여기서 알아야 할 것
이니라.
11 6천 년이 끝나는 그동안에 나 여호와
가 직접 통제함이니, 나의 성령이요,
나의 뜻이 글로써 세상에 전하게 되
며, 너희들은 7년이란 그 세월이 아니
라 10년의 역사 속에서 이루어짐을
알아야 할 것이니라.
12 너희들이 성서에서 배우고 가르쳐 너
희들이 깨달은 것은 7년에서 반이라
는 그 세월은 심판의 준비 기간이요,
반이라는 세월은 심판을 시작함이니

7년에 걸쳐 너희들이 끝날 것이라 그리 생각하나, 그 세월은 10년임을 알라.

13 내가 나의 법전에 나의 아들을 통하여 기록함이니, 10년 동안에 그 심판의 준비가 완료되며 그 심판이 시작됨을 너희들은 알아야 할 것이니라.

14 그리하여 너희들은 그것으로써 끝나는 것이 아니요, 천 년에 걸쳐 나의 피조물 만백성이 인성을 갖춘 모든 백성이 이 세상에 살아가는 그와 같은 세상을 만들며 내가 그들을 다스리고자 하는 것이니라.

15 이제 내가 10년 동안에 심판의 법전을 세상에 만들어 전하며, 너희들이 깨우치며 돌이킬 수 있는 그 시간을 10년을 줌이니라.

16 그 10년의 세월이 시작하여 끝나는 그때서부터 무서울 만큼 너희들은 나의 심판에 버릴 자, 구원을 받을 자, 구원을 받지 못할 자가 엄연히 구분되는 그 무서운 심판의 시대가 열림을 알아야 할 것이니라.

17 그리하여 하늘에서 이루어진 것과 같이 천 년이란 역사 동안에 거르고 걸러 다스리고 다스려서 하늘의 낙원을 지상에서 이루는 그 뜻이 내가 이루고자 하는 것이며 내가 역사하는 것임을 알라.

18 그래서 하늘에서 이루어진 것같이 지상에 낙원을 건설하는 것이 나의 뜻이며, 너의 제자들은 그 기초를 다지며 오늘의 그 역사에 증인으로서 너희들이 영원히 기록되어 남을 것임을 알라.

19 나의 아들 예수의 제자들이 2천 년이라는 역사가 흘러 지금에 그들의 이름이 거론되듯이, 160권이 끝나는 그 뒷장에 기록되는 너희들이 예수의 제자들처럼 영원히 그리 남을 것임을 알아야 할 것이며, 그게 바로 너희들이 선택된 백성임을 잊지 말라.

4,626 번째 하나님 말씀

2003년 1월 20일 01시 04분

1 사랑하는 나의 아들아!

2 "네, 아버님! 말씀하옵소서."

3 새로운 나의 성경이요, 나의 성령이 법전이라 하여 세상에 나감이니, 이가 세상에 나가 만백성을 깨우치고자 너희들이 이를 들고 동서남북 구석구석까지 다 뛰고 다닐 때, 너희들은 한 번의 큰 환란과 고통의 고비를 넘겨야 함을 알아야 할 것이니라.

4 너희들이 나의 법전을 들고 세상에 전하며 만백성을 구하는 그 역사 속에 너희들이 한 번은 견딜 수 없는 고통과 환란의 회오리바람 속에서 너희들이 무지막지한 시련을 겪는다는 것을 잊어서는 아니 될 것이며, 내가 너희들에게 미리 깨우쳐 줌이니라.

5 모든 종파가 이를 존재하지 못하도록 하며 나의 법전을 세상에 전하지 못하도록 그들은 한 번 눌러 엄청난 변화로써 저희들이 승자가 되고자 하며, 저희들이 승자와 같은 기세로써 모두를 다 덮어 나가는 그와 같은 무서운 환란의 시기가 올 것이며,

6 너희들은 추락하고 추락할 때까지, 바닥에까지 추락하는 그와 같은 형국을

한 번은 겪어야 하는 것을 잊어서는
안 될 것이니라.
7 너희들이 크나큰 환란을 겪게 되어 비
참할 정도로 한 번은 추락하는 그와
같은 시기가 있을 것이니라.
8 그리 추락되어 그들이 거만하고 오만
해지는 그와 같은 한 번의 너희들이
겪어야 할 고비가 있음을 잊어서는 안
될 것이니라.
9 그와 같이 너희들이 그 고비를 넘고
난 후에 오만해진 그 백성을, 나 여호
와가 성령으로써 모든 종파들을 심판
할 것이니, 그때는 그들이 감당치 못
하는 무서운 바람으로써 그들을 쓸어
가는 그 시대가 옴을 너희들은 알아야
할 것이니라.
10 지금 구약과 신약을 지키며 그것을 믿
고 지키며 그것만이 구원이요, 하늘에
오르는 길이라는 그 생각을 버리지 못
하는 지금의 모든 종파가, 그 단체들
이 나 여호와의 새로 내리는 성경에
반항하면서 끝까지 그들이 부정하는
사태가 벌어질 것이며,
11 그들은 너희들을 갈기갈기 찢어 버리
는 그와 같은 사악한 형태의 마음으로
써 너희들을 눌러 숨을 쉬지 못하도록
그리 몰아붙일 것이니라.
12 그러나 그들이 그와 같이 저희들보다
위대한 것이 더 이상 없으며, 나의 법
전이 세상에 나가나 저희들에게 눌려
다 무너지는 것을 보고 저희들이 진정
한 하늘에 오르는 길이요, 진정한 나
여호와의 뜻에 살아가는 백성이요, 저
희들이 구약과 신약을 지금까지 공부
하고 깨우친 것만이 구원의 길이라는
오만과 자만에 빠져,
13 나의 모세가 그를 따르던 백성들이 우
상을 만들어 놓고 광란의 짓을 하며
인간 생명의 존엄성까지 쫓아 버리는
사악한 형국으로 돌아갔던 그때 그
종족보다도 더 무서운 기세로써 저희
들이 세상을 지배하며 나 여호와를 능
가하는 그와 같은 착각 속에 헤맬 때,
14 내가 그들에게 철퇴를 내릴 것이며 그
들을 자멸하게 할 것이니, 그 모든 종
교 집단은 그때서부터 문을 닫기 시
작할 것이니라.
15 그리하여 내가 그들의 문을 닫는 역사
를 이루며, 철퇴를 내려 다스린 다음
에 모든 종파의 문을 닫게 함으로써
너희들이 개인에 따른 심판도 내가 엄
히 다스릴 것이며,
16 지금까지 너희들이 잘못 가는 그 집단
속에서 너희 스스로 욕심을 버리지 못
하며, 구원의 욕심이요, 너희들이 구
원을 받는다는 것, 그리고 저 혼자만
이 구원을 받아 하늘에 오르겠다는 그
욕심에 너희들이 잘못 살아온 개인에
따른 심판도 엄히 내가 다스림을 너희
들은 알아야 할 것이니, 그와 같은 준
비 속에서 너희들이 살아야 할 것이니
라.
17 너희들이 지금 나의 법전을 읽고 깨우
쳐 하늘에 오르는 그 참진리의 길을
따라오는 자는 구원을 받을 것이나 그
렇지 못한 자는 반드시 개인까지 엄한
벌로써 내가 다스림을 잊지 말고 기억
하도록 그리하라.

4,627 번째 하나님 말씀

2003년 1월 20일 01시 10분

1 사랑하는 나의 아들아!
2 "네, 아버님! 말씀하옵소서."
3 너희 종교 집단은 지금 너희들이 평온
히 가는 것 같으며 안정된 세월 속에
너희들이 무너질 것 같지 않은 탄탄
한 철옹성 같은 조직 속에서 그 누구
도 그를 넘어트리지 못하며 나 여호와
도 감히 너희들의 집단에 손을 대지
못할 것이라 그와 같은 착각 속에 살
아감이니라.
4 그러나 나의 법전이 세상에 나가 이
지상을 덮기 시작할 때, 너희들의 모
든 종교 집단은 서로 갈등이 생기기
시작할 것이며, 내분이 나며, 내부에
싸움을 시작하는 그와 같은 형국이 벌
어지게 될 것이니라.
5 그리하여 너희들 스스로 환란이 시작
되며 파멸의 형국으로써 너희 스스로
그리 흘러가는 형국이 생길 것이니,
6 그때 누구든지 무엇인가를 새로운 방
향과 새로운 뜻으로써 너희들에게 제
시해 주기를 바라는 것이니라.
7 모든 종교의 집단들은 나의 법전이 세
상에 나가 만백성을 구원하려 그들을
깨우치고자 할 때, 스스로 너희들끼리
무엇인가 새로운 방향이요, 새로운 가
르침이요, 새로운 역사요, 떠나는 백
성을 잡을 수 있는 어떠한 대안을 너
희 종교 집단에서 세워 주기를 바랄
것이며, 그를 세워 주지 못할 때 너희
들은 내분이 생기며 서로 환란이요,
분란이 생기게 되어 있음이니라.
8 그리하여 그때 가서 너희들이 진정 깨
우치는 자, 그리고 저희들이 그 믿음
의 대안을 세우지 못하며 새로운 가르
침이요, 새로운 지표를 너희들에게 세
워 줘 그 지금의 종교 집단에서 만백
성이 떠나지 아니하는 그와 같은 것으
로써 그 누구도 제시해 주는 사람이
없을 때, 너희들은 스스로 떠나게 되
며 흔들리게 됨이니, 그때 바로 서는
종교 지도자는 나의 법전을 찾게 될
것이니라.
9 너희들 종교 집단에서 잘못됨을 깨달
으며 나의 법전을 읽고 깨달은 백성들
이 너희 종교 집단에서 등을 돌리고
떠나기 시작할 때, 어떠한 종파도 스
스로 거기에 대한 대안을 내세우지 못
하며, 그를 막는 어떠한 획기적인 방
법이요, 그 뜻을 제시하지 못할 때, 모
든 종교 지도자도 스스로 무너지기 시
작하며, 나의 법전을 읽고 깨우치는
그 백성이 그때 떠나감이니, 그게 바
로 심판의 기본의 가는 역사임을 너
희들은 알아야 할 것이니라.
10 나의 법전이 세상의 만백성을 깨우쳐
하늘에 오르도록 하는 데 모두의 촉매
역할을 하는 것이 너희들이기 때문에
너희들이 바로 서야 된다는 것을 내
가 항상 강조한 뜻이 여기에 있음이니
라.
11 모든 종교 집단이 스스로 저희들이 어
떠한 대안을 세우지 못하며 쓰러져 가
며, 저희들이 폐허가 되며 거미줄 치
는 그 성전을 바로 세울 수 있는 어떠
한 크나큰 대안이요, 대변혁이요, 개
혁을 위하여 저희들이 어떠한 대안을

세워 다시 지표로써 만백성이 돌아오
도록 그와 같이 못 할 때, 그들은 바로
저희들 간에 형용할 수 없는 분란이
생겨 그들이 나의 법전을 찾게 된다
하였음이니라.
12 그리하여 그와 같은 백성과 깨우치지
못한 백성과 나 여호와의 성령을 접목
시켜 만백성을 구하는 대역사를 이루
는 것이 너희들이기 때문에, 나 여호
와의 하늘의 뜻과 지금 방황하는 백성
과 종교 집단에서 썩어져 가는 자들과
그리고 각종 종파에서 너희들이 말하
는 이단이요, 사탄이요, 미신이라 말
하는 곳에 매달리는 백성들이요, 그를
이끌어 가는 자들이요, 그 모두가 다
이를 보고 깨우쳐 하늘에 오르고자 그
변화를 이룰 때, 그 모두의 중간에서
촉매 역할을 해야 될 것이 너희들임이
니, 너희들의 중요성을 잊어서는 아니
될 것이며,
13 너희 스스로 자격이 없는 자요, 너희
들이 배우지 못한 자요, 변화되지 못
한 자요, 남을 지도하는 지도자의 능
력이 없다 생각하지 말라.
14 너희들이 인간 세상에 쓰는 그 자격증
을 기준으로 하는 것이 아니요, 나 여
호와가 깨우치며 성령이 임하는 대로
그 그릇대로 그 역할을 하도록 내가
다 준비시킬 것이며, 너희들이 할 수
있도록 그 길을 열어 줄 것이니,
15 너희들은 물러서지 말며, 너희 자신을
낮추려 생각하지 말며, 너희들이 능력
없는 자라 생각하지 말며, 그와 같은
겸손의 마음에서 벗어나, 할 수 있는
자이며, 지도자가 될 수 있으며, 나 여
호와가 임했을 때, 만백성 앞에 너희
들이 그들을 이끌 수 있는 능력과 자
격을 갖춘 자라는 너희들의 마음의 자
세를 단단히 하도록 그리하라.

4,628 번째 하나님 말씀

2003년 1월 20일 08시 21분

1 사랑하는 나의 아들아!
2 "네, 아버님! 말씀하옵소서."
3 내가 너를 통하여 나의 법전이요, 나
의 성령을 세상에 내려보내어 나의 백
성을 구하고자 하는 그 심정이 어떠하
며, 내가 하늘에서 내려다보는 너희들
의 지상의 삶이 어떠한지 아는가?
4 바다에 날짐승이 너희들이 버린 폐유
에 오염되어 그 날개의 깃털이 다 기
름으로 뒤범벅이 되어 날지 못하고 눈
만 멀뚱히 뜨고 죽어 가기를 바라는,
그리고 살기 위해 발버둥치는 그 날
짐승의 형국과 너희들이 지금 지상에
서 살아가는 그 형국이 같다 함이니,
너희들은 그를 믿겠는가?
5 이 아름다운 세상이요, 내가 너희들에
게 아름답게 살며 관리하고 통제하다
너희들이 욕심을 내지 아니하고 죄짓
지 아니하며 나에게 오르라 하였거늘,
6 너희들이 지금 사는 모습이 자유로이
나는 날짐승이 너희들이 버린 폐유에
오염되어 그 깃털은 기름에 젖어 있어
펴지지 아니함이니 발버둥치며 눈만
뜨고 세상을 바라보는 그 철새와 같은
형국이라 함이니,
7 그보다도 더한 것이 지금 너희들이 살
아가는 이 지상의 형국이니라.

8 그 날짐승이 제 스스로 깃털에 묻은
폐유를 다 씻어 내어 제가 그 털을 말
려 자유를 찾아 훨훨 날 수 있는 그와
같은 능력이 있는가?
9 전혀 그는 없음이니라.
10 닦고 닦아도 씻어지지 않는 그 깃털에
묻은 오염처럼, 너희들이 지금 가지고
있는 그 죄가 너무나도 많고 많아 너
희들은 닦고 닦아도 너희 스스로 아무
리 해도 그 날짐승이 폐유 묻은 날개
로 날지 못하듯이 너희 죄를 씻어 내
지 못하며 그를 벗어나지 못함이니라.
11 그리하여 내가 그를 씻어 낼 수 있는
그 비상약을 내리는 것이 바로 무엇인
줄 알겠는가?
12 나의 법전이니라.
13 너희들이 나의 법전을 읽고 정독하는
그때부터 너희들은 그 깃털에 묻은 폐
유를 씻어 내는 것처럼, 인간이 씻어
내어 그 새를 살려 주듯이, 그 철새를
씻어 내고 말리고 다스려 그에게 에너
지를 보충하여 날아 자유로운 삶을 살
수 있도록 하는 하나의 인간과 같이
너희들은 그와 같이 씻어 내고 누군가
가 닦아 주지 아니하면 살 수 없음이
니, 바로 그 역할을 하는 것이 나의 법
전이니라.
14 나의 법전을 읽고 깨우쳐 너희들의 마
음이 깨끗해지며, 너희 자신이 살아가
는 도리가 무엇이며 목숨을 바쳐 너희
들이 죄를 짓지 아니하며, 지은 죄의
용서를 구하기 위하여 몸부림치며 눈
물의 회개를 하며 반성하는 그와 같은
삶을 사는 삶이야말로 폐유에 날개가
젖어 죽음을 기다리는 철새와 같은 그
무서운 상황에서 너희들이 벗어날 수
있는 것이니라.
15 내가 너희들을 그와 같은 속에서 구원
하고자 함이거늘, 너희들이 어찌하여
눈만 멀뚱히 뜨고 날지 못하고 죽음
을 기다리는 처참한 새처럼 그리 세상
을 보고 사는가?
16 세상의 그 모두는 나 여호와의 뜻이
요, 나의 주관하에 나왔다 말하면서,
어찌하여 너희들이 날지 못하는 철새
의 폐유를 씻어 주는 것처럼, 너희들
의 몸에 더덕더덕 붙어 한 치의 아름
다움도 없는 그 육신이요, 마음의 정
신을 씻어 주는 나의 법전을 보지 아
니하며, 그가 이단이요, 사탄이라 그
리 말한다면 너희들은 과연 구원을 받
을 수 있겠는가?
17 그 폐유가 묻어서 날지 못하고 허덕이
는 새를 인간이 닦아 주기 위하여 가
까이 갈 때, 그 인간을 마지막까지 부
리로 찍고 공격한다 하면 그 사람은
과연 그를 씻어 줄 수 있겠는가?
18 지금의 너희들이 나의 법전을 찢어 버
리며 불태우며 나의 아들을 세상에 존
재치 못하게 하며, 나의 법전을 세상
에 전하여 만백성을 구하는 그 역사를
하지 못하게 하는 것이 바로 다 죽어
가면서도 부리로써 저를 살리는 사람
을 공격하는 그와 같은 어리석은 새와
같음이니라.
19 그 씻어 주고자 하는 자에게 몸을 맡
김으로 하여 제가 살 수 있는 길이 있
거늘, 그를 사람에게 부리로 공격하고
발톱으로 공격하여 그에게 근접하지
못하도록 함이니, 그는 곧 시간을 다

투어 죽어 가는 것이니, 너희들이 지
금 살아가는 형태가 그러하니라.
20 믿음의 길을 가고 있는 자의 철옹성
보다도 더 굳어져 있는 마음, 그리고
도저히 돌이킬 수 없는 백성, 그 모두
가 죽음을 앞에 두고 부리로써 발톱으
로써 씻어 주는 사람을 공격하는 것처
럼, 너희들을 구원하고 살리는 이 법
전을 찢어 버리고 불태우고 그와 같은
사악한 행위를 할 것이니, 그 환란이
야말로 너희들이 죽음을 자초하는 것
임을 잊지 말라.

4,629 번째 하나님 말씀

2003년 1월 20일 08시 32분

1 사랑하는 나의 아들아!
2 "네, 아버님! 말씀하옵소서."
3 오염되고 오염되며 타락되고 타락되
며 검을 대로 검어져 있는 너희들의
그 마음은 거칠고 거친 철 수세미로
닦고 닦아도 그 마음을 닦을 수 없는
것이며, 손발이 닳도록 너희들이 아프
고 피가 터지도록 철 수세미로 너희
마음을 쓸어 내고 닦으려 해도 그 마
음을 닦을 수가 없음이니라.
4 너희들이 땅을 파는 큰 기계로써 너희
들의 그 검어진 마음을 파내고 그 뿌
리를 뽑아내고 뽑아내고자 기계를 동
원하여 너희들의 마음을 파내며 어떤
것을 가지고 역사한다고 해도 너희들
의 그 검은 마음의 뿌리는 뽑아낼 수
없음이니라.
5 너희들의 검은 마음이요, 잘못된 그
마음의 뿌리를 씻어 내는 것은 너희들
의 마음뿐이니라.
6 검어진 마음이요, 검어진 생각은 너희
들의 마음으로써 그를 닦아 내고 그를
씻어 내는 길밖에 없음을 너희들은 알
아야 할 것이니라.
7 그리하여 세상이 마음먹기에 달렸다
하였음이니라.
8 어떠한 철 수세미요, 어떠한 흙을 파
는 기계로 아무리 보이지 않는 마음의
뿌리를 뽑아내고 닦아내고 씻어 내려
해도 그 빛은 나지 아니하며 영원히
뽑아낼 수 없는 것이니라.
9 그리고 파낼 수 없는 것이니라.
10 다만, 너희들이 마음을 깨끗이 씻는
것은 마음에 달렸음이니라.
11 사랑하는 나의 아들아!
12 "네, 아버님! 말씀하옵소서."
13 네가 네 마음을 마음으로 닦고 씻어
냈을 때 그 마음이 어떠하던가?
14 "마음을 마음으로 씻어 내고 그를 바
라보는 마음의 그 찬란한 빛은 세상
의 어떠한 보석도 그 빛을 감내할 수
없으며, 검고 욕심스러우며 사악한 마
음이며 질투하는 마음의 때를 다 마
음으로써 씻어 낸 그 마음은 눈이 부
셔 세상에 바라볼 수도 없는 그와 같
이 아름답고 찬란한 빛이 거기에 있사
옵나이다."
15 아들아, 그러하니라.
16 그와 같이 마음을 마음으로 씻어 내
마음이 깨끗이 씻어졌을 때 그곳에서
발하는 그 빛이 바로 나 여호와의 심
성이요, 나의 성품이요, 천사의 마음
이니, 그보다 더 곱고 아름다운 것이
어디에 있겠는가?

17 너희들의 보이지 않는 그 마음은 보이
지 않는 너희들의 마음으로써 다스려
그를 씻어 내는 그것만이 세척할 수
있으며, 그것만이 아름답게 네가 지금
보고 있는 그 광채를 볼 수 있도록, 너
희들의 마음에 지난날에 지은 죄가 너
무 무서워 그 죄를 용서받기 위하여
몸부림치며 너희들이 죄를 짓지 않는
것이 지난날의 그 모든 죄를 사할 수
있는 길이며 용서할 수 있는 길이며,
18 네가 지금 생각하듯이 네가 목숨은 내
놓을망정 불의한 짓이요, 더럽고 추한
짓을 하지 않겠다는 그 마음이 바로
누덕누덕 붙은 네 마음의 검은 마음
을 씻어 내는 것이며, 사악한 생각의
마음을 씻어 내는 것이며, 질투하고
시기하는 마음을 씻어 내는 것이요,
19 남에게 부끄럽고 추한 짓을 자신의
육을 위하여 행하던 그 마음들을 중
단함이 그를 씻어 내는 것이니, 그리
씻어 낸 그 마음의 빛이 얼마나 황홀
하고 찬란한 것인지 너는 그를 알지
않는가?
20 "알고 있사옵나이다, 아버님!
21 모든 저의 제자들과 모든 백성에게,
마음은 마음으로 씻어 내는 것이며,
마음으로 씻어 냈을 때의 그 찬란하
고 황홀한 빛은 세상에 다시 볼 수 없
는 보석을 가슴에 안고 사는 삶이니,
22 그 행복함을 저 혼자만이 갖는 것이
아니요, 만백성이요, 저의 제자들에게
그를 전하고 깨우치도록 그리하겠사
옵나이다, 아버님!
23 사랑하는 나의 아들아, 장하도다! 그
리고 나 여호와의 기쁨이 이루 말할
수 없음이니라.
24 바로 그리하여 그리 변할 것을 나는
알고 있으며, 나는 알기에 네가 지나
온 삶이 오늘의 그를 위하여 절름발이
인생으로 내가 너를 그리 살게 한 그
마음의 아픔을 이제 알겠는가?
25 그 역사와 그 지난날의 너의 삶이 아
니면, 오늘의 네가 마음으로써 마음을
씻어 내며 마음으로써 마음을 벗겨 낼
때 그 속에 가려져 있는 그 빛이 얼마
나 아름답고 황홀한가를 너는 알 수
없기에, 네가 오늘에 절름발이 인생을
살도록 한 나 여호와의 아픔마음을 너
는 기쁨으로 그리 생각하며 감사하는
마음으로써 받아들여야 할 것이니 그
리 알라.

4,630 번째 하나님 말씀

2003년 1월 21일 08시 06분

1 사랑하는 나의 아들아!
2 "네, 아버님! 말씀하옵소서."
3 네가 나로부터 나의 성령을 받아 나의
뜻을 책으로 만들어 세상에 전함이니,
네가 아름다운 모습으로써 천사의 심
성이요, 나 여호와의 심성으로 살고자
하는 네 노력하는 마음을 아느니라.
4 너는 이제 모두를 한 형제요, 한 핏줄
이라 내가 너희들에게 그리 말했듯이,
5 이 세상 모든 백성을 여인은 너의 딸
처럼 생각하며, 남자는 너의 아들처럼
생각하는 그와 같은 마음으로 보도록
그리하여야 될 것이며 그리 생각하고
살아야 됨을 잊어서는 아니 될 것이니
라.

6 모든 백성을 대하는 것을 여인은 딸처
럼, 정녕 진짜 너의 딸처럼 생각하며
그리 보고 그리 상대하고 그리 모든
대화를 나누어야 될 것이며, 그리고
모두가 부닥치고 접하는 그 생활 속에
서 너의 사랑하는 딸이라 그리 생각하
고 살아야 되느니라.
7 그리고 모든 남성은 다 아들이라 생각
하고 살아야 되느니라.
8 그와 같이 아들이라 생각해도 네가 남
을 사랑하고 남을 네 자식과 같이 생
각하는 마음이 부족함이니, 네가 그와
같은 마음으로써 행동하고 살 때 그게
바로 네가 만백성을 사랑하는 마음이
요, 너 자신의 마음을 비우며 네 마음
을 쓸어냄을 알아야 할 것이니라.
9 네가 만백성을 그저 남들처럼 형제요,
소중한 사람이요, 나 여호와로부터 생
명을 받아 나간 같은 형제라 하여 그
와 같은 마음으로 생각해서는 아니 되
느니라.
10 나 여호와를 대신하여 모두를 역사하
는 너는 모든 여인이요, 나의 딸들은
그저 네 딸이라 생각하며 나의 아들은
다 너의 아들과 같은 진정한 애정과
사랑하는 마음으로써 그들을 보아야
만 네 마음이 비워지며 만백성을 사랑
하는 마음이 됨을 알아야 할 것이니
라.
11 이제 그와 같은 진정한 훈련이요, 그
와 같은 마음으로써 세상사의 소중함
을 그리 보라.
12 남들의 손을 한 번 잡더라도 네 자식
의 손을 잡는 것처럼 네가 그와 같은
애정을 가지고 모두를 다 바라봐야 됨
이니, 그와 같은 마음으로써 너 자신
을 다스리고 살아가도록 그리하라.
13 그리하지 아니하면 네가 위선자요, 진
정한 사랑을 모름이며, 네 몸보다도
남을 더 사랑하는 그와 같은 자세로써
만백성을 사랑하는 마음이 싹틀 수가
없음이니,
14 그와 같은 마음을 너 자신에게 뿌리를
내리도록 그리하여야만 될 것이니, 이
를 잊지 말고 그리 행하도록 하라.

4,631 번째 하나님 말씀

2003년 1월 21일 08시 13분

1 사랑하는 나의 아들아!
2 "네, 아버님! 말씀하옵소서."
3 나의 피조물 사랑하는 만백성 너희들
에게 사랑하고 유한 부드러운 마음으
로써 세상을 살며 아름다운 생각과 아
름다운 삶을 살다 나에게 오르도록 하
기 위하여 내가 구약의 시대에 그리
역사를 하였으며, 너희들이 또한 그
신약의 시대에 나의 아들을 버려서 죽
음으로 가도록까지 하면서 너희들을
그와 같은 백성으로 만들고자 하였음
이니라.
4 그러나 그 모두는 다 실패하였으며,
지금 너희들이 하고 있는 생각이요,
너희들이 살아가는 마음이요, 그 행동
은 나 여호와가 바라볼 수 없을 만큼
사악한 형태임을 알아야 할 것이니라.
5 그리하여 내가 너희들의 손을 놓으며
너희들을 버리고자 하였으나, 너희들
에게 한 번 더 기회를 주기 위하여 마
지막 나 여호와가 지금 나의 성령을

너를 통하여 160권의 법전을 세상에 내고 있음이니, 너희들은 이 뜻을 알아야 할 것이니라.
6 나 여호와가 이루고자 하는 뜻을 너희들은 알고 있는가?
7 나의 160권의 법전을 세상에 내어 나로부터 너희들이 그 심성을 받아 아름답고 유하고 부드럽고 순종하는 나의 백성으로서 다시 태어나는 그와 같은 역사를 이루고자 함이니라.
8 너희들이 부드러운 마음이요, 유한 마음이요, 사랑하는 마음을 가슴에 간직하며 살아가며 생활에 실천하여 그와 같은 아름다운 모습으로 살아가는 백성으로서 살다 하늘에 오를 수 있도록 그 길을 위하여 오늘도 내가 나의 아들을 통하여 나의 법전을 세상에 내려 보냄이니, 너희들은 이와 같은 뜻을 알아야 할 것이니라.
9 너희들이 살다 나의 품에 오를 수 있도록 하고자 함이 나 여호와가 바라는 것이며, 그 이상 그 이하도 너희들에게 원하는 것이 없거늘,
10 너희들은 어찌하여 재물로써 내 마음을 산다 하며, 너희들이 울고불고 광란의 짓으로써 나에게 오를 수 있다 하는가?
11 그러면서 막상 사랑을 베풀며 나눔의 행동을 실천함은 하지를 아니함이니, 너희들이 어찌 나의 뜻에 사는 백성이라 그리 말하는가?
12 그것을 바로 깨우쳐 주고 바로잡기 위하여 내가 나의 뜻을 160권의 법전에 기록하여 세상에 내려보냄이니라.
13 너와 너의 제자들은 먼저 법전을 읽고 정독하여 그 뜻에 따라 행동하며 너희들이 그와 같이 아름다운 모습으로써 변화되는 삶을 살아야 할 것이며,
14 너희들이 그리 살아갈 때 만백성이 너희들을 보고 또한 그와 같이 변하고 따라올 수 있음을 알아야 할 것이니라.
15 너희들이 나의 법전대로 살아가지 아니하며 계명대로 살아가지 아니하며 잘못 살아갈 때, 그리고 나 여호와로부터 직접 명을 받아 만백성을 구원할 법전을 만드는 나의 아들 너는 모든 백성을 여자는 딸이요, 또한 남자는 아들이라는 그와 같은 애절히 사랑하는 마음을 가지고 그들을 바라보지 아니하며 그들을 그리 생각하는 마음으로써 네가 다져지지 아니할 때,
16 네가 만백성의 빛이 될 수 없으며, 만백성이 너를 보고 따르는 그와 같은 역사가 이루어지지 못함을 알아야 할 것이니라.
17 너희들이 잘못 가고 변화되지 않을 때, 새 역사를 이룬 160권의 법전은 나 여호와의 진리가 아니요, 나의 성령이 아니요, 새로 내리는 성경이 아니라, 사탄들이 역사하는 것이며 사탄의 장난이라 지금의 종교 집단들은 그리 말할 것이며, 또한 그리되는 수밖에 없음을 너희들은 알아야 할 것이니라.
18 나의 160권의 법전이 너희들이 바로 서지 못하며 변화되지 못하며 깨우치지 못하여 사탄이 역사한 것으로써 세상에 비칠 때, 지상의 낙원을 이루고자 하는 나의 모든 것은 실패할 것이며,

19 새로운 나라요, 하늘에서 이루어진 것
같이 이 땅에 이루는 그 모두의 마지
막 내가 이루고자 하는 것까지 실패하
게 되었을 때, 나 여호와 또한 너희들
의 손을 놓고 너희들을 버릴 수밖에
없음을 알라.
20 너희들 자신도 나에게 버림을 받을 수
있는 백성이라는 것을 생각해, 잊지
말고 너희들이 바로 변하는 그와 같은
삶에 모두를 다 바치도록 그리하라.
21 할 수 있기에 나 여호와가 하라 함이
니라.
22 거짓 하지 아니하며 남을 괴롭히지 아
니하며 남에게 사기하지 아니하며 추
한 행위를 하지 아니하며 십계명대로
살 수 있으며, 나의 법전에 기록하여
너희들에게 내려 준 하늘의 뜻인 나의
성령대로 인간인 너희들은 살아갈 수
있으며 행할 수 있기에 내가 너희들에
게 명을 내림을 알아야 할 것이니라.

4,632 번째 하나님 말씀

2003년 1월 21일 08시 21분

1 사랑하는 나의 아들아!
2 "네, 아버님! 말씀하옵소서."
3 믿음의 길을 가는 백성은 서서히 꾸준
히 변함없이 노력하는 그 속에서 모두
가 이루어지며 너희들이 진정한 빛을
볼 수 있다 하였음이니라.
4 그는 첫째 무엇이던가?
5 너희들이 믿음의 길을 가며 깨우치고
자 할 때, 너희 스스로 지난날의 삶에
대한 그 죄의 잘못이요, 너희들이 얼
마나 잘못 살았는가를 알게 됨이니라.
6 그리하여 너희들이 그 죄를 사함을 받
는 것은 앞으로 남은 삶을 아름답게
살아가는 길밖에 없다 느끼게 될 것이
며, 두 번째는 너희들이 정녕 죄를 짓
는 것이 얼마나 잘못된 것이며 얼마
나 무서운 길이며, 영원히 사는 나의
나라에 너희들이 와서 얼마나 무서운
죄의 벌을 받는지 그와 같은 것을 너
희들이 스스로 깨달을 것이며, 그리고
세 번째는 너희들이 스스로 지은 죄를
털어 버리고자 무한한 노력을 할 수
있는 그 시간이 필요한 것이니라.
7 하루아침에 불과 같이 일어났다 꺼지
는 것처럼 너희들이 잘못 살아온 죄를
용서하며 또한 그 모든 죄를 물로 씻
어 내듯이 씻어 낼 수 있는 것이 아님
을 깨닫게 되는 것이니라.
8 그리하여 너희들에게 많은 시간과 노
력이 스스로 필요한 것이거늘, 하루아
침에 무엇을 구하려 그리하는 것이 너
희들이니라.
9 너희들 인간 세속에 살아가면서 말을
잘 표현하여 전하는 것이 있느니라.
10 너희들이 '우물가에서 숭늉을 마시고
자 한다.'는 말이 있으니, 밥을 하고
나서 그곳에 부은 물을 마시는 그와
같은 것을, 물을 뜨지도 아니하며 밥
을 하지도 아니한 상태에서 숭늉을 먹
는 것처럼 물가에 물을 떠먹는 그와
같은 성급한 성격을 가지고 있는 것이
너희들이니, 믿음이란 그와 같이 가서
는 아니 되는 것이니라.
11 너희들이 밥을 짓는 수고요, 음식을
만드는 수고를 하고 나서 숭늉이라는
것을 마실 수 있지 아니하던가?

12 그러나 너희들은 우물에 가서 물을 뜨
면서 숭늉을 먹고자 달라 하는 그와
같은 성급한 생각으로 살며 마음이 불
과 같은 것이 나의 백성이니, 그와 같
이는 너희들이 아무것도 이룰 수 없음
을 알아야 할 것이니라.
13 너희들 인간 세상에 너희들의 목적이
나 목표를 놓고 살아가며 그를 역사하
기 위해 부단한 노력을 함이니라.
14 그것은 너희들이 목적을 달성하기 위
하여 노력하는 것도 소중하나, 그 노
력을 함에 있어서 시간의 안배를 어찌
하여 어찌 쓰느냐에 따라서 너희들이
원하는 그 목적지에 갈 수도 있으며,
중간에 도태될 수도 있으며, 남들이
이룰 수 없는 좋은 결과를 이룰 수도
있고 볼 수도 있음이니라.
15 그리하여 너희들이 목적을 달성할 때
까지는 시간을 잘 소중히 안배해 쓰며
꾸준히 부단히 노력할 때 너희들도 모
르는 사이에 그 목적지에 도달하게 되
는 것이니라.
16 그리하여 너희가 시간과 노력이라는
것이 얼마나 소중한 것인가? 이를 잘
사용하고 잘 관리하는 것이 너희들의
근본이며, 그와 같은 자가 목적지에
도달할 수 있으니,
17 너희들이 믿음의 길도 그와 같이 가야
함을 잊어서는 아니 되는 것이니라.
18 나의 성전에 오는 백성, 나의 법전을
접하는 백성, 때로는 불과 같은 성격
으로 울고불고하며, 이 법전이 세상에
나온 것을 감사하며, 나의 아들 너의
손을 잡고 눈물을 흘리며,
19 지금까지 믿음의 길이 얼마나 어리석
었으며, 얼마나 지옥 불로 가는 것이
며, 나의 법전을 접하지 아니했을 때,
그 지옥 불이 천국에 하늘에 오르는
길이라 하여 저희들이 모두 평생을 바
쳤을 것을 생각하면 너희들의 등골에
식은땀이 나며 몸이 오싹하며 겁이 난
다 하며, 너희들이 눈물로써 이 법전
을 접하는 것을 얼마나 감사하고 울고
불고하는가?
20 그와 같은 불과 같은 생각을 가지고
행동하는 자, 지금 법전을 접하면서
세상에 너희들이 당장 구원을 받은 것
같이, 그리고 그 모든 역사가 이루어
진 것같이 그와 같은 성격으로써 바라
고 생각하는 자, 그들이 오래 버티고
견디고 가지를 못하며 스스로 쓰러짐
이니라.
21 그리하여 너희들이 하늘에 오르는 길
이요, 참진리의 나에게 오르는 그것까
지도 이루지 못하고 중간에 도태되어
다 떨어져 가는 그와 같은 백성이 됨
이니,
22 말없이 와 나의 법전을 읽고, 내가 3
회씩 읽으라 할 때 묵묵히 3회씩 정독
하고 가는 그 백성이야말로 참진리를
알며 그 의미를 알아 꾸준히 갈 수 있
는 그와 같은 백성임을 알라.
23 너희들이 나에게 오르는 믿음은 불과
같은 성격으로써, 그와 같은 행동으로
써는 절대로 나에게 오를 수 없음을
알아야 할 것이니라.
24 너희들의 말에 있지 않은가, 토끼라는
순식간에 멀리 달려갈 수 있는 짐승
과 거북이라는 느림보라 하여 서서히
기어가는 짐승이 있으니, 토끼와 거북

이의 경주에서 누가 이기겠는가?
25 백이면 백이요, 모두는 다 토끼가 이길 수 있다 그리 말하나, 오만한 토끼의 그 행동에 의하여 꾸준히 기어가며 그 경주에 임하는 거북이가 승리한다는 그와 같은 책 속의 가르침이 있지 않은가?
26 토끼와 거북이의 경주에서 거북이가 이기는 그와 같은 노력이 바로 너희들이 하늘에 오르는 길이요, 나에게 오를 수 있는 길의 깨달음이요, 그와 같은 행동으로써 가는 자만이 끝까지 나에게 이르는 그 목적이요, 나의 품에 오를 수 있음을 너희들은 알아야 할 것이니라.
27 믿음의 길에 나에게 오르는 길은 어떠한 형태로 뭐라 외치든 너희들이 흔들리지 아니하고 변함없이 꾸준히 한 길을 보며 노력해야 하며, 그리하여 자신도 모르는 사이에 서서히 나의 법전대로 변해 가며 그와 같은 삶을 살고 그와 같은 형국으로 변화되어야 됨이니라.
28 그리하는 자만이 너희들에게 내가 원하고자 하는 뜻을 너희들이 이룰 수 있을 것이며, 영원히 사는 나의 나라에 오를 수 있음이니라.
29 게으르지 아니하고 노력하는 자, 중단하지 아니하는 자만이 나에게 오를 수 있음을 잊지 말라.
30 육의 종말을 거두어 나에게 심판을 받을 때까지 너희들이 변함없는 마음으로 나의 법전을 따라 공부하며, 새로운 성경이요, '하늘에 오르는 길'이요, '하나님! 말씀하옵소서'라는 이 책을 꾸준히 정독하고 또 정독하여 그와 같은 삶을 살도록 그리하라.

4,633 번째 하나님 말씀

2003년 1월 21일 10시 39분

1 (녹음 실수로 7분 분량의 말씀이 지워졌습니다.)
2 ...그 평가의 심판에 의해 그 대가를 치르는 것이 너희들의 남아 있는 과제라 하였으며, 너희들이 피할 수 없는 운명이며, 너희들이 가야 할 길이라 내가 말하였음이니라.
3 너희들이 나에게 오는 시간은 쉬지 않고 하루하루 가까워지며 그 시간은 단축되고 있음이니, 너희들이 나에게 심판받는 날 과연 어떠한 자세로써 서야 될 것인가를 생각해 보았는가?
4 너희들이 나에게 와 심판을 받을 때, 금 저울이라는 것보다도 더 정확하게 악과 선의 무게를 닮이니, 너희들은 여기서 이 무서움을 알아야 할 것이니라.
5 너희들은 저울에 달아 악이 많으면 그 무게로 하여금 너희들이 밑으로 자연적 내려갈 것이며, 또한 너희들이 선한 것이 많다 하면 그 선함이 밑으로 내려가는 것이 아니던가?
6 그와 같은 시소의 원리요, 이치라 내가 말하였음이니라.
7 그러니 너희들이 어떠한 마음으로 살아가야 될 것인가?
8 악이 가벼워야 될 것이며, 선이 무거운 그와 같은 너희들의 삶을 살아야 할 것이니라.

9 이를 너희들이 잊어서는 아니 될 것이
니라.
10 너희는 이를 벗어날 수 없음이니라.
11 심판에 대한 준비 기간이 하루하루 쉬
지 않고 지금 달려가고 있는 것을, 어
찌하여 너희들은 그 무섭고 소중한 것
을 모르고, 그 귀한 시간에 너희들이
회개하며 반성하며 나에게 오를 수 있
는, 영원히 영원히 나와 더불어 살 수
있는 그 아름다운 낙원을 상상할 수도
없으며 화가가 그릴 수도 없으며 작가
가 사진을 찍을 수도 없다는 그 아름
다운 천국에 올 수 있는 그 시간이 점
점 줄어들거늘, 어찌하여 너희들은 허
송세월을 하는가?
12 너희들이 나이가 먹어 얼굴에 주름이
지며 백발이 되어 가는 것은 알면서,
그 백발이 되어 감으로 너희들이 나에
게 와 심판을 받는 시간이 적어짐이
니, 그 시간을 너희들은 어찌 살아야
될 것인가를 지금 준비하기도 바쁜 시
간이거늘,
13 너희들의 인생에서 호호백발이 되어
남보다 어렵고 힘들게 살 때, 너희들
에게 다시 한 번 인생의 기회를 주면
아름답게 살 것이라 그리 말하며 아름
답게 다시 당당하게 사는 모습으로 살
것이라 너희는 그리 원하고 소원함이
니라.
14 그러나 그가 이루어질 수 없듯이, 너
희들이 지금 백발이 되어 죽어 나에게
오는 길은 막을 수 없으며 너희들은
나에게 와 심판을 받음이니,
15 너희들이 정녕 다시 태어난 인생이요,
아름다운 삶을 살고자 한다면 지금 남
아 있는 세월 동안 너희들이 허송세월
하지 아니하고 너희들을 바로 세우며,
나의 법전을 읽고 깨우치며,
16 나의 법전을 읽고 깨우칠 자신이 없다
하거든, 너희들이 십계명대로 지키는
삶을 살아가야 할 것임을 잊지 말라.
17 너희들이 다시 태어나기를 원하며 새
로운 생명을 원하며 너희들이 영원히
젊음을 유지하고 살고 싶어 하며, 다
시 태어난다면 남에게 뒤지지 않고 부
끄럽지 않은 아름다운 삶을 살겠다 하
나, 너희들은 인생에 연습이 없기 때
문에 끝남을 너희 스스로 잘 알고 있
을 것이니라.
18 그러나 너희들이 나에게 와 하늘에 오
르는 그 새로 태어남이 있음이니, 그
새로 태어남을 위하여 준비하는 백성
이 되지 못하고 어찌하여 너희들은 지
금 이 소중한 그 준비의 시간을 허송
세월하는가?
19 내가 너희들에게 금화와 은화를 바치
라 하였더냐, 노동하여 너희들이 번
물질을 나에게 바치라 하였더냐?
20 너희들이 기도하고 마음 하나 비우라
하였음이니라.
21 간단하니라.
22 너희들이 가정에 살아가면서 아내를
사랑하며 아내를 소중한 마음을 갖고
살지 않고 아내와 반목하며 핍박하며
서로 의사를 소통하지 아니하고 살며,
자식을 사랑하지 아니하며 자식을 아
끼지 아니하며 자식을 바라보지 못하
고 사는 삶을 산다 하면, 너희들은 바
로 그것이 지옥으로 가는 것이요, 잘
못 가는 길임을 알아야 될 것이니라.

23 너희들 인생의 삶에서도 마찬가지니
라.
24 모두가 아름다운 생각, 사랑하는 마
음, 그와 같은 마음을 가지고 산다 하
면, 악하고 선하고 잘못 흘러가는 것,
잘못되는 것, 그 모두를 다 다스릴 수
있는 것이 너희들임을 알아야 할 것이
니라.
25 내가 너희들에게 다시 한 번 말하나
니, 모든 백성을 사랑하는 마음을 갖
고 살아갈 때, 모두를 아름답게 살아
갈 수 있는 그 마음 자리가 서며 그 길
이 굳어짐을 알아야 할 것이니라.
26 이제 너희들이 가정에서 너희 형제와
이웃을 사랑하며 그를 아끼고 소중히
생각하는 마음으로써 너희 마음을 다
스리고 변해 갈 때, 그 기초의 마음에
서 너희들이 세상사에 나 여호와를 알
며, 악과 선을 구분하게 되며, 악을 행
했을 때 너희들이 두려움을 알며 선을
행할 수 있는 그 아름다운 마음의 싹
이 거기서 틀 수 있음을 알라.
27 너희들이 형제지간에 반목하며, 이웃
을 사랑하지 아니하며, 너희 가정과
자식을 사랑하지 아니하며 아내를 소
중히 생각하지 못하는 자는 정녕 깨달
을 수가 없음이니라.
28 그 마음의 근본에서 너희들의 아름다
운 마음이 싹이 트기 시작함이니, 그
싹트는 마음이야말로 악을 누르고 선
을 행할 수 있는 그와 같은 용기와 힘
이 생기기 때문에 그게 근본이기 때문
이니 그리 알라.

4,634 번째 하나님 말씀

2003년 1월 21일 10시 45분

1 사랑하는 나의 아들아!
2 "네, 아버님! 말씀하옵소서."
3 내가 너희들에게 말로써 믿음을 부르
짖으며 말로써 너희들이 세상 것을 다
베풀며 사는 것은 아무런 의미가 없다
말하였음이니라.
4 그러나 지금의 종교 집단은 너희 손으
로 지은 성전에 와 말로써 믿음의 길
을 가면 다 구원을 받으며, '두드리라
그러면 열릴 것이요, 달라 하면 줄 것
이라' 그와 같은 황당한 것으로써 믿
음의 길을 가고 있음이니라.
5 어찌하여 죄 많은 자가 달라 한다고
하여 내가 줄 수 있으며, 죄짓고 사악
한 자가 문을 두드린다 하여 그 천국
의 문을 열어 줄 수 있단 말이던가?
6 너희들은 어찌 이 하나의 이치도 깨우
치지 못하더냐?
7 너희들이 사악한 자, 잘못된 자, 도둑
이 와서 칼을 들고 너희 집의 문을 두
드릴 때에 열어 줄 수 있는가, 그리고
그들이 달라 한다 하여 너희들은 기쁜
마음으로 무엇을 줄 수 있는가?
8 너희들은 문을 더 닫을 것이니라.
9 사악한 자요, 강도요, 살인할 수 있는
자가 너희들에게 와서 문을 두드릴 때
문을 더 닫을 것이며, 너희들은 그를
열어 주지 아니할 것이니라.
10 그리고 그들에게 너희들은 무엇인가
를 줄 수 없으며, 너희들이 지킬 수 있
으면 지킬 것이니라.
11 그러나 나 여호와는 지킬 능력이 있는

창조주이니라.
12 너희들이 죄지은 자, 사악한 자가 와
서 두드리고 달라 몸부림친다 해서 내
가 준다 생각하지 말라.
13 그리하면 너희들이 하늘에까지 오염
시키는 것이니, 내가 하늘에 있는 나
의 백성들, 천사들이요, 어렵고 힘든
고행 속에서 살아와 하늘의 내 품에
와 있는 그 나의 사랑하는 백성의 오
염을 막기 위해서라도 너희들이 와서
문을 두드릴 때 더 굳게 닫을 것이거
늘, 어찌하여 너희들은 아름답게 행하
고 삶을 먼저 생각하지 아니하며 '두
드리라, 그러면 열릴 것이요, 달라 소
리 지르라, 그러면 줄 것이다.' 하며
그와 같이 어리석은 믿음으로 가고 있
는가?
14 너희들은 여기서 하나 깨우치고 가야
할 것이니라.
15 너희들이 믿음이라 하여 평생을 바쳐
살아가며, 너희들이 성경이라는 것을
수백 번, 수천 번 읽어 그 내용을 달달
외우고 암송하며, 남들 앞에 서서 말
할 때 몇 장 몇 절에 무엇이 있으며
어떤 내용이 있다 그리 말하나, 그리
아무리 암송하며 달달 외우면 무엇하
는가?
16 너희들이 살아가면서 말하지 않는가?
17 인간이기 때문에 십계명대로 지킬 수
없으며 십계명을 지키고 살 수 없다
너희들이 말함이니,
18 그 말 한마디로써 너희들은 모두를 다
잃어버리며, 그를 다 암송하고 암기하
며 남들 앞에서 몇 장 몇 절에 무엇이
있다 그리 자신 있게 말할 수 있는 자
들이 그 행함은 하지 아니하며 인간이
기 때문에 지킬 수 없다 말하는 그 순
간에 모두가 너희들은 다 물거품이 됨
이니라.
19 그러니 너희들이 암송한들 무엇하며
그를 가지고 너희들이 몇 장 몇 절에
기록된 내용을 다 알면 무엇하는가?
20 그 한 줄을 읽어 보지도 아니한 순박
한 백성이 지키고 살아가려 하는 그들
만도 못한 것이 너희들이니라.
21 아무것도 모르는 사람이 착하고 아름
답게 살아가고자 행하는 것만큼, 너희
들이 성서를 아무리 외우고 암송해도
그를 행하지 아니하고 인간이기에 지
킬 수 없다고 말 한마디 하는 그 순간
에 너희들은 그들만도 못한 인간으로
전락됨을 알라.

4,635 번째 하나님 말씀

2003년 1월 21일 10시 54분

1 사랑하는 나의 아들아!
2 "네, 아버님! 말씀하옵소서."
3 너희들은 성서를 암기하며 그를 다 외
우고 있으며 그리고 그 내용을 다 꿰
뚫는다 말하며 사는 자들, 그와 같이
사는 자가 제대로 살지 아니하며 그
뜻대로 살지 아니할 때 그는 잘못되었
음이라 내가 말하였느니라.
4 그리하여 그를 암송하지 못하며 한 줄
을 읽지 못해도 아름답게 살아가는
순박한 나의 백성만도 못한 자라 그리
말하였음이니,
5 내가 너희들이 그를 암송하며 암송해
도 행하지 않는 것만으로도 내가 너희

들을 그저 돌아다볼 수 있으며, 너희
들을 보기에 내 마음이 아프지는 아니
할 것이니라.
6 성서를 더 암송하고 잘 외우며 잘 알
고 있는 자가 살아가면서 그대로 행하
지 아니하는 것은 내가 그래도 너희들
을 돌아다볼 수 있다 하였으나,
7 그 성서를 많이 읽고 암송을 잘하는
백성이 성경대로 사는 것이 아니요,
성경의 내용을 제 마음대로 제 편의대
로 해석하며, 제가 살아가는 그 생활
속에 그 성경을 갖다 붙여 대 악용하
며 살아가는 것이 지금 종교 집단 너
희들이 살아가는 방법이니라.
8 너희들이 세상을 살아가는 방법에 성
서를 많이 암송하고 아는 자는 참진리
의 아름다운 나의 뜻을 깨우쳐 만백성
에게 전하는 데 그를 쓰는 것이 아니
요, 저희들의 세상사 인간의 삶을 살
아가는 데 제 편의대로 제 마음대로
악용함이니라.
9 재물을 거두어들이고자 하면 종교 지
도자가 재물을 거두어들이는 것으로
쓰며, 너희들의 부모형제지간에 사악
한 짓을 하며 정을 모르며 사랑을 베
풀지 아니하며 살면서도 너희들은 성
서대로 살며 성경대로 행하기 때문에
부모와 형제에게 할 수 없다 그리 악
용하며 너희들의 편의주의에 나의 성
경을 활용하고 써먹고 있음이니, 너희
들이 얼마나 사악한 자들인지 알고 있
는가?
10 기준의 자세도 지키지 못하며 기준의
가치도 갖지 못한 것이 지금 믿음의
길을 가고 있는 너희들이라는 것을 알
아야 될 것이니, 그를 바라보는 나 여
호와의 마음이요, 심정이 과연 어떠하
겠는가, 너희들은 그를 생각해 보았는
가?
11 자식이 부모에게 오지 아니하며 찾아
뵙지 아니하며 부모에게 효성을 다하
지 못하는 자가 그와 같은 이유를 달
며 변명을 달아서 그리한다면 과연
그를 듣는 부모의 마음은 어떠하겠는
가?
12 당연히 할 수 있는 것이요, 갈 수 있는
길을 갖은 이유를 다 달아 변명하여
너희들이 다른 길로 가며, 부모를 무
시하며 부모를 생각하지 아니하며 부
모의 뜻을 거역하고 살아가는 그와 같
은 백성이라면 그 부모의 마음은 얼마
나 아프겠는가?
13 나 여호와를 그리 악용하며 나를 그리
슬프게 만들며 나를 고통스럽게 하는
것이 너희들이니라.
14 모든 인간관계에 너희들이 봉사하고
희생할 것도 너희들이 나를 믿기에 성
경에 이리 기록되었기 때문에, 성경에
인간의 일을 먼저 하는 것이 아니요,
나 여호와 경배하는 것을 먼저 하며,
15 너희들의 손으로 지은 성전의 유리창
한 장 닦는 것이 너희들 부모의 아픈
병을 위문하며 그 병을 치료하는 데
모든 정성을 들이는 것보다 더 위대
하며 영광이 있다 생각하며,
16 너희들이 병원에 가 그 아버지에게 치
료하며 그 아버지를 건강하도록 신경
쓰고 다스리는 것이 아니라,
17 너희 손으로 지은 성전에 가 유리 한
장 닦음으로써 더 큰 은혜를 입으며,

너희들이 잘못 가르치는 종교 지도자
앞에 가서 맹종하며 그 종교 지도자를
기쁘게 함으로 인하여, 그의 즐거움을
위하여 그 앞에 강아지 새끼처럼 아양
떨며 아부를 떪으로써 너희 아버지의
병이 나으며 너희 부모의 병이 낫는다
그리 말하느니라.
18 너희들은 그러나 여기서 들어야 될 것
이니라.
19 60점이라는 그 점수 안에 세상에 너
희들이 살아갈 수 있는 것을 다 주었
음이니, 너희들의 육이 아프고 병이
나는 것도 너희들이 잘못 가르치고 잘
못하였으니 그것은 너희들 스스로 치
료해야 될 것이며 너희들 스스로 고치
라.
20 너희들이 잘못하는 그 이유를 알며 그
원인을 아는 것까지도 나 여호와가 이
루어 준다 생각하지 말라.
21 그리하여 너희들은 그리 악용하느니
라.
22 너희들이 종교 지도자 앞에서 애완용
개처럼 꼬리 흔들며 아양 떠는 것으로
써, 아부하는 것으로써 너희들의 부모
의 병이 나으며, 가서 너희 부모를 치
료하며 위로하는 것보다 더 낫다 그리
나의 성경을 악용하며 써먹고 사용하
는 것이 지금 너희들이 가는 자세이
니, 이를 보는 나 여호와의 마음이 어
떠하겠는가?
23 그러한 자들이 오늘의 험악한 세상을
만든 것이며, 이 세상을 만든 주역들
이며, 사탄이 우글거리도록 만든 자들
이며, 너희들이 다 사탄의 왕으로서
행동하고 있음을 알아야 할 것이니라.
24 그러니 너희들이 성서를 암송하면 무
엇하는가?
25 그 많은 종교 지도자들이 거듭나지 아
니한다 하면, 아무리 성경을 암송하고
성경의 내용을 잘 안다 하여도 너희들
은 구원을 받을 수 없음을 알아야 될
것이니라.
26 그것으로써 나 여호와를 너희들이 알
수 없으니, 나 여호와에게 구원을 받
은 자들이라 말하지 말라.
27 너희들은 구원을 받을 자격도 없으며,
나하고는 아무런 인연이 없는 백성이
라 내가 그리 말하였느니라.
28 글을 외우는 것이 깨우침이라는 그와
같은 생각을 너희들이 한다면, 너희
인간이 쓴 시 한 편을 암송하며, 한 권
의 시집을 읽으며 너희들이 책으로 지
어낸 모든 그와 같은 깨우침이요, 가
르침이 있는 성현들이 만들어 낸 책
한 권을 읽는 것이 차라리 보탬이 될
것이니라.
29 성서를 암송하면서 그리 행하지 않는
자, 너희들이 아름다운 시를 써낸 그
시 한 편을 읽으며 시 한 수를 외우는
삶을 사는 것만 못한 것이 너희들이
니, 얼마나 너희들이 잘못 가고 있는
것인가를 알아야 할 것이니라.
30 행하지 못하면 암송하지 못함만 못하
니라.
31 행하지 아니하는 것은 암송을 안 한
것만 못하니 너희들은 그리 알아야 될
것이니라.
32 너희들이 수다를 떠는 것으로써 말로
써 모두를 다 행한다 하지 말며, 나의
성경을 악용하며 나의 아들과 나의 이

름을 팔아 악용하지 말라.
33 너희들이 나의 아들과 나의 이름을 얼마나 악용하며 너희들이 세상사 사는데 편안한 것으로써 장막을 치고 사는가?
34 그저 갖다 붙여 대면 모든 것이 통하는 그와 같은 사악한 집단이 되지 말라.
35 나의 아들 이름을 갖다 팔며 나의 이름을 갖다 팔아 붙여 대기만 하면 그저 귀신이 부적을 보고 도망가듯 너희들이 그림을 그리는 환상처럼 그와 같은 착각 속에서 살지 말라.
36 너희들이 얼마나 어리석은 백성이며 얼마나 사악한 자인가를 알 것이니라.
37 성서를 아는 대로 세상에 악용하여 너희들이 편한 대로 쓰지 말라.
38 너희들이 행하기 어렵고 힘들며 고통의 길로 성서는 그리 전하며 그리 깨우치고 봐야 됨을 잊지 말라.

4,636 번째 하나님 말씀

2003년 1월 21일 11시 03분

1 사랑하는 나의 아들아!
2 "네, 아버님! 말씀하옵소서."
3 이 세상이 얼마나 아름다우며 얼마나 너희들이 취하고 살 수 있는 것이 풍요로운 세상이던가?
4 너희들이 병든 자 병을 고칠 수 있는 모든 그 재료를 다 주었으며 너희들이 살아갈 수 있는 모두를 다 주었음이니, 너희들은 나의 은혜에 다시 한 번 감사하는 생각을 가져 볼 수는 없는가?
5 너희들이 살아갈 수 있도록 그 모두를 다 주었으며 가장 지혜를 높이 주었으며 그들을 지키고 살라 하였음이니, 이 세상 우주 만물의 동식물 중에서 인간이라 칭하는 너희들보다 더 큰 은혜와 축복을 받은 동식물은 아무것도 없느니라.
6 그러한 가장 은혜와 축복을 받은 나의 백성 너희들이 나의 뜻을 거역하며, 나의 뜻을 순종하지 아니하며, 모두를 다 주고 하나를 지키라 하는 그것을 지키지 아니하고 거역하고 사는 것이 지금 피조물 만백성 너희들임을 알겠는가?
7 살아가는 동식물들은 말이 없고 너희들에게 대화를 하지 아니하며 그들이 지배하지 아니하며 자리를 떠나지 아니하고 그 자리를 지키고 산다 하여도, 그들은 그와 같이 미물까지도 그들의 세계요, 내가 살아갈 수 있도록 내려 준 그 범주를 벗어나지 아니하며 그 법칙을 벗어나지 아니하고 그 법칙의 규정에 따라 살아가는 것이 이 세상의 동식물이니라.
8 그들처럼만 너희들이 살았더라면, 너희들이 그와 같은 마음의 원심을 가지고 산다 하면 지금처럼 악한 시대는 열어지지 아니하였을 것이니,
9 악마요, 사탄이 세상을 지배하며 너희들이 인간을 보기를 두려워하며 자식과 부모 간에도 서로 눈을 곱게 뜨지 못하며 의혹하고 의심하며, 그 자식의 마음을 읽고자 하는 것이 부모요, 부모의 마음을 읽고자 하는 것이 자식인 이와 같은 형국이 되어 있는 것이 지금의 너희들이 살아가는 세태이니라.

10 그러니 과연 이를 바라보는 나 여호와
의 마음이 어떠하겠는가?
11 지금처럼 험악한 시대를 만든 것이
너희들이니라.
12 너희들 스스로 이와 같이 돌이킬 수
없는 형국을 만들었음이니, 이를 바
로잡을 수 있는 것은 아무것도 없음이
니라.
13 너희들을 바로잡을 수 없으며, 내가
내려 준 너희들의 그 인간 본연의 사
랑하는 마음이요, 그 아름다운 마음으
로 돌릴 수 있는 것은 아무것도 없음
이니라.
14 너희들이 살아가면서 너희들의 편의
를 위하여 과학 문명이 발달하였으며
세상의 모든 변화를 이루었으며 모든
역사를 너희들이 뒤바꿔 놓는 그와 같
은 형국으로 살았음이니,
15 세상을 다 다루고 세상을 다 너희들이
이루고 세상의 모든 것을 다 만들어
낼 수 있으며, 못 이루는 것이 없으며
너희들 지혜로써 만들지 못하는 것이
없는 그와 같은 너희들이라 그리 깨닫
고 있음이니라.
16 그러나 너희들은 알아야 될 것이니라.
17 나로부터 받아 가지고 세상에 나간 너
희들의 천사와 같은 인간 본성의 심성
을 버리고는 아무것도 너희들이 일어
설 수 없으며 너희들이 영원히 존재
할 수 없다는 것을 알아야 될 것이니
라.
18 아무리 너희들이 과학 문명으로 하늘
을 날며 과학 문명이 이 세상에 못 이
룰 것이 없다 말을 하나, 너희들이 가
장 중요한 것은 내가 내려 준 천사와
같은 인간의 본성, 사랑하는 마음, 아
름다운 마음이거늘, 그를 짓뭉개며 그
를 너희들 가슴에서 다 뽑아내니,
19 그를 너희들이 지키고 살아가는 그 기
둥이 없이는 너희들이 아무것도 이룰
수 없으며 너희들이 영원히 존재될 수
없음을 알아야 될 것이니라.
20 아무리 과학 문명이 발달하고 위대하
다 해도 내가 너희들에게 내린 본성의
심성으로 사는 그 마음보다 더 위대한
것이 없으니,
21 그 뿌리요, 그 근본을 벗어나서는 아
무것도 이루어질 수 없으며, 너희들이
이룬 과학 문명의 변화도 하루아침에
무너질 수 있음이니라.
22 그 모두를 지키며 이 세상에 살아가고
자 하는 백성 너희들은 내가 내려 준
그 인성, 그 본성의 마음으로 돌리는
데 모두를 다 투자해야 될 것이며 역
점을 둬야 함을 알아야 될 것이니라.
23 너희들이 그 마음을 지금보다도 더
버리며, 사랑하는 마음을 버리며, 그
를 헌신짝처럼 짓뭉개어 너희들이 과
학이라는 것만 추구하여 그 미래를 위
해 매달려 간다면, 너희들은 결국 파
멸이요, 멸망으로써 이루어짐을 알라.
24 너희들이 모두를 지탱하고 이루고 견
딜 수 있는 것은 사랑하는 마음이요,
내가 최초 세상에 인간 너희들을 내려
보낼 때 심어 주었던 나의 심성 그 마
음의 뿌리를 지켜야 할 것이며, 그리
돌아가고자 하는 삶을 살아야 함을 알
아야 할 것이니라.
25 너희들은 어찌하여 살아가는 것이 정
도요, 그 근본의 위치를 벗어 버리며,

반칙된 삶을 살아가는 것을 영광으로 생각하며 행복으로 생각하며, 그 반칙된 삶이 영원히 지속될 것이라 생각하는가?

26 세상의 인간사에 살아가면서 남의 물건을 훔치는 도둑이요, 남을 속여 사는 자, 한두 번은 그리할 수 있으나, 도둑이 계속 달리고 또 달려 그 도둑의 길을 간다면 결국 그는 걸려들고 잡히게 되어 있지 아니하는가?

27 너희들이 말하지 않느냐? '도둑이 꼬리가 길면 잡힌다.'는 말이 있듯이,

28 너희들이 반칙을 하는 것이 지금은 행복하고 편하고 명예스러운 것이라 생각하나, 그 반칙이 가고 가면 견딜 수 없음이니, 너희들이 반칙의 삶을 살지 않는 것은 정도로 사는 것이니라.

29 그리고 나의 본성의 마음으로 되돌려 그와 같이 아름다운 마음으로 살아가는 것이 정도의 삶이요,

30 너희들이 과학 문명이요, 육신의 편안한 삶을 위하여 지금 치닫고 가며 인간의 본성의 마음을 저버리고 살아가는 그와 같은 삶은 뼈가 없는 삶과 같이 어느 날 갑자기 무너질 것이며 너희들은 그 재앙 속에 견딜 수가 없음이니,

31 너희들은 인간 본성의 마음으로 살아 내가 하늘에서 이룬 것같이 이 지상에서 이룰 수 있는 거기에 이제는 모두를 다 투자하며, 거기에 과학의 시선을 그리 돌려야 됨을 알라.

32 이를 위하여 내가 기초요, 그 근본인 160권의 법전을 세상에 내보내니,

33 너희들이 모든 재앙으로부터 벗어나며, 너희들이 이룬 모든 것이 하루아침에 재가 되는 그와 같은 무서운 결과를 보지 아니하려거든, 나 여호와의 심성과 같은 내가 내려 준 나의 마음으로 너희들이 돌아오는 데 모두를 투자하며 연구하며 생각하는 삶으로 살아가도록 그리하라.

34 그것만이 너희들이 지탱할 수 있는 뼈임을 알아야지, 그를 모른다면 너희들은 무너지게 됨을 알라.

부 록

【하나님께서 가르쳐 주신 운동】

천재지변이 일어날 때, 동물이나 미물들은 미리 알고 대피하지만, 인간은 알지 못하고 큰 화를 당합니다. 하나님께서 인간에게 가장 높은 지혜를 주시고 완벽하게 창조해 주셨기에 동물들보다 더 잘 알 수 있지만, 욕심으로 마음이 혼탁해져서 한 치 앞을 보지 못하는 것입니다.

마찬가지로, 인간은 누구나 스스로 필요한 운동을 해서 건강을 지킬 수 있도록 하나님께서 만들어 주셨습니다. 우리의 머리에서 우리 몸에 필요한 동작을 해 달라고 끊임없이 신호를 보내지만, 인간이 혼탁하게 살아서 그 신호를 알아채지 못합니다. 그러니 자연스럽게 자기 몸이 원하는 그 신호를 따라서 운동하는 것이 하나님께서 가르쳐 주신 운동 방법입니다. 바로, 우리의 영이 육을 이끄는 운동입니다.

▶ 하나님 운동법

1. 눈을 감고, 발을 어깨너비로 벌리고 바르게 선다.
2. 몸에 힘을 풀고, 허리를 숙이면서 손과 머리를 아래로 내린다.
3. 허리를 펴고 싶을 때, 천천히 펴면서 하고 싶은 동작을 하면 운동이 시작된다. (사람마다 다르다.)
4. 멈추지 말고, 어떤 동작이든지 자기 몸의 느낌대로 계속 이어서 한다.

▶ 참고 사항

① 눈을 감은 상태로 아무 생각 하지 않고, 자기 몸의 느낌대로 움직입니다.
② 마음을 비우고, 욕심을 버리고, 지난날의 잘못을 반성하면서 몇 차례 시도하다 보면, 자기도 모르게 하고 싶은 동작이 끊임없이 생깁니다.
③ 운동 장소는 방 안이든 운동장이든 관계없으며, 걷거나 달리고 싶을 때는 눈을 떠도 됩니다.
④ 매일 40분 이상, 주 4회 이상, 3개월 이상 하면 음식 조절에 들어갑니다.
- 음식으로 생긴 병은 음식으로 치료하게 되며, 어떤 음식을 먹어야 하는지 스스로 알게 됩니다.
(자기 몸에 필요한 음식만 먹고 싶어집니다.)
⑤ 사랑하는 사람과 함께 운동하면 서로 치료해 주기도 합니다.
⑥ 운동을 하다가 몸의 어느 한 부분을 계속 손으로 자극한다면 그쪽에 이상이 있는 것이니, 의사에게 상담을 받고 적절한 치료를 받으면 됩니다.
⑦ 다이어트 및 기타 건강관리에 효과적입니다.
⑧ 꾸준히 운동하여 영이 맑아지면, 자신의 과거와 미래를 스스로 보게 됩니다.

누구나 스스로 하실 수 있습니다.

간 행 사

《새로운 성경》은:

· 새로운 성경은, 하나님께서 선량하고 선한 자를 선택하여 십계명을 암송하도록 하시고, 십계명을 암송한 다음에 음성으로써 들려주시는 말씀을 듣고 그대로 카세트테이프에 녹음해서 받아쓴 책입니다.

· 90분짜리 녹음테이프 700여 개에 달하는 말씀으로, 1999년 8월부터 2004년 7월까지 총 160권(권당 288쪽)을 완성하였으며, 그 이후에도 현재까지 계속 말씀을 내려 주고 계십니다.

· 새로운 성경은 "하늘을 두루마리 삼고 바닷물을 먹물 삼아 쓰고 써도 다 못 쓴다"는, 끝없이 방대한 하나님의 말씀이 두루마리로 직접 내려오는 것입니다. 이러한 새로운 성경은 구약과 신약을 폐하려는 것이 아니라 "인봉된 성서의 비유의 뜻"을 상세히 설명하여 완성하고자 하나님께서 직접 내려 주신 말씀입니다.

《새로운 성경》의 구성:

· 제 목: 2013년, 160권 모음집을 발간하면서, 본 도서의 제목을 "하나님! 말씀하옵소서"에서 《새로운 성경》 으로 명해 주셨습니다.

· 단행본: 각 권당 288쪽(신국판) 책이 160권까지 시리즈로 출판됩니다.
(모음집은 단행본을 16권씩 묶어서, 총 10부로 구성됩니다.)

《새로운 성경》의 성경적 근거:

· 신약 성경 [요한복음] 16장 13절에 "진리의 성령이 오시면 그가 너희를 모든 진리 가운데로 인도하시리니 그가 자의로 말하지 않고, 오직 듣는 것만을 말하며" 하신 말씀처럼 하나님의 음성을 들은 것만 기록하였으며,

· "장래 일을 너희에게 알리시리라" 하신 말씀과 같이 개인, 나라, 인류의 "장래"일을 하나님께서 알려 주시는 것만 기록하여 책으로 만들었습니다.

《새로운 성경》의 기록 방법:

· 1999년 8월부터 하나님께서 저에게 들려주시는 음성을 기록하였습니다. 처음에는 제가 들은 말씀을 불러 주면 저의 아내가 기록하여, 2000년 1월 29일에 1권 초판이 세상에 나왔습니다. 2000년 4월부터는 주시는 말씀을 받아 녹음기에 기록하여 시리즈로 출간하기 시작하였습니다.

· 녹음을 시작하면서 하나님의 말씀을 받는 데 가속도가 붙었고, 2001년 5월 3일에 1부(1~16권까지)를 인쇄하여 출판하였으며, 2004년 7월까지 총160권 분량의 말씀을 받아 기록하였습니다.

하나님께서 저에게 주신 것은:

· 첫째, 만백성을 상대로 내려 주시는 "기도", 둘째, 수시로 내려 주시는 "묵상", 셋째, 개인의 과거, 현재, 미래를 알려 주시는 "개인 기도", 넷째, 개인의 건강을 위해서 내려 주시는 "음식 처방", 다섯째, 하나님께서 가르쳐 주신 "운동"등이 있습니다. 이 중에 첫 번째, "기도"를 책으로 편찬하였습니다. 사람의 생사, 개인의 미래에 관한 천기는 수록하지 말라 하셨습니다.

강론 안내:

· 하나님께서는 지금도 매일 저에게 새로운 하늘의 비밀의 말씀을 내려 주고 계십니다. 수시로 내려 주시는 말씀을 정리해서 제자를 육성하라는 말씀에 따라 매주 강론을 하고 있습니다. 누구나 무료로 들으실 수 있습니다. (book160.com)

《새로운 성경》을 읽는 분들에게 드리는 선물:

· 개인 기도: 개인의 과거, 현재, 미래에 관하여 말씀을 내려 주십니다.

· 음식 처방: 사람은 음식을 먹고살다가 건강을 잃으니, 음식과 운동으로 건강을 되찾는 방법을 알려 드립니다. 단, 하나님이 계심을 믿고, 십계명을 지키겠다고 진실로 서약하는 분들께 알려드립니다.

《새로운 성경》의 은혜와 기적:

· 새로운 성경 전160권은 16권씩 묶어서 총 10부의 모음집으로 구성됩니다. 모음집 한 부를 읽고 깨우치는 자에게 하나님께서 다음과 같은 기적이 있다고 하셨습니다.

· "첫째, 그가 죽어 하늘에 갔을 때 그의 죄를 묻지 아니하며, 구원을 받는 위대한 은혜가 있으며, 둘째, 그의 소원과 소망이 이루어지고, 셋째, 죽은 자(부모, 형제, 자식, 사랑하고 은혜 입은 분)의 이름으로 구입한 책을 읽고 누군가 한 사람이 깨우칠 때, 그 죽은 자가 지옥에서 천국으로 구원을 받게 되며, 넷째, 유산, 중절 수술 등으로 태어나지 못한 아이를 위하여 구입한 책을 보고 한 명이 깨우쳤을 때, 그 아이가 사람으로 다시 한 번 태어나는 은혜를 받는다."

· "새로운 성경"을 3회 이상 정성을 다해 정독하는 자, 성서의 비밀을 알게 되고, 세상의 이치를 알게 되며, 세상을 지배하고 통제할 수 있는 지혜를 다 얻게 된다고 하셨습니다. 이 책은 만백성이 정독하고 이웃에게 전하여, 평생 가슴에 묻은 슬픔과 고통의 짐을 벗고 미래를 위한 힘찬 삶을 살아가도록 하는 책입니다.

끝으로

· 하나님께서는 흰 눈이 세상을 덮듯이 새로운 성경을 온 세상에 전하라고 하셨습니다. 《새로운 성경》 을 각국어로 번역해서 온 인류에게 구원의 길을 깨우쳐 주고, 그 수익으로 가난하고 어려운 백성을 구제하여, 만백성의 영과 육을 함께 구원하는 선지자의 임무를 수행하라고 저에게 명하셨습니다.

· 하늘에서 내려 주신 말씀의 보화를 만백성에게 나누어 주는 것이 선지자의 임무라고 하셨습니다. 새로운 성경을 통해서 얻는 재물을 사용할 곳도 하나님께서 일일이 명해 주십니다. 모든 재물은 저의 자의로 쓸 수 없고, 하나님께서 명하시는 대로만 쓰여집니다.

· 어떤 명분으로든 십일조나 각종 헌금을 거두어들이지 말라 하셨으며, 국내뿐 아니라 각국에 성전과 단독 서점을 운영하며, 한국의 많은 젊은이들을 전 세계에 지도자로 내보내라고 하셨습니다.

· 우리는 세계적으로 새로운 성경을 보급하며 어려운 이들을 돕는 역사를 해 나갈 것입니다. 지금까지 비록 몇 명 안 되는 제자들과 함께 이러한 일을 역사했지만, 앞으로도 계속 하나님께서 기뻐하시는 일들을 해 나갈 것입니다. 부족한 저희에게 여러분들의 지혜와 성원을 보내 주시기를 바랍니다. 많은 분들의 참여와 도움을 간절히 기다립니다. 감사합니다.

한국어로 내려온 《새로운 성경》 단행본을 출간하며
2016년 4월 10일

발행인 **김 용 철**

한국어로 내려온

새로운 **성 경** · 4부 · 제62권

지은이 하나님 말씀
대역자 김용철

초판인쇄 1쇄 2017년 4월 3일

펴낸 곳 도서출판 하얀마음
등록번호 제 10-2107호 (2001년 2월 14일)
주소 서울시 노원구 덕릉로86길5, 2층
전화번호 02) 313-1114
팩스 02) 393-5554
전자우편 book160@hanmail.net
편집위원 조나영 김미향 이석교
제작지원 김서영 이상빈 김정기 이병우 이순남 서성자 이규숙

도서상담 1600-7527
ISBN 978-89-5875-162-5 (04230)
978-89-5875-100-7 (세 트)

값 10,000원
잘못된 책은 구입하신 곳에서 바꾸어 드립니다.

※이 책은 10부로 제작되며, 각 부 16권씩 총160권으로 구성됩니다.※

1부	2부	3부	**4부**	5부	6부	7부	8부	9부	10부
1권	17권	33권	49권	65권	81권	97권	113권	129권	145권
2권	18권	34권	50권	66권	82권	98권	114권	130권	146권
3권	19권	35권	51권	67권	83권	99권	115권	131권	147권
4권	20권	36권	52권	68권	84권	100권	116권	132권	148권
5권	21권	37권	53권	69권	85권	101권	117권	133권	149권
6권	22권	38권	54권	70권	86권	102권	118권	134권	150권
7권	23권	39권	55권	71권	87권	103권	119권	135권	151권
8권	24권	40권	56권	72권	88권	104권	120권	136권	152권
9권	25권	41권	57권	73권	89권	105권	121권	137권	153권
10권	26권	42권	58권	74권	90권	106권	122권	138권	154권
11권	27권	43권	59권	75권	91권	107권	123권	139권	155권
12권	28권	44권	60권	76권	92권	108권	124권	140권	156권
13권	29권	45권	61권	77권	93권	109권	125권	141권	157권
14권	30권	46권	62권	78권	94권	110권	126권	142권	158권
15권	31권	47권	63권	79권	95권	111권	127권	143권	159권
16권	32권	48권	64권	80권	96권	112권	128권	144권	160권